15ステップで学ぶ

Python入門

大川晃一・小澤慎太郎［著］

実教出版

CONTENTS 目次

0章 Python学習のはじまり

15Step ▷ Python入門

プログラミング言語,
何か1つをちゃんと勉強したいなー。
そういえば！
「プログラミング覚えるならPythonから！」
とか，聞いたことあるよね

どうせ勉強するなら，
今後に役立つほうが絶対いいな！

Webサイト作成は少し触ったことあるし，
Web系の仕事には興味あるんだよね…

PythonでWebかぁ…
調べてみるとフレームワーク？を使うことが多いみたいね。
仕事はともかく，
学習するなら，標準的なところから始めたほうがいいかな！

標準的なPython開発環境だけで作る
Webアプリケーション！
うん！ いいかもしれないね！

よし！
手探りだけれど，
Pythonの基礎から勉強しつつ，
Webアプリケーションに挑戦してみよう！

1章 開発環境の準備

さっそく，Python でプログラミング始めるぞー !!
…っと，その前に…

Python でプログラミングするための開発環境を，
自分の PC 内に準備しなくちゃだね！

Python プログラミングは初めてだから，
自分でプログラミングした Python コードが，
無事に実行できるようになるまで，進めてみよう！

1 Python の開発環境構築

1 Python とは

1 Python の概要

IoT (Internet of Things)：モノのインターネット。すべてのモノがインターネットにつながる仕組み。

Python はオランダの技術者であるグイド・ヴァンロッサム氏が 1991 年に発表したプログラミング言語である。COBOL 言語が 1959 年，C 言語が 1972 年に発表されたことを考えると，比較的新しい言語である。Python はサーバーサイド開発，システム運用管理に加え，IoT や機械学習，データ分析など幅広い分野で活用されている。

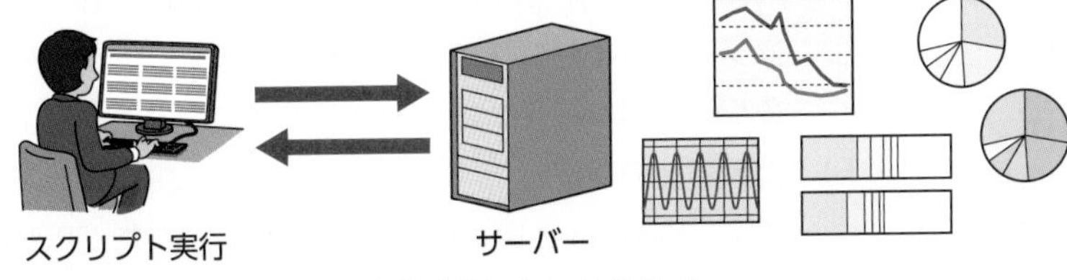

機械学習，データ分析 etc.

Web アプリケーション　　インフラ自動化

ただし，リリース初期の頃はそれほど注目を浴びた言語ではなく，汎用的な機能が追加されたPython2から各企業が採用し始めている。このPython2は2000年10月にリリースされ，この時期からGoogleやYahoo!，Instagramなどのサービスでも利用されている。

現在は2008年にリリースされたPython3がメジャーバージョンとなっており，今でも頻繁に更新されている。執筆時点（2022年10月）でのリリースバージョンは3.10である。現在は，非営利団体「Python Software Foundation」によって管理されている。

2 Pythonの特徴

他の言語と比較して，Pythonの特徴としては以下のような項目があげられる。

1) スクリプト言語
Pythonは比較的簡単にプログラムを記述でき，実行することができる「スクリプト言語」の1つである。

2) 高い可読性
ブロックを表す{}などが不要なので，少ない行数でプログラムを作成できる。行末に；（セミコロン）が不要（処理の終わりは改行で判断される）といったように表記も簡略化されており，シンプルに書ける。

3) 豊富なライブラリ
通信やWebアプリケーション，回路制御など様々なシーンで利用できるライブラリが豊富に用意されている。Pythonではライブラリを大きく分けると次の2種類に分けられる。
・標準ライブラリ
Python標準で用意されており，インストール不要で利用できる。
・サードパーティライブラリ
別途インストールが必要なモジュールで，インストールはpipコマンド等で行う。標準ライブラリでは実装できない機能を提供している。

4) オープンソース，マルチプラットフォーム対応
Pythonの開発環境は，自由に利用することができ，商用利用も可能なオープンソースライセンスで提供されている。また，Windows，Linux，Macなど，多くのオペレーティングシステム上で動作させることができる。

5) 複数実装の存在
通常，Pythonといえば，C言語で書かれたCPythonを指すが，他にもJavaで書かれたJythonやC#で書かれたIronPythonなど複数の実装が存在し，実行環境を選択することができる。

6) 各種プログラミング手法への対応
多くのプログラミング言語で採用されているオブジェクト指向や，手続き型，関数型といった様々なプログラミング手法に対応している。

> pip：Pythonで書かれたパッケージソフトウェアをインストール・管理するための管理システム。

> モジュール：Pythonの機能を追加するためのもの。機能を提供する単位。

サードパーティライブラリを利用することで，Pythonで実現できることが広がるが，本書では書籍という観点もふまえて，標準ライブラリのみで学習を進める。

2 Python のインストール

まずは言語パッケージである Python パッケージをインストールする。

> ダウンロードURL および Web ページは 2022 年 10 月現在のものである。

1 下記アドレスにアクセスし，メニューの【Downloads】をクリックし，Python のバージョン No が示されたダウンロードボタンをクリックする。

https://www.python.org/

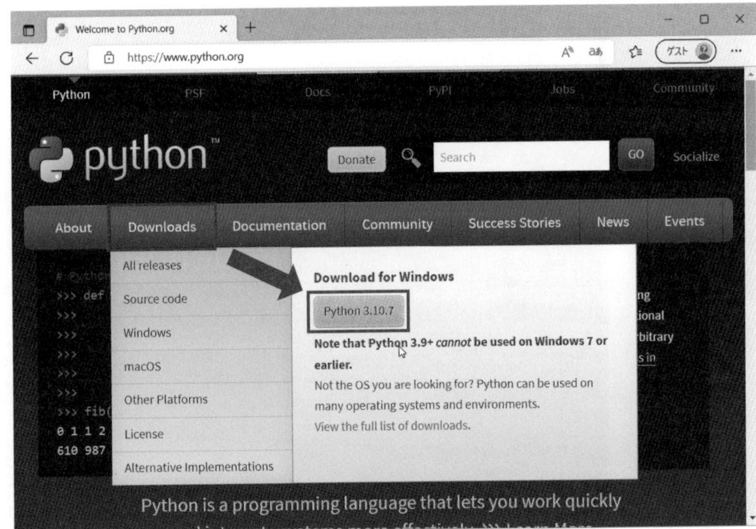

2 ダウンロードしたインストーラーを実行して，下記の手順でインストールを進める。

①

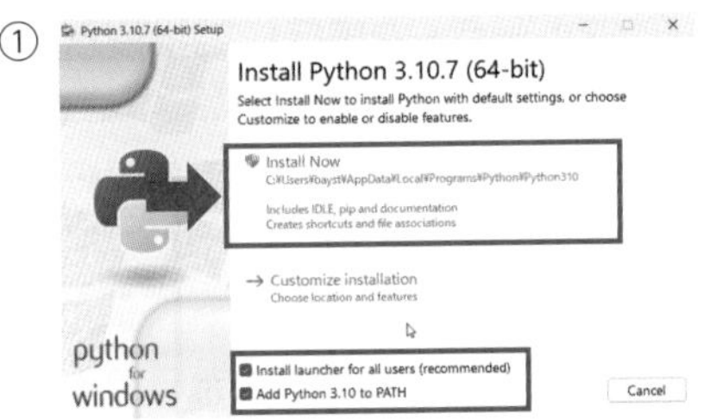

最下部の 2 か所にチェックが入っていることを確認して[Install Now]で次へ

②

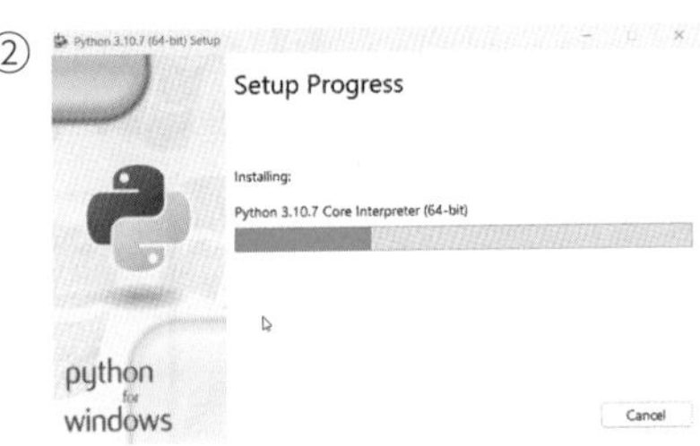

プログレスバーが表示され，インストール作業が開始される

③

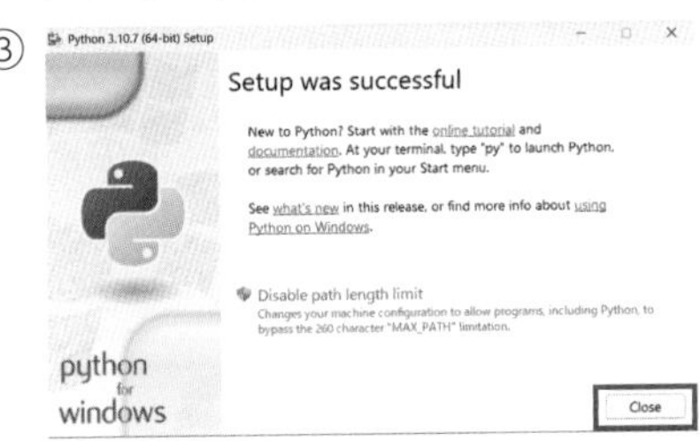

プログレスバーが最後まで到達すると，インストールは終了。[Close] を押下してインストール完了である

④

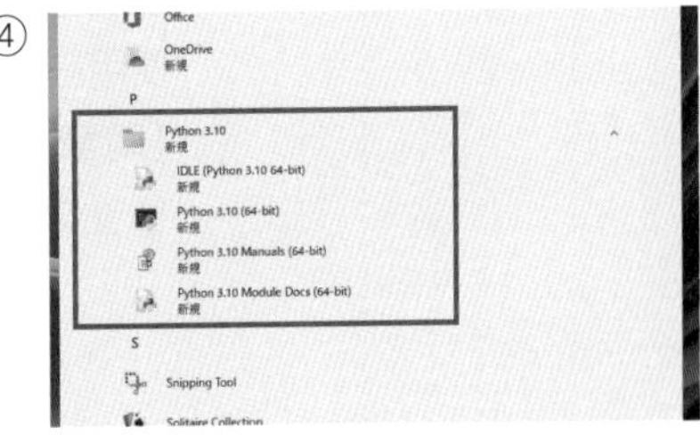

正常にインストールされれば「すべてのアプリ」に Python のパッケージが表示されている

3 Visual Studio Code のインストール

次に実際にプログラムコードを入力するツールである「Visual Studio Code」をインストールする。

> ダウンロードURLおよびWebページは2022年10月現在のものである。

1 下記アドレスにアクセスし，【Download for Windows】をクリックする。

https://code.visualstudio.com/

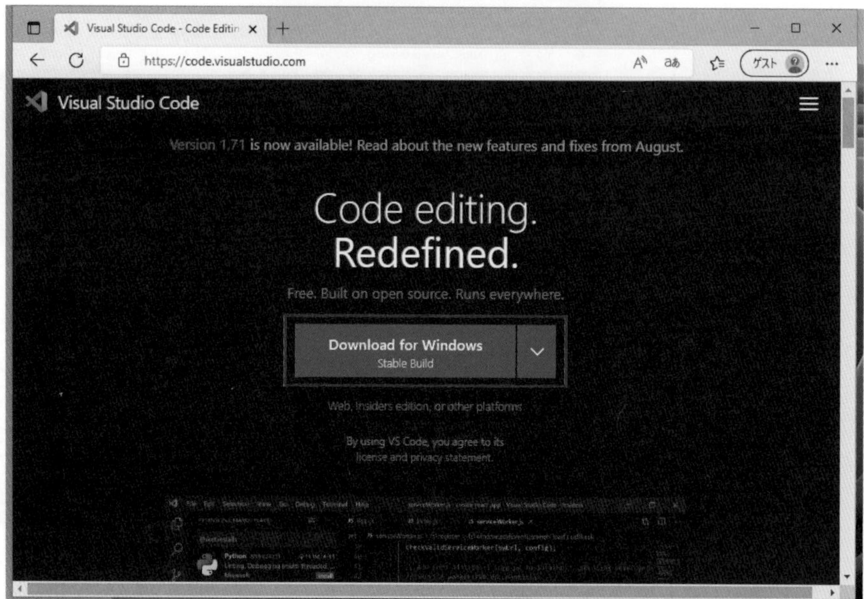

2 ダウンロードしたインストーラーを実行して，下記の手順に従いインストールを進める。

①

使用許諾の同意が表示されるので，[同意する]を選んで[次へ]をクリックする

②
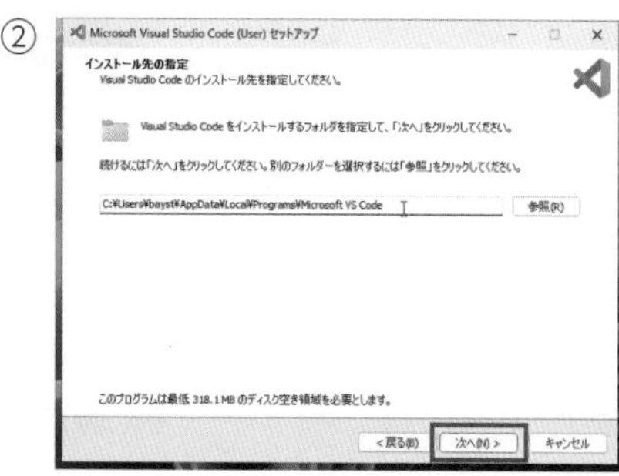

インストール先の設定はデフォルトのままで[次へ]をクリックする

③

スタートメニューフォルダーの設定はデフォルトのまま[次へ]をクリックする

④

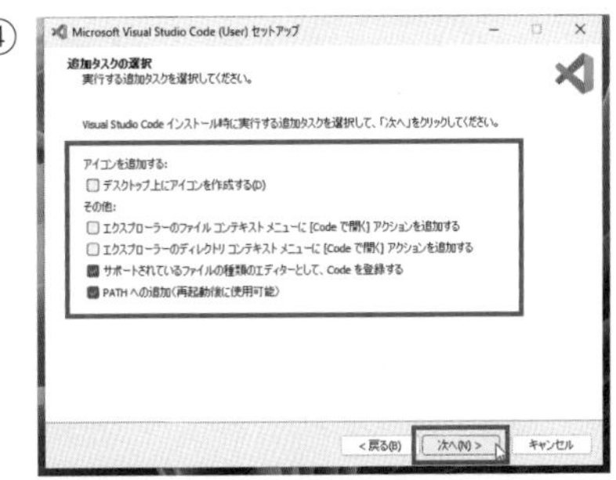

追加タスクの選択では，チェックボックスを上のように設定して[次へ]をクリックする

⑤

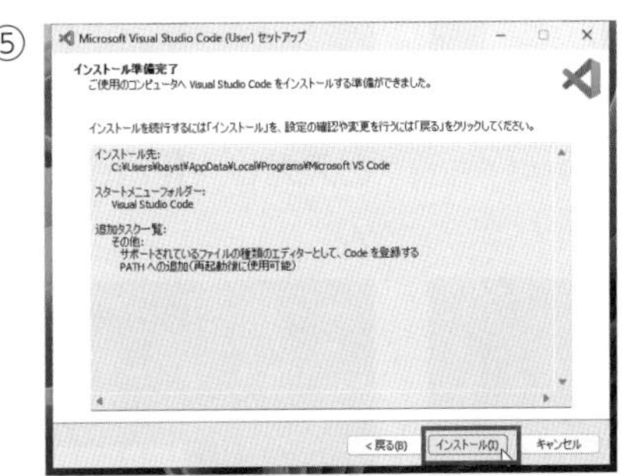

インストール準備完了が表示されたら[インストール]をクリックする。その後プログレスバーが表示され，インストールが開始する

⑥

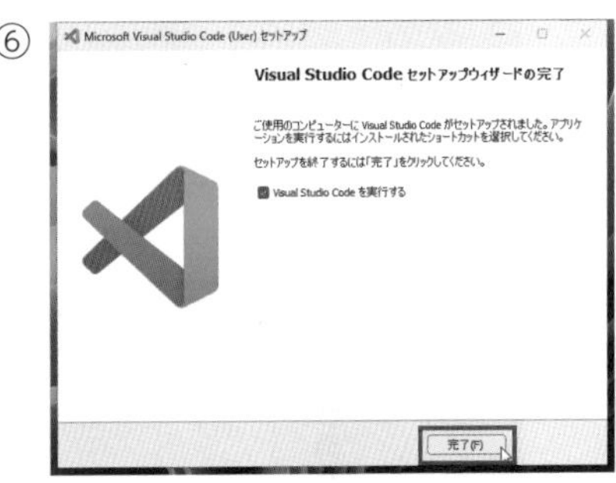

インストールが完了したら Visual Studio Code を実行する

3 インストールを終了後，「Visual Studio Code」を起動させると次の画面が表示される。

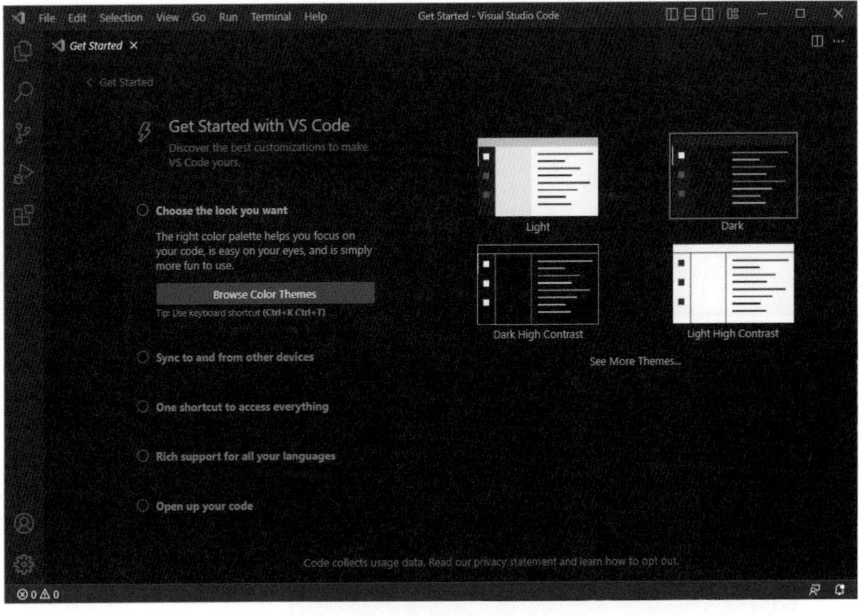

4 Visual Studio Code の各種設定

① Visual Studio Code の日本語化

Visual Studio Code はデフォルトでは英語表記となっている。メニューなど，各種表示を日本語化しておく。

①

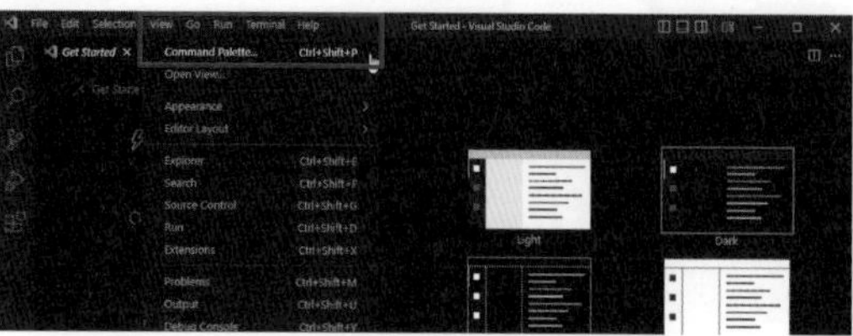

Visual Studio Code のメニューから[View]→【Command Palette】を選択する

②

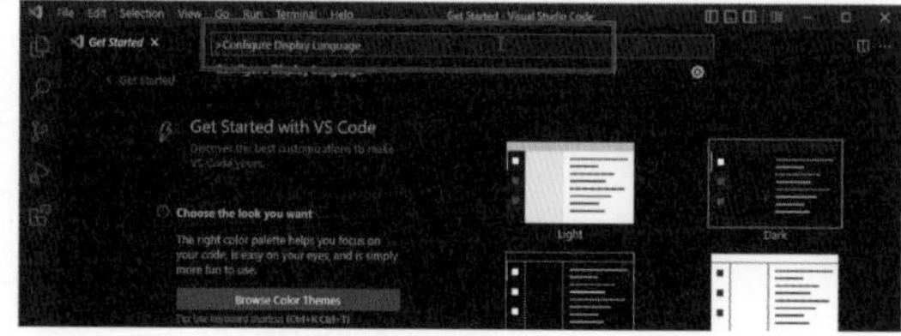

入力フィールドに Configure Display Language と入力し，【Enter】を押す

③

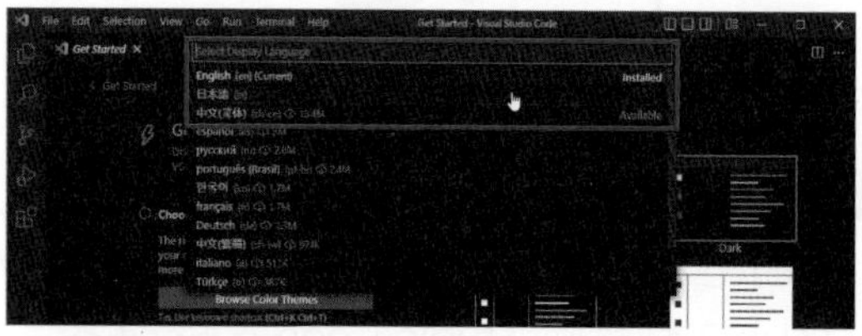

各種言語のリストが表示されるので，【日本語(ja)】を選択する

④

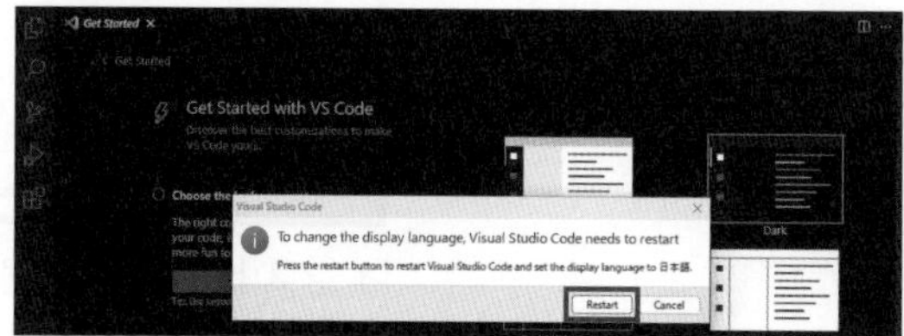

再起動を促すメッセージが出るので，【Restart】を押して再起動を行う

② Python 拡張機能のインストール

Python を使用して開発ができるように，Visual Studio Code の拡張機能である「Python Extension for Visual Studio Code」をインストールする。

①

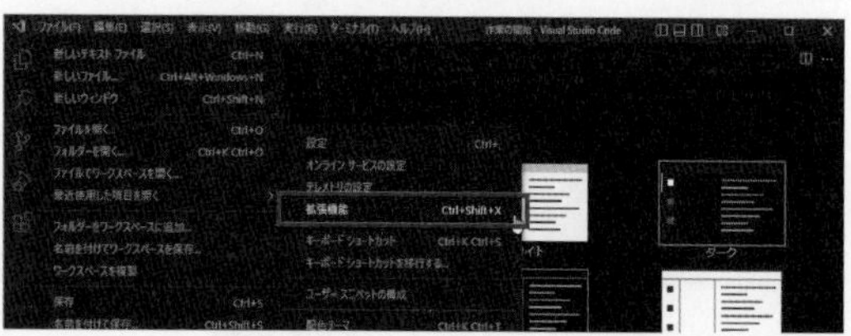

[ファイル]メニューから[ユーザー設定]→［拡張機能］を選択する

②

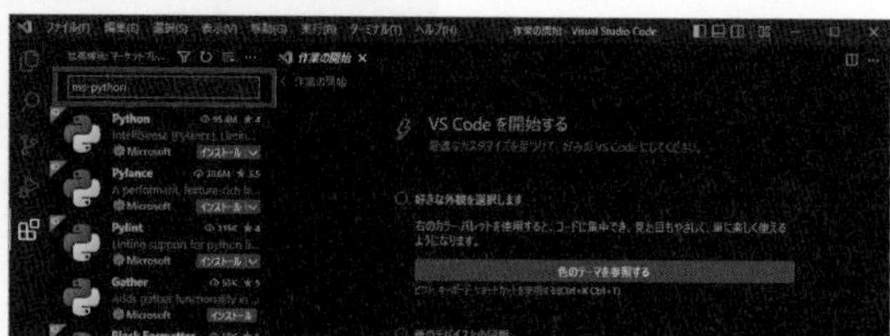

上部の検索ボックスに「ms-python」と入力して検索する

③

検索結果がリスト表示されるので，その中から[Python]を選択する。表示された「Python extension for Visual Studio Code」の画面で[インストール]をクリックする

1章 開発環境の準備

3 Linter 機能の無効化

Linter 機能とは，プログラムコードを静的に解析し，コーディング規約に則っているかチェックしてくれる機能である。前述の Python 拡張機能をインストールすると利用できる。しかし，Python のコードを初めて書く人にとって，英文の注意メッセージが表示され混乱をしやすいことから，今回は無効にしておく。

①

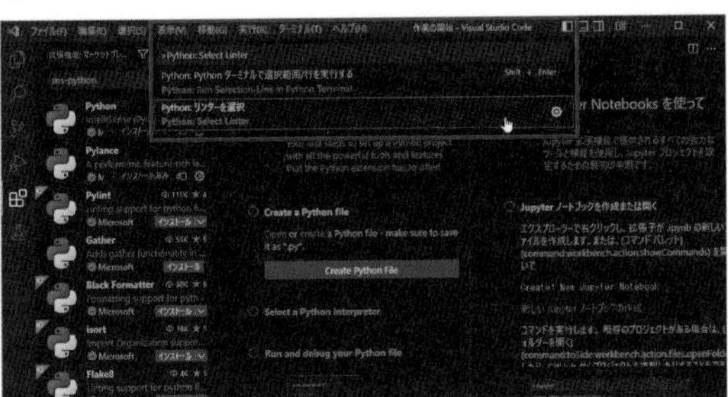

Visual Studio Code のメニューから［表示］→【コマンドパレット】を選択し，入力エリアに「Python:select linter」と入力する

②

表示されたリストから【Disable Linter】を選択する

4 配色テーマの変更

Visual Studio Code の配色を変更することで，各自の見やすい開発環境にすることができる。本書では「Light」に設定する。

①

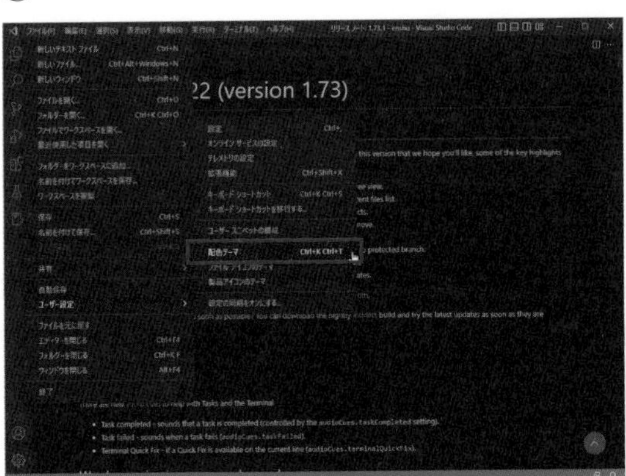

Visual Studio Code のメニューから［ファイル］→［ユーザー設定］→【配色テーマ】を選択する

②

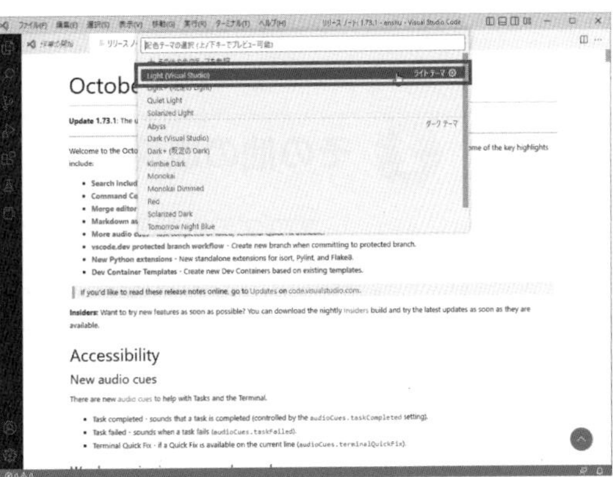

表示されたリストから【Light (Visual Studio)】を選択する

5 実習環境の準備

本書でPythonの開発を行うための各種設定を行う。

1 開発フォルダーの準備

本書で作成していくファイルは次のフォルダー階層で管理する。今回の演習で作成する各種ファイルにはそれぞれ役割があり，すべてを1か所に格納すると管理が煩雑になってしまう。そのため役割ごとにフォルダーを分けて格納する。

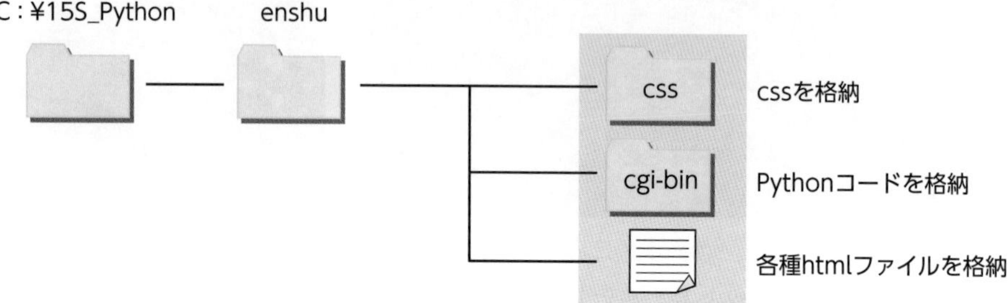

1. 「PC」→「Windows(C:)」の下の階層に「15S_Python」フォルダーを作成する。
2. 「15S_Python」フォルダー内に「enshu」フォルダーを作成する。
3. 「enshu」フォルダー内に「css」「cgi-bin」の2つのフォルダーを作成する。
4. 作成後のエクスプローラーの状態は以下の通り。

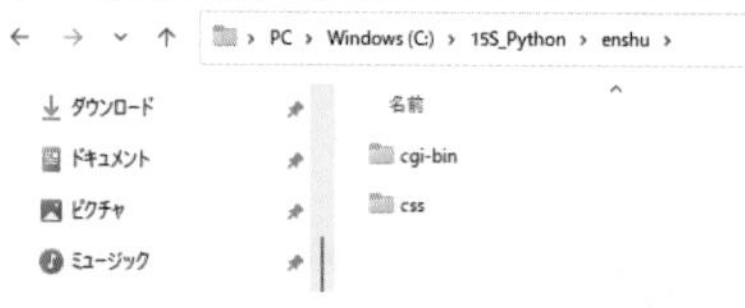

2 その他の環境設定

プログラム開発を進めていくうえで，隠しファイルや拡張子を表示しておくことは，現在行っている作業を把握するためにも必要である。特に拡張子は初期設定では表示されない設定になっているため，どの種類のファイルを変更しているのかがわからなくなってしまう。そこでWindowsの設定変更画面で表示するように設定を変えておく。

1. エクスプローラーのメニューから[表示]を選択し，サブメニューの[表示]から「ファイル名拡張子」と「隠しファイル」のそれぞれをクリックしてチェックマークを付ける。

なお，この表示設定はWindowsのコントロールパネルの「エクスプローラーのオプション」からも設定できる。

2 初めての Python プログラミング

1 Python の実行環境確認

まずは Visual Studio Code で Python の命令文を実行してみる。

> ターミナル：PC に対する命令文であるコマンドを入力・実行することができるインターフェース。

1. Visual Studio Code を起動して，「表示」→【ターミナル】を選択する。

2. Visual Studio Code の画面下部に「ターミナル」ビューが表示される。そこに「python -V」と入力する。環境構築が正常にできていると，インストールされている Python のバージョン情報が表示される。

> Visual Studio Code は表示上，「\」でフォルダーの区切りを表している。

```
問題　出力　デバッグ コンソール　ターミナル　JUPYTER

● PS C:\15S_Python\enshu> python -V
Python 3.10.7
○ PS C:\15S_Python\enshu> 
```

※表示されない場合は，Python のインストールから再度本書の通りにやってみる。

2 Python をターミナルで動作させる

 ターミナルでの入力

次に Visual Studio Code のターミナルで Python の命令文を実行してみる。

1. 先ほどの「ターミナル」ビューで「python」と入力する。すると Python を対話モードで起動することができる。

対話モード(インタラクティブモードともいう)とは，ターミナル上に命令文を書くことですぐにプログラムの実行結果を確認することができる機能である。対話モードで起動しているときは「>>>」と表示され，命令文の入力待ちとなる。

```
問題　出力　デバッグ コンソール　ターミナル　JUPYTER　　python
PS C:\15S_Python\enshu> python
Python 3.10.7 (tags/v3.10.7:6cc6b13, Sep  5 2022, 14:08:36) [MSC v.1933 64 bit (AMD64)] on win32
Type "help", "copyright", "credits" or "license" for more information.
>>> 
```

(バージョン情報の表記は上記と異なる場合もある)

2 この状態から次の命令文を入力してみる。

```
print('Hello Python')
```

すると，次の行に「Hello Python」と表示される。

3 対話モードを終了させる場合は次の命令文を入力する。

```
quit()
```

> キーボードのCTRLとZを押すことでも対話モードを終了させることができる。

ここまでのターミナルの表示は以下のようになっている。

```
問題　出力　デバッグ コンソール　ターミナル　JUPYTER　　pwsh
PS C:\15S_Python\enshu> python
Python 3.10.7 (tags/v3.10.7:6cc6b13, Sep  5 2022, 14:08:36) [MSC v.1933 64 bit (AMD64)] on win32
Type "help", "copyright", "credits" or "license" for more information.
>>> print('Hello Python')
Hello Python
>>> quit()
PS C:\15S_Python\enshu> 
```

対話モードを使うことで，簡単にPythonの命令文を確認・実行することができる。

2 文字列の出力について

画面に値を出力するときには，Pythonでは「print」関数を使う。print関数の書式は次のとおりである。

print('文字列')

文字列：画面に表示する文字列(標準で**文字列末尾は改行される**)

文字列は'(シングルクォーテーション)もしくは"(ダブルクォーテーション)のどちらかで囲む。Pythonスクリプトを書く上では，なるべくどちらかに統一したほうがよい。本書ではシングルクォーテーションで書くことを基本としていく。

クォーテーションの使い分け

文字列の範囲指定のクォーテーションの使い分けとしては，基本はどちらかに決めておき，表示したい文字列の中にシングルクォーテーションがある場合は，文字列全体をダブルクォーテーションで囲む。逆に，表示したい文字列の中にダブルクォーテーションがある場合は，文字列全体をシングルクォーテーションで囲むという方針がよい。

例１：「Tom's pen」と表示したい場合

```
print("Tom's Pen")
```

例２：「Say "Hello!"」と表示したい場合

```
print('Say "Hello!"')
```


3 Python をスクリプトファイルで動作させる

次に，Visual Studio Code で Python のスクリプトを記述して実行してみる。スクリプトとは，もともと「手書き」とか「脚本」といった意味をもつ言葉である。ここでは手順通りに書いて，何度でも実行できるスクリプトファイルを作成する。

このとき，作成するスクリプトファイルは拡張子を .py としなければならない。（確認ができるように，前節で「ファイル名拡張子」の表示をするようにしている）

> 拡張子とは，ファイルの属性や種類を表すための文字列。ファイル名の末尾にピリオドに続けて記述する。

1 Visual Studio Code のメニュー「ファイル」→【フォルダーを開く】をクリックする。

2 フォルダーを指定するウィンドウで「Windows (C:)」→「15S_Python」→「enshu」を指定する。初回指定時にはセキュリティの確認ウィンドウが表示される。

ここで「親フォルダー内のすべてのファイルの作成者を信頼します」にチェックを付け，【はい、作成者を信頼します】のボタンをクリックする。

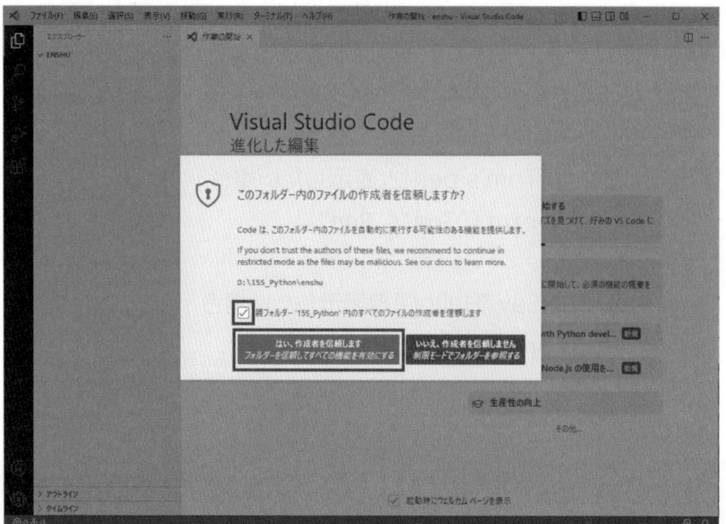

3 スクリプトを記述するファイルを準備する。以下の手順で新たなファイルを作成し，名前を付ける。ここでは「Sample1-01.py」という名前のファイルを作成する。

①

「ファイル」メニューから【新しいテキストファイル】を選択する

②

「ファイル」メニューから「名前を付けて保存」を選択する。その後表示されるダイアログで「Sample1-01.py」と入力し保存する

4 空のファイルに次のように命令文を入力する。

1章 開発環境の準備

5 画面右上の再生アイコンをクリックすると，表示されている Python スクリプトを実行できる。実行結果は画面下のターミナルに表示される。それぞれの場所を確認すること。

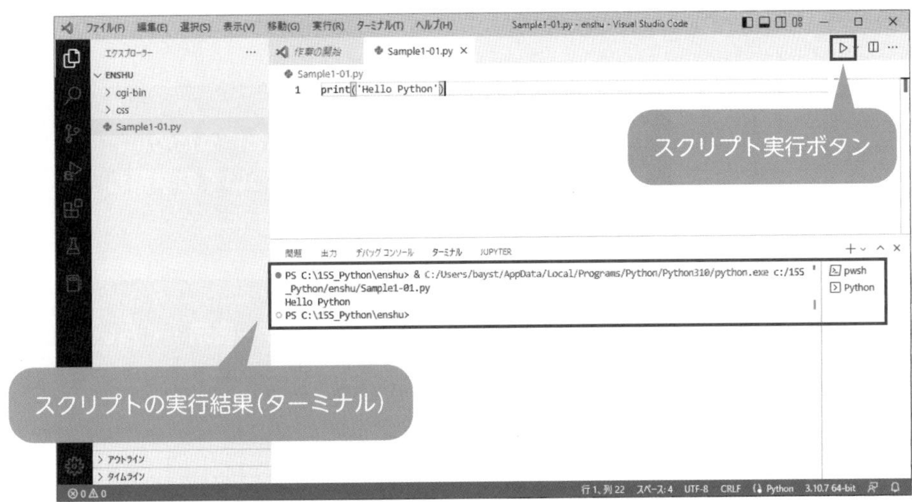

6 ターミナルに表示されるスクリプトの実行結果を確認する。

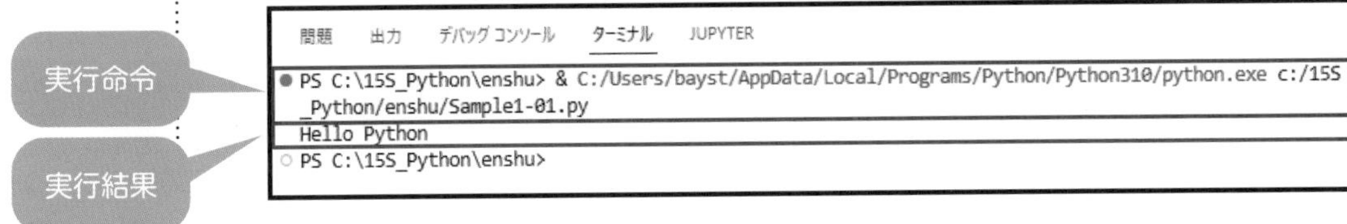

演習 1　表示コマンドの利用

ファイル名：Enshu1-01.py

下記実行例のように，自分の名前を漢字とふりがなで表示するプログラムを作成しなさい。ただしファイル名は「Enshu1-01.py」とし，enshu フォルダーに格納すること。

```
PS C:\15S_Python\enshu> & C:/Users/bayst/AppData/Local/Programs/
/python.exe c:/15S_Python/enshu/Enshu1-01.py
じっきょうたろう
実教太郎
PS C:\15S_Python\enshu>
```

注意：演習プログラム作成時，全角半角の混在，大文字小文字の区別には注意して命令文を入力すること。

2章 Webアプリケーション概要

15Step ▷ Python入門

Pythonで Webアプリケーションを作るために，
最初は，Webアプリケーションについての学習ね

Webページを作ってブラウザー表示…くらいは，
以前やったことあるけれど，どう違うのかな？

とりあえず，
HTMLタグとかCSSスタイルシートとか，
Webページ作成に必要な知識を，改めて整理してみよう！

1 Webサーバーの構築

Pythonを学習する方法として，Visual Studio Codeを使ってプログラミングし，結果をターミナルウィンドウで確認する方法が一般的ではあるが，本書では最終目標として自身で活用できるWebアプリケーションを構築することを目指す。そこで，ここではWebアプリケーションの動作に必要なWebサーバーをPythonで動作させる手法を身に付ける。

1 Webサーバーとは

> Server：提供する人，仕える人。

> コンテンツ：情報の内容・なかみ。

> モジュール：目的や種類ごとに分類してPythonが提供する機能単位。

サーバーとは，コンピューターの世界において，サービスを提供する機器やソフトウェアのことを指す。Webサーバーとは，Webページのコンテンツをファイルとしてコンピューター内に配置して，それを表示させるサービスを提供するために動作するものである。

PythonでWebサーバーを動作させる最も簡単な方法は以下の一文である。

```
python -m http.server
```

上記はPythonの標準モジュールであるhttp.serverモジュールを実行時引数で指定してWebサーバーとして動作させる方法である。他にもWebサーバー機能を提供するソフトウェアを利用する方法もあるが，高機能である一方で環境設定の手間がある。Webサーバー機能をもつソフトウェアには，有名なものとしてはApacheやIIS，Nginxなどがあるが，本書ではこれらを利用しない方法で解説していく。

2 クライアントとは

 Client：
依頼人や顧客。

サービスを提供する機器やソフトウェアのことをサーバーというのに対して，サービスを受ける側のことをクライアントという。Webアプリケーションにおけるクライアントとは，PC，スマートフォン，タブレット端末など，Webアプリケーションに対して入力などの操作を行い，結果を受け取ることができる機器全般を指す。

クライアントとして動作するソフトウェアの1つとして，Webブラウザーがある。普段スマートフォンなどで何気なく見ているWebページも，スマートフォン上で動作するWebブラウザーをクライアントとして利用して，Webサーバーにアクセスし Webページのコンテンツを提供してもらって閲覧しているのである。

3 Webページ表示までの流れ

1 リクエストとは

私たちがWebブラウザー(クライアント)を使ってWebページを閲覧する際には，次の5つの順番でクライアントとサーバーとの間でやり取りが行われている。

● Webアクセスの流れ
① URLの指定(クライアント)
② HTTPリクエストの送信(クライアント)
③ HTTPリクエストの解析(サーバー)
④ HTTPレスポンスの返信(サーバー)
⑤データの解析・表示(クライント)

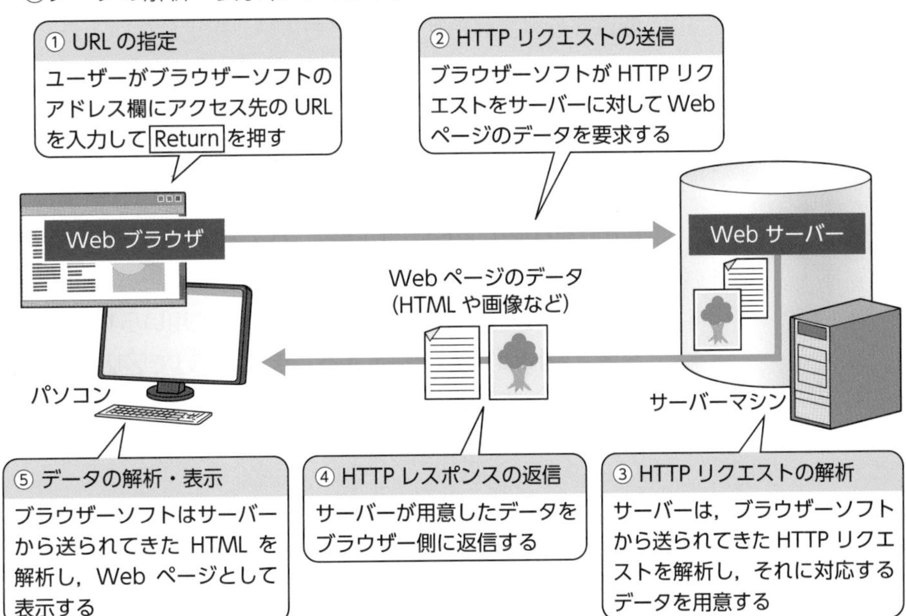
① URLの指定
ユーザーがブラウザーソフトのアドレス欄にアクセス先のURLを入力して Return を押す
② HTTPリクエストの送信
ブラウザーソフトがHTTPリクエストをサーバーに対してWebページのデータを要求する
Web ブラウザ
Web サーバー
Web ページのデータ
(HTML や画像など)
パソコン
サーバーマシン
⑤ データの解析・表示
ブラウザーソフトはサーバーから送られてきた HTML を解析し，Web ページとして表示する
④ HTTP レスポンスの返信
サーバーが用意したデータをブラウザー側に返信する
③ HTTP リクエストの解析
サーバーは，ブラウザーソフトから送られてきた HTTP リクエストを解析し，それに対応するデータを用意する

上記の図からWebブラウザーで「URL」を指定することで，ネットワーク越しにHTTPリクエストがサーバーに送信されて，サーバーからのレスポンスを受信して

Webページを表示しているという流れがわかる。

本書ではWebサーバーとしてサーバーマシンを用意せず，1台のPCの中でクライアントとなるWebブラウザーとWebサーバーのプログラムを動作させる。そのため，上記のやり取りが理解しにくいかもしれないが，本来はこのような流れになっていることを覚えておいてほしい。

2 URLとは

URL：Uniform Resource Locator

URLとは，閲覧したいWebページの場所と通信方法を示す文字列のことである。ユーザーはWebブラウザーのアドレス欄にURLを入力することで，HTTPリクエストを送信することができる。URLは次の5つの要素で成り立っている。

https :// www.jikkyo.co.jp : 443 / index.html ? args1=abc&args2=def
（①https　②www.jikkyo.co.jp　③443　④index.html　⑤args1=abc&args2=def）

① **スキーム名**
Webページにアクセスする際には「https」が指定される。これはWebサーバーと通信をするときの規約である「http」をSSLにより暗号化し，より安全に行うスキーム名である。他にもファイル転送で用いられる「ftp」など様々な種類がある。

② **ホスト名**
取得したいデータが保管されているサーバー名を表す。IPアドレスや日本語のドメインも使用可能である。アルファベットの大文字・小文字は区別されない。

IPアドレス：インターネット上に接続されている機器を識別するための番号。インターネットにつながっている機器にはすべて割り振られている。

ドメイン：インターネットに接続されている機器の場所を示す「住所」。

③ **接続先ポート番号**
通信に使用するプログラムを識別するための番号のこと。通常のWebページを閲覧する場合は指定しなくてもよい。指定しないとき，スキームにhttpが指定された場合は「80」が使用される。

④ **パス名**
サーバーのファイルシステム内での「フォルダー＋ファイル名」でパス名を指定する。例えば，サーバー内の「15S_Python」というディレクトリ内にある「hello.html」をリクエストしたい場合，パス名は「/15S_Python/hello.html」となる。

⑤ **パラメータ**
サーバー内のプログラムに値を渡すときに用いられる。「？」より後方に「パラメータ名＝値」という形で指定する。また，「&」で区切ることで複数のパラメータを渡すこともできる。例では「args1」という名前で「abc」が，「args2」という名前で「def」が渡されていることになる。

3 HTTPとは

HTTP：Hyper Text Transfer Protocol

HTTPとは，クライアントとサーバーがデータを送受信する際に使われる，通信上の規約（プロトコル）のことである。HTMLのテキストや，関連づけられている画像・動画・音声などのファイルを表現形式などの情報を含めてやり取りしている。

HTMLとは

HTML：Hyper Text Markup Language

HTMLとは，Webページを作成するために開発された言語である。ハイパーテキスト(HyperText)とは，別ページへのリンクであるハイパーリンクや，画像・動画・音声などのデータファイルを埋め込むことができるテキストを指す。

また，マークアップ(Markup)とは目印を付けるという意味であり，見出し・段落・表・リストなど「文章中の役割に目印を付ける」というところからきている。このHTMLを用いて，見やすく整理された「文書の構造を定義されたもの」を表示したものがWebページである。

2 HTML

1 HTMLの基礎知識

Pythonを使ってWebアプリケーションを構築するためには，「Pythonを使ってHTML文書を生成する」ということと同意である。そのため，ここではHTMLの基礎知識にふれておきたい。

HTML文書の基本構造

Sample2-01.html

```
<!DOCTYPE html>
<html lang="ja">
  <head>
    <meta charset="utf-8">
    <title>Sample2-01</title>
  </head>
  <body>
    Hello Python
  </body>
</html>
```

上の「Sample2-01.html」をもとに，HTMLの基本的な構造を解説していく。基本的には「宣言の開始～内容～終了」という流れでタグを書いていく。タグは「<」と「>」で囲まれており，< > 内にタグ名を記述する。「開始タグ(宣言の開始タグ)」と「終了タグ(宣言の終了タグ)」に挟まれている部分を「内容(Content)」という。内容は複数行でも構わない。

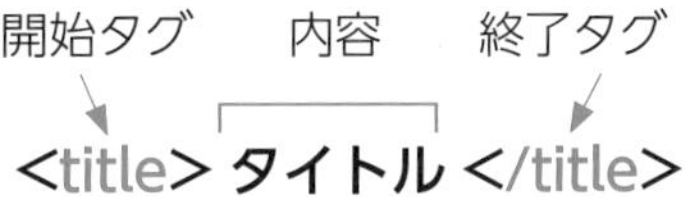

また，内容をもたない要素として空要素もある。この場合，終了タグの指定は不要である。

タグには＜タグ名 プロパティ(属性)=” 値 ”＞のようにプロパティ(属性)を設定することができるものがあり，そのタグ要素の内容や動作を個別に指定することができる。

プロパティ名(属性名)　設定値

<meta charset="utf-8">

タグはそれぞれを組み合わせた入れ子状態にすることができ，その場合，親要素の影響を受けた子要素といった関係性が成立する。

子要素

<html><body> タイトル </body></html>

親要素

以上の構造ルールを踏まえ，前述のコードを一行ずつ見ていく。

- **<!DOCTYPE html>**　**(1 行)**

  この文書が HTML に準拠した文書であることを示している。

- **<html lang=”ja”>　～　</html>**　**(2 ～ 10 行)**

  HTML 文書のルート(元)要素であり，このあと出てくる <head> や <body> を子要素としてもつ。ここでは <html> タグの lang プロパティ(言語を指定する)に「ja」を指定しており，この HTML 文書が日本語であることを意味している。

- **<head>　～　</head>**　**(3 ～ 6 行)**

  画面には表示されない文書情報(メタ情報)を記述するヘッダータグである。ここでは次の <meta> タグと <title> タグの 2 つをヘッダーに記述している。

- **<meta charset=”utf-8”>**　**(4 行)**

  <meta> タグは，終了タグをもたない「空要素」である。ここではこの HTML 文書の文字コードを宣言しており，charset プロパティに「utf-8」を指定している。

- **<title> Sample2-01</title>**　**(5 行)**

  <title> タグは HTML 文書のタイトルを指定するタグである。W3C 標準で HTML5 文書として記述することが必須とされているものは 1 行目の <!DOCTYPE> 宣言とこの <title> タグのみであり，重要なタグの 1 つである。

- **<body> Hello Python </body>**　**(7 ～ 9 行)**

  ブラウザーに表示するコンテンツの主要素を記述するタグである。今回は単純な文字列である「Hello Python」のみを <body> タグの内容(content)としているが，本来であれば多くの文書構造や内容は，すべてこの <body> 内に記述されることになる。

▶ utf-8：Unicode の文字コード体系の 1 つ。Web では，文字コードの不一致により文字が正しく表示されないといった問題が発生するため，本書ではすべての文字コードを utf-8 で統一する。

▶ W3C：World Wide Web Consortium の略で，World Wide Web で使用される各種技術の標準化を推進するために設立された標準化団体。

2 Web サーバーを利用して HTML 文書を表示する

1. Visual Studio Code の「ファイル」メニューから「新しいテキストファイル」を選択し空のファイルを作成する。その後，「ファイル」メニューから「名前を付けて保存」を選択し，「Sample2-01.html」という名前で「enshu」フォルダーに保存する。
2. 前述の「Sample2-01.html」の内容を入力する。入力後の Visual Studio Code の状態は以下の通り。

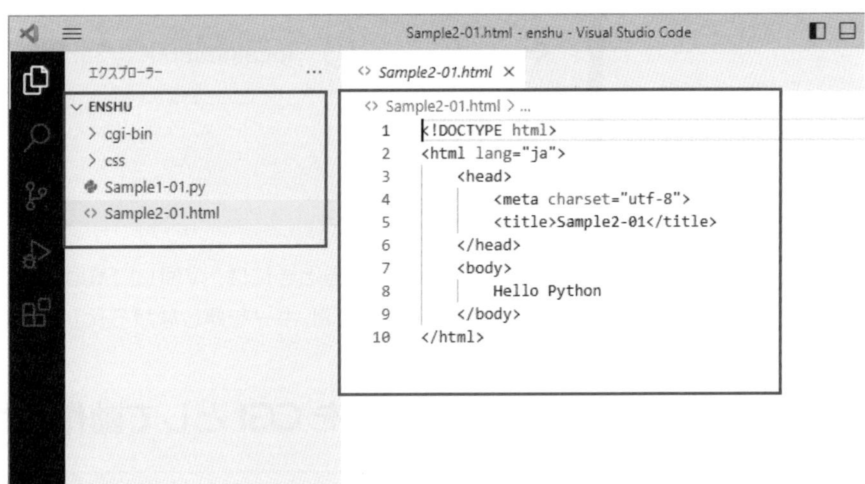

3. Visual Studio Code の「表示」メニューから「ターミナル」を選択し，以下のコマンドを入力する。

```
PS C:\15S_Python\enshu> python -m http.server 8000
```

すると，Web サーバーが起動し，クライアントからの接続待ちになる。

```
問題　出力　デバッグ コンソール　ターミナル　JUPYTER

PS C:\15S_Python\enshu> python -m http.server 8000
Serving HTTP on :: port 8000 (http://[::]:8000/) ...
```

(注意）上記コマンドの初回起動時には右のセキュリティ上の警告が表示される。【アクセスを許可する】のボタンを選択する。

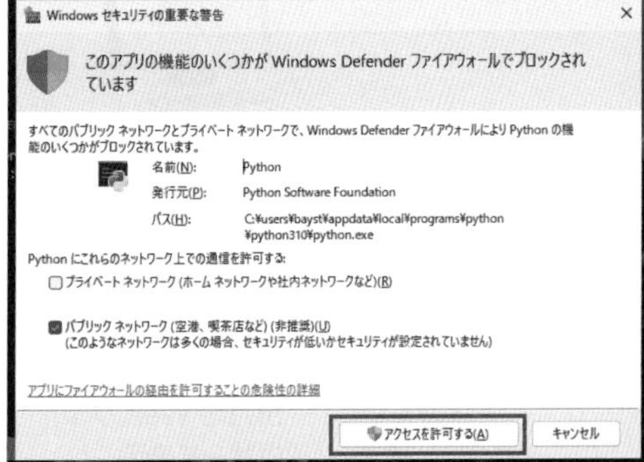

4 接続クライアントであるWebブラウザー（ここではMicrosoft Edgeを利用する）を起動し，以下のURLを入力する。

http://localhost:8000/Sample2-01.html

ここまでの作業が正しく行われていれば，ブラウザーの画面に「Hello Python」と表示される。

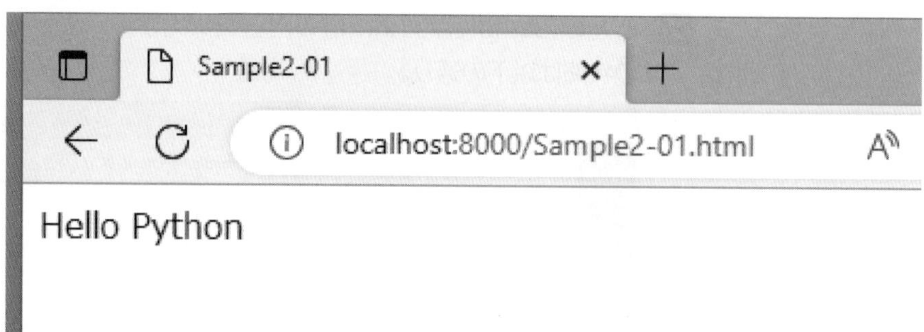

5 Webサーバーを終了するときには，Visual Studio Codeのターミナル画面にカーソルを移動して，CTRLキーを押しながら「c」キーを押す。

2 Pythonスクリプトを CGIとして動作させる

1 CGIとは

CGI（Common Gateway Interface）とは，クライアントからのリクエストに対して，Webサーバーがプログラムを呼び出して処理を実行し，動的にレスポンス（HTML）を返す仕組みのことである。多くのWebサービスの仕組みはこれに該当する。

CGIの導入はとても簡単にできる一方で，クライアントからのリクエストが来るたびにプログラムが実行・終了するため，パフォーマンス上不利な点もある。

●CGIファイルへのアクセス

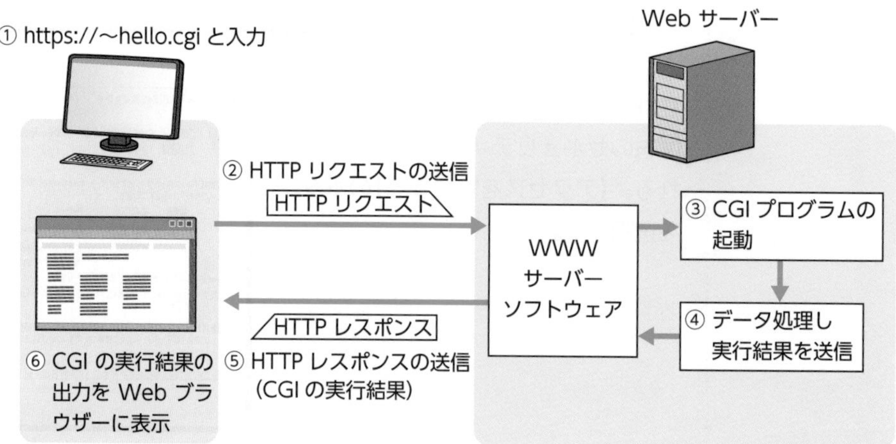

② Python を使って CGI を動作させる

> 先に作成したファイルとは保存場所が違うので注意すること。

1. Visual Studio Code の「ファイル」メニューから「新しいテキストファイル」を選択し空のファイルを作成する。その後，「ファイル」メニューから「名前を付けて保存」を選択し，「Sample2-02.py」という名前で**「enshu」フォルダー内の「cgi-bin」フォルダーに保存**する。
2. 以下のコードを「Sample2-02.py」に入力する。

Sample2-02.py

```
print('Content-type: text/html; charset=UTF-8\n')
print('Hello Python with CGI')
```

3. 「Visual Studio Code」の「表示」メニューから「ターミナル」を選択し，以下のコマンドを入力する。

```
PS C:\15S_Python\enshu> python -m http.server --cgi 8000
```

すると，Web サーバーが起動し，クライアントからの接続待ちになる。ここで指定する「--cgi」のオプションは Web サーバーを CGI として動作させるために付けるものである。また，末尾の「8000」は動作させるポート番号の指定である。(省略した場合はデフォルトのポート番号として 8000 番が利用される)

4. 接続クライアントである Web ブラウザー(ここでは Microsoft Edge を利用する)を起動し，以下の URL を入力する。

```
http://localhost:8000/cgi-bin/Sample2-02.py
```

ここまでの作業が正しく行われていれば，ブラウザーの画面に「Hello Python with CGI」と表示される。

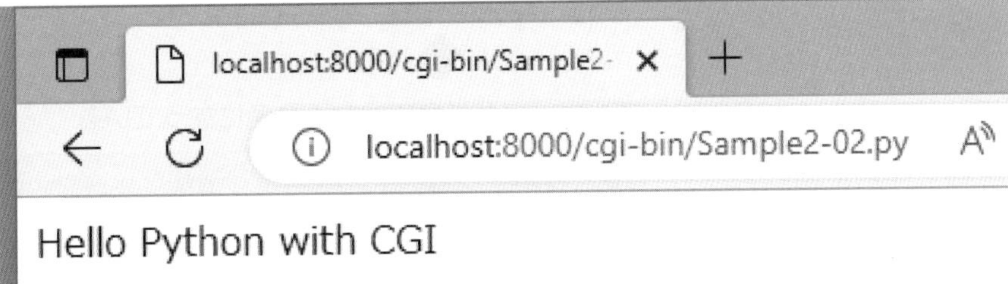

5. Web サーバーを終了するときには，Visual Studio Code のターミナル画面にカーソルを移動して，CTRL キーを押しながら「c」キーを押す。

なお，実習を連続して行う場合は，上記手順の 5 を実施しなくてもよい。そのときは，実習最後に CTRL + c で Web サーバーを終了させること。

③ 表示されないといったトラブルについて

正しい手順で作業をしたつもりでも，ブラウザーに何も表示されないといったトラブルも想定される。複雑な環境ではないため，以下のポイントを確認してほしい。

Case1：「print('Content-type・・・」と命令文がそのまま表示される

Webサーバー起動のコマンドを間違えていないかどうかを確認する。Pythonスクリプトを実行させるためには，CGIとして動作させるためのオプションである「--cgi」を付けること。

Case2：エラーページ404 NotFound，もしくはディレクトリリストが表示される

URLの入力ミス，もしくは「python -m http.server --cgi 8000」のコマンドをenshuフォルダーで実行していない可能性がある。ターミナルの表示を確認すること。

> URLに入力ミスがない場合は，Visual Studio Codeの開き方に問題があるかもしれない。p.15の手順を振り返って「enshu」フォルダを開こう。

Case3：ブラウザーに何も表示されない

ブラウザーのURL欄の入力に間違いがないかを確認する。

また，Sample2-02.pyの1行目にミスがないかどうかを確認する。特にセミコロン（;）や制御コード（\n）等，記号系の入力が含まれるため，1文字ごとに確認する必要がある。

よくある見つけにくい入力ミスをした時のVisual Studio Codeの表示を以下に示す。

1) シングルクォーテーションの閉じ忘れ（開始忘れ）

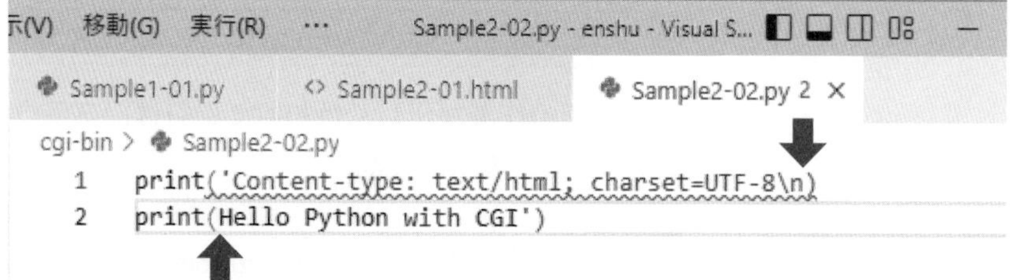

2) 開始カッコが半角ではなく全角になっている

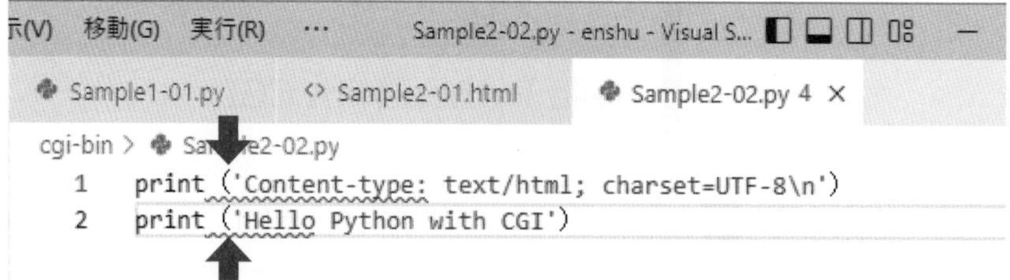

3) アルファベット入力が一部全角になっている（下例は先頭のみ）

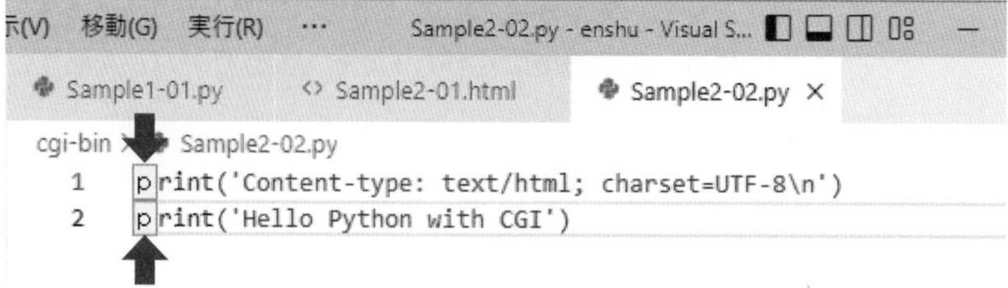

3 様々なタグを使ったWebページの作成

例題 2-1 ひとこと日記のページを作成してみよう。

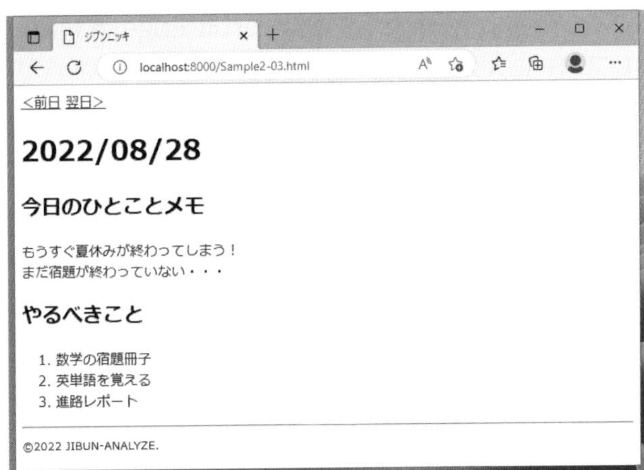

① HTML文書ページの作成

1. Visual Studio Codeの「ファイル」メニューから「新しいテキストファイル」を選択し，空のファイルを作成する。その後，「ファイル」メニューから「名前を付けて保存」を選択し，「Sample2-03.html」という名前で「enshu」フォルダーに保存する。
2. 次のドキュメントを記述する。

Sample2-03.html

```
<!DOCTYPE html>
  <html>
  <head>
    <meta charset="utf-8">
    <title>ジブンニッキ</title>
  </head>
  <body>
<!-- ヘッダー部-->
    <a href="">&lt;前日</a>
    <a href="">翌日&gt;</a>
<!-- ひとこと表示部 -->
    <h1>2022/08/28</h1>
    <h2>今日のひとことメモ</h2>
    <p>もうすぐ夏休みが終わってしまう！<br>まだ宿題が終わっていない・・・</p>
    <h2>やるべきこと</h2>
    <ol>
      <li>数学の宿題冊子</li>
      <li>英単語を覚える</li>
      <li>進路レポート</li>
    </ol>
<!-- フッター部 -->
    <hr>
    <small>&copy;2022 JIBUN-ANALYZE.</small>
  </body>
</html>
```

3 「ターミナル」ビューで下記コマンドを入力して Web サーバーを起動する。

```
PS C:\15S_Python\enshu> python -m http.server --cgi 8000
```

4 サーバーが無事に起動したら，「Microsoft Edge」を起動し，下記のアドレスをアドレスバーに入力し，アクセスする。

```
http://localhost:8000/Sample2-03.html
```

2 このページで使用している基本的なタグ

今回のページで使用されているタグについて，以下に簡単に解説する。

・**<!-- … --> （コメント）** (8，11，21 行)

HTML において，「<!--」と「-->」で囲まれた文字列はコメントとして取り扱われる。このコメントは Web ブラウザー上では表示されない。しかし，ページのソースを表示すると見ることができる。

・**<p> タグ** (14 行)

文書構造としての段落を意味する。なお，拡張子が「html」のファイル内において文章が改行されていたとしても，表示上は改行されないことに注意する。

・**
 タグ** (14 行)

改行を意味する。表示上改行したい場合はこのタグを利用する。

>
 タグのように，単一タグで内容（コンテンツ）がないものを「空要素タグ」という。

・**<h1>，<h2> タグ** (12，13，15 行)

見出しを意味する。<h1> から <h6> まであり，数値が小さいほうがより大きい見出しとなる。

・**<a> タグ** (9，10 行)

「<a> … </a>」で囲まれた内容に対して，ハイパーリンクを指定する。
href プロパティにリンク先の URL を指定する（今回は指定していない）。なお，href プロパティに「href="#"」と指定すると，同一ページの最上部へスクロールして戻すという指定になる。

・**<ol> タグ** (16～20 行)

番号付きリストを意味する。<ol> タグで囲まれた <li> タグが番号付きでそれぞれの要素となる。番号を付けないリストの際には「<ul>…</ul>」で要素を囲む。

・**<hr> タグ** (22 行)

水平の罫線を意味する。

・**<small> タグ** (23 行)

表示上，一回り小さく表示される。著作権の注釈など，小さく表示されるべき文に対して指定する。

以下のタグについては，今回のページでは使用されていないが，今後本書で登場するため，簡単に解説する。

・<div> タグ　　（未使用）

このタグ自体には意味はない。しかしひとまとめにして後述するスタイルシートを適用するなど，要素を何らかのくくりでまとめるときに利用する。

4　文章構造タグを使った Web ページの作成

例題 2-2　先ほど作成した，ひとこと日記ページの HTML について，文書構造を意識して書き換えてみよう。

① HTML 文書ページの作成

1. Visual Studio Code のエクスプローラーで「Sample2-03.html」をクリックし，エディタ部に表示させる。その後「ファイル」メニューから「名前を付けて保存」を選択し，「Sample2-04.html」という名前で保存する。
2. 次のドキュメントの黄色の網掛け部分を修正し保存する。

Sample2-04.html

```
<!DOCTYPE html>
  <html>
  <head>
    <meta charset="utf-8">
    <title>ジブンニッキ</title>
  </head>
  <body>
<!-- ヘッダー部-->
    <header>
      <a href=""><前日</a>
      <a href="">翌日></a>
    </header>
<!-- ひとこと表示部 -->
    <main>
      <h1>2022/08/28</h1>
      <section>
        <h2>今日のひとことメモ</h2>
        <p>もうすぐ夏休みが終わってしまう！<br>まだ宿題が終わっていない・・</p>
      </section>
      <section>
        <h2>やるべきこと</h2>
        <ol>
          <li>数学の宿題冊子</li>
          <li>英単語を覚える</li>
          <li>進路レポート</li>
        </ol>
      </section>
    </main>
<!-- フッター部 -->
    <footer>
      <hr>
      <small>&copy;2022 JIBUN-ANALYZE.</small>
    </footer>
  </body>
</html>
```

3 「ターミナル」ビューで下記コマンドを入力してWebサーバーを起動する。

```
PS C:\15S_Python\enshu> python -m http.server --cgi 8000
```

4 サーバーが起動したら，「Microsoft Edge」を起動し，下記のアドレスをアドレスバーに入力し，アクセスする。

```
http://localhost:8000/Sample2-04.html
```

2 セクション関連のタグ

セクションとは「見出しとそれに伴うコンテンツのひとかたまり」である。文書構造やコンテンツの意味付けを明確にする「セクション」に関連したタグであり，これだけでは見た目に影響を与えるものではない。しかし，本の目次のように「タイトル・章・節・項」という形で「見出し＋コンテンツ」で情報の階層構造を表現する「アウトライン」を構成するためには，こうしたタグの活用が必要になる。

> <header>タグと<head>タグは異なるので，入力には注意すること。

- **<header>タグ** (9～12行)
  セクションのヘッダーを表す。
- **<main>タグ** (14～28行)
  この文書中のメインコンテンツ領域を表す。
- **<section>タグ** (16～19，20～27行)
  章・節のような「見出し＋コンテンツ」を表す一般的な要素。<section>タグに挟まれた内側には見出しを表す<h...　>タグを含むことが一般的である。
- **<footer>タグ** (30～33行)
  セクションのフッターを表す。

また，今回のHTMLファイルには利用していないが，他にもセクションに関連したタグを紹介する。

- **<article>タグ**
  それ単体で自己完結している独立したセクションを表す。
- **<aside>タグ**
  メインのコンテンツと関係が弱く，取り除いてもメインのコンテンツに影響のないセクションを表す。
- **<nav>タグ**
  主要なナビゲーションを表す。

上記セクション関連のタグを利用した際の，表示ウィンドウ内でのそれぞれの関係について右図に示す。

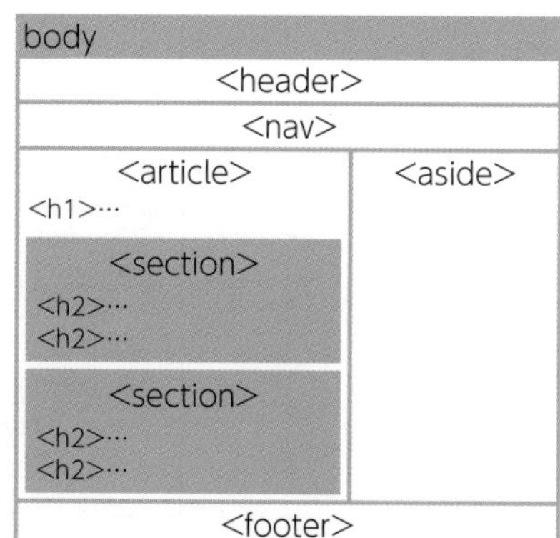

③ 文書構造タグ利用の効果

セクション関連のタグは利用しなくても HTML 文書は書くことができる。しかし，利用することで文書構造がわかりやすくなっていることが Sample2-03.html と Sample2-04.html の 2 つのファイルを比較することでわかるだろう。

Sample2-03.html

```
01:  <!DOCTYPE html>
02:    <html>
03:    <head>
04:      <meta charset="utf-8">
05:      <title>ジブンニッキ</title>
06:    </head>
07:    <body>
08:  <!-- ヘッダー部 -->
09:        <a href="">＜前日</a>
10:        <a href="">翌日＞</a>
11:  <!-- ひとこと表示部-->
12:      <h1>2022/08/28</h1>
13:      <h2>今日のひとことメモ</h2>
14:      <p>もうすぐ夏休みが終わってしまう！<br>まだ
     宿題が終わっていない・・・</p>
15:      <h2>やるべきこと</h2>
16:      <ol>
17:        <li>数学の宿題冊子</li>
18:        <li>英単語を覚える</li>
19:        <li>進路レポート</li>
20:      </ol>
21:  <!-- フッター部 -->
22:      <hr>
23:      <small>&copy;2022 JIBUN-ANALYZE.</small>
24:    </body>
25:  </html>
```

どこまでが
コンテンツの
範囲？

Sample2-04.html

```
01:  <!DOCTYPE html>
02:    <html>
03:    <head>
04:      <meta charset="utf-8">
05:      <title>ジブンニッキ</title>
06:    </head>
07:    <body>
08:  <!-- ヘッダー部 -->
09:      <header>
10:        <a href="">＜前日</a>
11:        <a href="">翌日＞</a>
12:      </header>
13:  <!-- ひとこと表示部-->
14:      <main>
15:        <h1>2022/08/28</h1>
16:        <section>
17:          <h2>今日のひとことメモ</h2>
18:          <p>もうすぐ夏休みが終わってしまう！<br>
     まだ宿題が終わっていない・・・</p>
19:        </section>
20:        <section>
21:          <h2>やるべきこと</h2>
22:          <ol>
23:            <li>数学の宿題冊子</li>
24:            <li>英単語を覚える</li>
25:            <li>進路レポート</li>
26:          </ol>
27:        </section>
28:      </main>
29:  <!-- フッター部 -->
30:      <footer>
31:        <hr>
32:        <small>&copy;2022 JIBUN-ANALYZE.</small>
33:      </footer>
34:    </body>
35:  </html>
```

コンテンツの
範囲が
わかりやすい

左に示した Sample2-03.html の 12 行目「<h1>2022/08/28</h1>」が見出しということはタグの意味から読み取れるが，その見出しに関連しているコンテンツ（内容）は 13 行目以降，どこまでなのかの範囲はわからない。

右に示した Sample2-04.html の 15 行目「<h1>2022/08/28</h1>」という見出しはそのタグ自体が 14 行目の <main> タグのコンテンツの一部になっており，見出しに関連しているコンテンツの範囲は 28 行目の </main> までであることがわかる。

このように文書構造をわかりやすくするためにも，セクション関連のタグは積極的に利用していくべきである。

3 CSS3

1 CSS3 の基礎知識

① CSS3 とは

> CSS：Cascading Style Sheets

CSS は Web ページのスタイルを指定するための言語として 1996 年に登場し，その後ブラウザーソフトのバージョンアップに従い，少しずつ進化をしてきた。見栄えと構造を分離させることを目的として生まれたが，現在では HTML だけでは表現できない自由な表現や，複雑な配置を可能とするものとなっている。

2022 年現在，多くのブラウザーは CSS3 に対応しており，CSS4 はまだいつから利用できるかはっきりとしていない。本書では CSS3 をベースに解説をしていく。

② CSS の記述方法

CSS の記述方法は以下の通りである。

①セレクタ

「どの要素に対して見た目のスタイルを記述するのか」を指定する箇所である。HTML のタグ名やクラス名，ID 名などをここに記述する。上の例では，HTML の <h1> タグを選択（セレクト）している。これを**シングルセレクタ**という。セレクタの後にスタイルの内容について { … } で囲んだ宣言ブロックで記述する。

他にも，セレクタを「，（カンマ）」で区切って，複数のセレクタをグループ化する**グループセレクタ**と，セレクタを「 （半角スペース）」で区切って，親子関係のある要素の子の階層にもスタイルを適用する**子孫セレクタ**がある。

> 親子関係のある要素とは，例えば <ol> と <li> のように入れ子状態の場合の，外側を親，内側を子とする関係のことである。

②プロパティ

「色・サイズ・場所など，なんのスタイルを指定するのか」を指定する箇所である。ここでは CSS で規定されている書式を記述することになる。例では，色を意味する color を指定している。他にも，横幅である width や文字の大きさである font-size などがある。

③値

プロパティについて「どのくらいなのか」を指定する箇所である。具体的な数値や色名など，CSS で規定されている値を記述することになる。例では color プロパティに対して「白」を意味するカラーコード「#ffffff」を指定している。

例ではプロパティ・値のペアを 1 つしか指定していないが，プロパティ＋値を「;（セミコロン）」で区切って，複数のプロパティを指定することも可能である。

2 スタイルファイルを利用した CSS3 の適用

例題 2-3 ひとこと日記のページに対してスタイルファイルを利用した CSS での装飾をしてみよう。

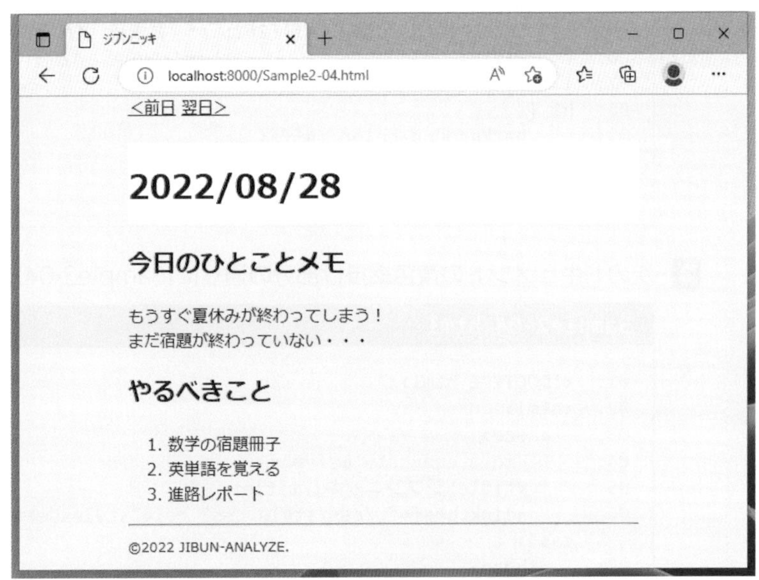

① 外部化した CSS ファイルの入力

通常，Web ページの見た目を指定する CSS は，それだけを記述した外部ファイルとして定義する。そのスタイルファイルを各ページで利用するという指定により，複数の Web ページで見た目を揃えることができる。この方法で前述の Sample2-04.html に装飾を加えてみる。

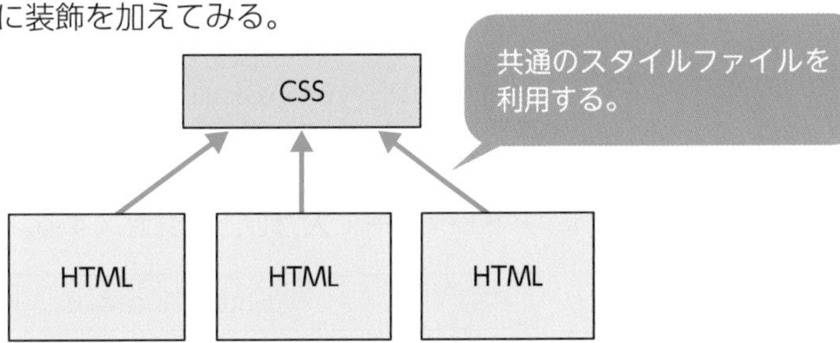

1 Visual Studio Code の「ファイル」メニューから「新しいテキストファイル」を選択し空のファイルを作成する。その後，「ファイル」メニューから「名前を付けて保存」を選択し，「style.css」という名前で**「enshu」フォルダー内の「css」フォルダーに保存**する。

2 「style.css」ドキュメント内に以下のコードを記述する。

CSS のプロパティ名には長いものもあるが，Visual Studio Code の入力補完機能で入力最中に候補が表示されるので，簡単に入力できるはずである。むしろ似たような名前のプロパティを入力しないように注意してほしい。

同様にプロパティの「値」についても，数値以外の値については入力補完機能が利用できるので，上手に利用しよう。

```
style.css
```

```
body {
    text-align: left;    /*  文字揃え  */
    color: #3d3838;      /*  文字色  */
    margin: 0 auto;      /*  要素の外側の空白  */
    background-color: #fff2f2; /*  背景色  */
    width: 70%;          /*  コンテンツの幅  */
}
h1 {
    background-color: #fff;
    padding: 10px 0 10px 0;
}
```

3 次のドキュメントの黄色網掛け部分の通りに「Sample2-04.html」に追記する。

```
Sample2-04.html
```

```
<!DOCTYPE html>
<html>
  <head>
    <meta charset="utf-8">
    <title>ジブンニッキ</title>
    <link href="./css/style.css" rel="stylesheet" type="text/css">
  </head>
  <body>
<!-- ヘッダー部 -->
    <header>
      <a href=""><前日</a>
      <a href="">翌日></a>
    </header>
    ・・・以下変更なし
```

4 ドキュメントを保存後，「Visual Studio Code」の「ターミナル」ビューで下記コマンドを入力して Web サーバーを起動する。（起動済みであれば実行しない）

```
PS C:\15S_Python\enshu> python -m http.server --cgi 8000
```

5 サーバーが無事に起動したら，「Microsoft Edge」を起動し，下記のアドレスをアドレスバーに入力し，アクセスする。

```
http://localhost:8000/Sample2-04.html
```

追記前の Sample2-04.html の表示と比較して，ページ全体に装飾がされていれば，外部 CSS ファイルが読み込まれている。

2 外部スタイルの指定について

Sample2-04.htmlの6行目で外部スタイルのファイルを読み込んでいる。つまり個々のHTMLファイルでこのように1行記述するだけで，それらすべては同じCSSを利用して表示することができるため，見た目を揃えることができる。

注意すべき点はCSSへの階層構造である。Sample2-04.htmlはcssフォルダーと同じ階層に位置しており，cssフォルダー内のファイルへのパスを指定するためには，「./css/…」のように「現在位置（カレントの指定）」からの相対指定が必要な点に注意する。

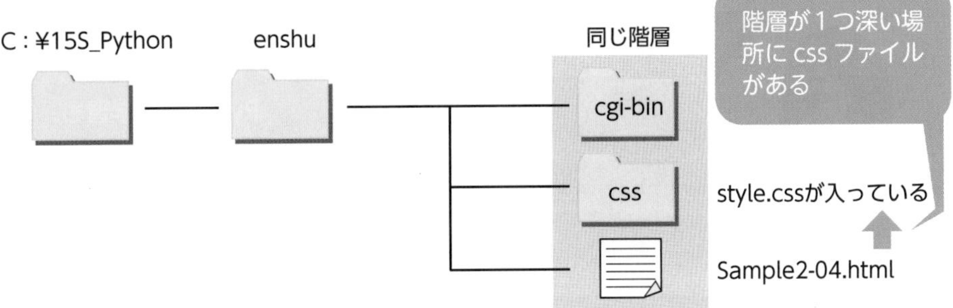

また，外部スタイルのファイルを指定するために<link>タグを利用している。このタグは記述されたHTMLファイルと，別のファイルやページの関連をもたせるタグである。基本的に<head>タグ内に記述する。

hrefプロパティでCSSファイルのパスを指定する。また，relプロパティで指定されたファイルとの関連性を示す。スタイルシートとしての関連を示す値は「stylesheet」である。また，typeプロパティにはそのファイルのMIMEタイプを指定する。スタイルシートの場合は一般に「text/css」と指定する。

境界線と余白の考え方

レイアウトを考えるとき，意図通りに表示させるためには境界線と余白の考え方は覚えておかなければならない。

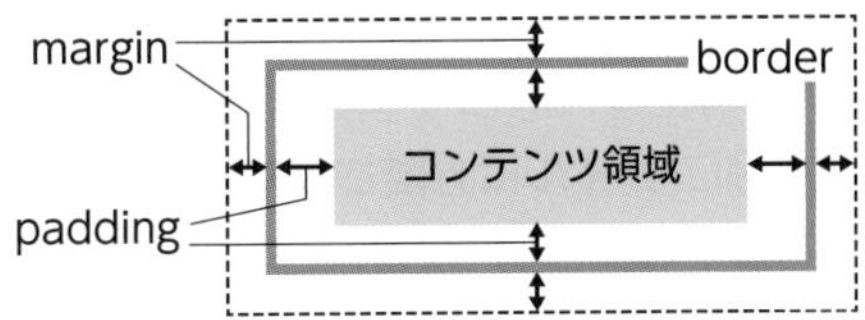

●境界線

要素の境界線を「border」という。borderプロパティでは「色，太さ，線の種類」を指定できる。主な線の種類としては，「none（線なし）」「solid（実線）」「dotted（点線）」「dashed（破線）」「double（二重線）」がある。

●余白

境界線から考えて，隣り合う別の要素との間隔は「margin」，要素自体の内側余白が「padding」である。これらの余白は「上下左右」「上下・左右」「上・左右・下」「上・右・下・左」の指定方法がある。

3 章 Python 基礎

15Step ▷ Python入門

開発環境も Web アプリケーションも学習を終えたし，
次はようやく Python だね！ 楽しみ！！

最終的には Web アプリケーションを作るのだから…
Python の学習も，
最初から Web アプリケーション向けに
学習していけばいいよね。

よし！
まずは，Python の書き方やルール，文法や命令等々を，
しっかりと学んでいこう！

1 演習環境の構築

1 Web ページと連動する Python スクリプト

本章以降，Python の文法を学習していく過程で，スクリプトの実行結果を Web ブラウザーで表示しながら学習するスタイルをとる。その際，Python スクリプト内に HTML コードを直接記述すると，HTML コードと Python スクリプトが同じファイル内に大量に混在することになり，可読性が下がってしまう。そうすると Python の文法を学習するという本来の演習の目的から外れてしまうため，HTML コードと Python コードを別ファイルに分離させた演習のひな型になるページを用意する。

① ひな型となる Python スクリプトと HTML ページの作成

1. Visual Studio Code の「ファイル」メニューから「新しいテキストファイル」を選択し空のファイルを作成する。その後，「ファイル」メニューから「名前を付けて保存」を選択し，「index.html」という名前で**「enshu」フォルダー内に保存**する。

2 index.html のファイル内に次のドキュメントを記述する。

index.html

```
<!DOCTYPE html>
<html>
  <head>
    <meta charset="utf-8">
    <title>Python演習</title>
  </head>
  <body>
    {content}
  </body>
</html>
```

3 次に，Visual Studio Code の「ファイル」メニューから「新しいテキストファイル」を選択し空のファイルを作成し，「名前を付けて保存」を選択する。「TemplateA.py」という名前で「enshu」フォルダー内の「cgi-bin」フォルダーに保存する。

4 TemplateA.py のファイル内に次のドキュメントを記述する。

TemplateA.py

```
import sys

sys.stdin.reconfigure(encoding='utf-8')
sys.stdout.reconfigure(encoding='utf-8')

#Pythonスクリプトの入力場所----------ここから

body_content = 'Pythonスクリプトのテンプレートです'

#Pythonスクリプトの入力場所----------ここまで

with open('index.html', mode='r', encoding='utf-8') as f:
  file = f.read()

html_text = file.format(content = body_content)
print('Content-Type:text/html')
print()
print(html_text)
```

5 ドキュメントを保存後，「Visual Studio Code」の「ターミナル」ビューで下記コマンドを入力して Web サーバーを起動する。（起動済みであれば省略する）

```
PS C:\15S_Python\enshu> python -m http.server --cgi 8000
```

6 サーバーが起動したら，「Microsoft Edge」を起動し，下記のアドレスをアドレスバーに入力し，アクセスする。

```
http://localhost:8000/cgi-bin/TempleteA.py
```

> ターミナルビューにカーソルがある状態で CTRL + C を押すと，サーバーを停止することができる。

以下の画面が表示されればテンプレートの完成である。

② 作成したページの解説

「index.html」がブラウザーでの表示内容である。ただし，Python スクリプトの結果を 8 行目にある「{content}」の場所に埋め込んでから表示するという動作をしている。全体の流れとしては，ブラウザーから Python スクリプトへアクセスをし，画面表示以外のタグの内容について HTML を使って読み込み，表示内容を Python スクリプトで組み立てて埋め込んで表示するというものである。

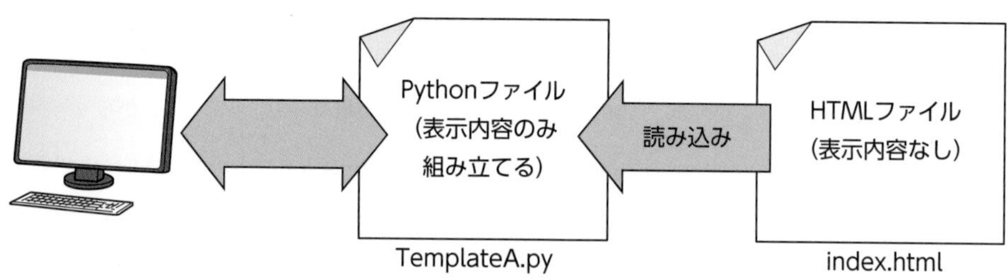

埋め込まれる文字列は「TemplateA.py」の 8 行目にある「body_content」の中身になる。1-4 行目の処理は動作の前処理になるが，ここでは解説を割愛する。また，12-18 行目の処理も動作の後処理になるが，こちらも後半の章で解説をする。

つまり，これからの演習では 6-10 行目に Python コードを差し替えて記述しながら学習を進めていく。

2 変数の宣言，代入

1 文字列の結合とコメント

例題 3-1 次のメッセージを表示する Web ページを作成してみよう。

① 文字列結合を利用した Python スクリプトの作成

1. 前の節で作成した「TemplateA.py」を Visual Studio Code で開く。その後，「ファイル」メニューから「名前を付けて保存」を選択し，「Sample3-01.py」という名前で「enshu」フォルダーの「cgi-bin」フォルダー内に保存する。
2. コード内の「Python スクリプトの入力場所」に次のドキュメントを記述する。

Sample3-01.py

```
06: #Pythonスクリプトの入力場所----------ここから
07:
08: body_content = '今日から夏休み！' + 'と思ったら・・・<br>'
09:
10: #Pythonスクリプトの入力場所----------ここまで
```

※この作業イメージは以下の通り（今後の例題も同様）。

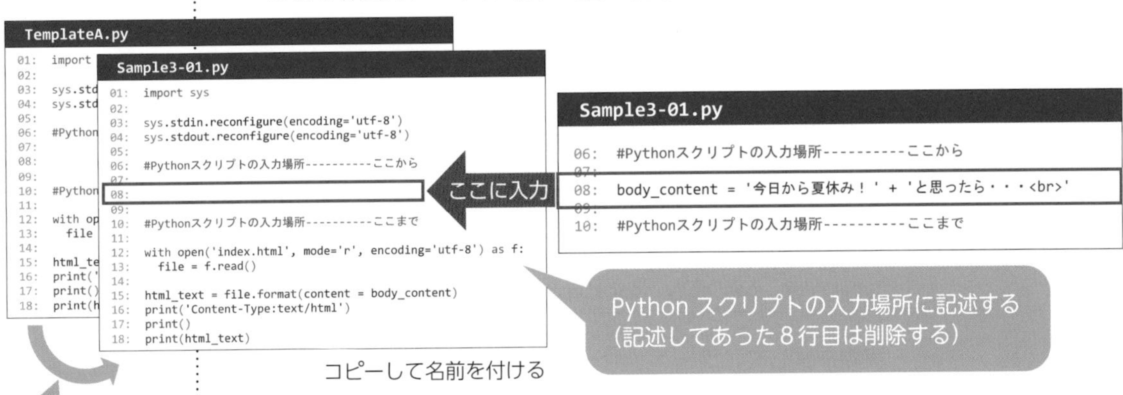

3 ドキュメントを保存後，「Visual Studio Code」の「ターミナル」ビューで下記コマンドを入力してWebサーバーを起動する。（起動済みであれば省略する）

```
PS C:\15S_Python\enshu> python -m http.server --cgi 8000
```

4 サーバーが起動したら，「Microsoft Edge」を起動し，下記のアドレスをアドレスバーに入力し，アクセスする。

```
http://localhost:8000/cgi-bin/Sample3-01.py
```

2 コメント

Sample3-01.pyの6行目，10行目のように，#（シャープ）を記述した行はコメントとして扱われる。

```
#Pythonスクリプトの入力場所----------ここから
```

これはプログラムの動作には関係のないメモ書きである。あとから見たときに何をしている箇所なのか，理解しやすいようにするために利用する。#を記述した箇所以降，その行の行末までがコメントとして扱われる。

なお，Visual Studio CodeではCTRL＋／を押すことで，現在カーソルがある行をコメントにすることや，逆に解除することができる。

3 文字列結合

Sample3-01.pyの8行目は，次のように書かれている。

```
body_content = '今日から夏休み！' + 'と思ったら・・・<br>'
```

「今日から夏休み！」と「と思ったら・・・
」のそれぞれの文字列の間に＋がある。この＋は文字列を結合する＋演算子である。左辺と右辺が文字列の場合には文字列の結合を行う。ただし，両辺がそれぞれ文字列と数値等，異なるとエラーになる。

例えば，

```
body_content = '今日から夏休み！' + 40
```

とすると，ブラウザーにてアクセス時，以下のエラーメッセージが表示される。

```
(Visual Studio Codeのターミナルに出力されるエラーメッセージ)
TypeError: can only concatenate str (not "int") to str
```

実際に試してエラーメッセージを確認すること。

2 変数の宣言，代入

例題 3-2 夏休みの日数を表示する Web ページを作成してみよう。

① 変数を利用した Python スクリプトの作成

1. 「TemplateA.py」を Visual Studio Code で開く。その後，「ファイル」メニューから「名前を付けて保存」を選択し，「Sample3-02.py」という名前で「enshu」フォルダーの「cgi-bin」フォルダー内に保存する。
2. コード内の「Python スクリプトの入力場所」に次のドキュメントを記述する。

Sample3-02.py

```
06:  #Pythonスクリプトの入力場所----------ここから
07:
08:  holiday = 30
09:  body_content = '夏休みは' + str(holiday) + '日間あります<br>'
10:
11:  #Pythonスクリプトの入力場所----------ここまで
```

3. ドキュメントを保存後，「Visual Studio Code」の「ターミナル」ビューで下記コマンドを入力して Web サーバーを起動する。(起動済みであれば省略する)

```
PS C:\15S_Python\enshu> python -m http.server --cgi 8000
```

4. サーバーが起動したら，「Microsoft Edge」を起動し，下記のアドレスをアドレスバーに入力し，アクセスする。

```
http://localhost:8000/cgi-bin/Sample3-02.py
```

② 変数とは

変数とは，プログラムの実行に必要なデータを保存しておく箱のようなものである。変数には次のようなルールがある。

① 変数は利用する前に準備（定義）する必要がある
② 変数ごとに区別をするために名前を付ける必要がある
③ 値を代入することで変数の有効範囲内の場所で利用することができる

Sample3-02.py の 8 行目では，holiday という名前で変数の定義を行っており，「30」という数値を代入している。代入する際には「代入演算子」を使う。

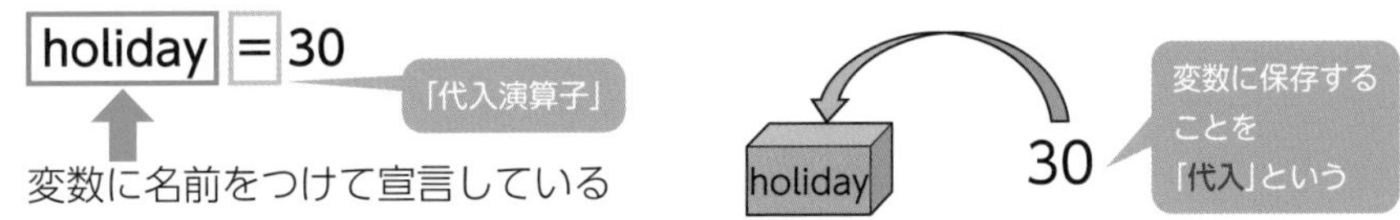

③ 変数の命名規則について

変数はそれぞれを区別するために名前を付けて取り扱う。この名前のことをプログラミングの用語では識別子という。識別子に使える文字は以下のルールがある。

① 英字(大文字・小文字の区別がある)，数字，アンダースコア(_)が使える。
② 識別子の先頭には数字が使えない。
③ 以下の予約語は使えない。ただし，複数の単語の組み合わせ中で利用することはできる。

表　Python の予約語一覧

False	None	True	and	as	assert	async
await	break	class	continue	def	del	elif
else	except	finally	for	from	global	if
import	in	is	lambda	nonlocal	not	or
pass	raise	return	try	while	with	yield

 データ型について

データ型とはデータの種類のことである。Sample3-02.py の 8 行目，

```
holiday = 30
```

とは，holiday という「変数」に 30 という「数値」を「代入」する処理であるが，このとき変数 holiday に格納されているデータの型は「整数型」である。

Python では明示的に格納するデータ型を宣言する必要はなく，格納した値によって動的にデータ型が決定される。しかし，データ型によってプログラムの挙動が変化するため，開発者がデータ型をまったく意識しなくてよいということにはならない。以下，Python で扱えるデータ型を一覧にまとめる。

分類	型	概要	例
数値	int	整数	1, 2, 100, 200…
	float	浮動小数点数	1.5, 3.1415…
論理	bool	真偽値	True, False
文字	str	文字列	'ABC', "jikkyo"…
集合体	list	リスト(重複可・変更可の集合体)	[value, …]
	set	セット(重複不可の集合体)	{value, …}
	dict	辞書(連想配列)	{key: value, …}
	tuple	タプル(変更不可の集合体)	(value, …)
その他	NoneType	オブジェクトが存在しない	

動的型付け言語とは

プログラミング言語には，データ型を強く意識するものと，逆にほとんど意識する必要のないものがある。データ型を強く意識する言語では，変数の宣言時にデータ型を決定し，その変数には別のデータ型の値を代入することはできない。これを静的型付け言語ともいう。逆にほとんど意識しない言語では，先に代入したデータ型の種類とは違ったデータ型の値も代入することができる。つまり変数への代入時にデータ型を自動的に変化させている。これを動的型付け言語といい，Python はこちらに相当する。

5 データ型を調べる

```
holiday = 30
```

上記１文は，プログラムを見れば holiday という「変数」には数値(int)が格納されていることがわかる。プログラム中で変数に格納されているデータ型を調べる場合は type 関数を利用する。

◆ type 関数

type (調べる対象の値)

指定された値のデータ型を調べる。以下に実行例を示す。

命令文例	結果
holiday = 30 type(holiday)	<class 'int'> (整数型)
type(“abc”)	<class 'str'> (文字列型)
type(123)	<class 'int'> (整数型)
type(3.14)	<class 'float'> (不動小数点型)

6 データ型の変換について

データ型によってプログラムは挙動を変える。Sample3-02.py の９行目に，

```
body_content = '夏休みは' + str(holiday) + '日間あります<br>'
```

とあるが，ここで「＋」の演算子が利用されている。この演算子は「文字列の結合」であるが，文字列の結合として動作させるためには，前項にもあったように，＋演算子の左辺と右辺が文字列である必要がある。しかし，変数 holiday には整数型の値が格納されている。そこで，値を整数型から文字列型に変換する必要がある。文字列型への変換は以下の関数で行う。

◆ str 関数

str (変換する値)

指定された値を文字列型へ変換する。

つまり，Sample3-02.py の 9 行目は

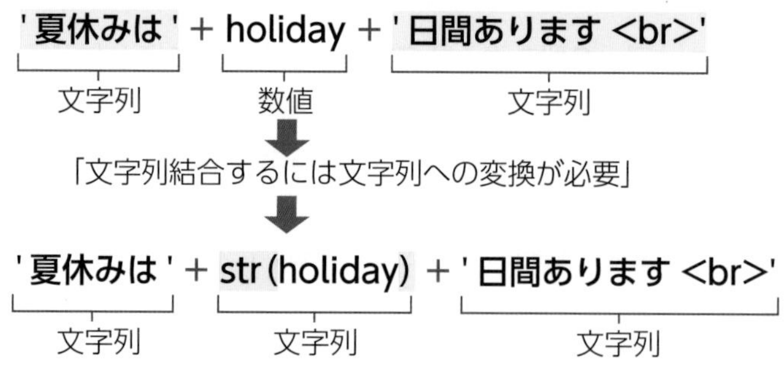

となる。

 定数について

変数は，すでに値が格納されていても，代入しなおすことによって内容を上書きして保存することができる。一方で格納されている値を変えることができないものを定数という。

例えば，前述の演習に対して，「夏休みはあと何週間か？」という表示をしたいときに，残りの日数に対して 1 週間の日数である「7」で割り算をすればよいのだが，この「7」という数値の意味を明らかにするときなどに定数が使われる。具体的には以下のようになる。

> 右のプログラムコードの 11 行目は紙面上改行されているように見えるが，実際に入力する際には 1 行で記述すること。

```
06:  #Pythonスクリプトの入力場所----------ここから
07:
08:  holiday = 30
09:  body_content = '夏休みは' + str(holiday) + '日間あります<br>'
10:  WEEK_DAYS = 7
11:  body_content += '夏休みは' + str(holiday // WEEK_DAYS) + '週間あります
     <br>'
12:
13:  #Pythonスクリプトの入力場所----------ここまで
```

このとき，

```
WEEK_DAYS = 7
```

が定数を意味している。1 週間が 7 日間ということは変化することではないため定数として宣言しているわけである。

一般的なプログラミング言語には「定数」という仕組みが存在するが，Python には「定数」の仕組み自体が存在しない。そのため上記 WEEK_DAYS は上書きして書き換えることができる。しかし，変数名が大文字の変数は定数の意味合いをもち「書き換えるべきではない」という認識をしておくこと。つまり，**「変数名がすべて大文字のものは定数としての意味合いをもっているため，書き換えるべきではない」**であり，これは Python プログラマが理解して守るべきルールである。

なお，上記 11 行目にある「holiday // WEEK_DAYS」という演算は次項に説明があるが，割り算の結果を切り捨てる演算である。「holiday / WEEK_DAYS」に変更して実行してみると，割り算の結果が小数点以下まで表示される。

3 複合代入演算子の利用

例題 3-3 **夏休みの日数と経過日数を表示する Web ページを作成してみよう。**

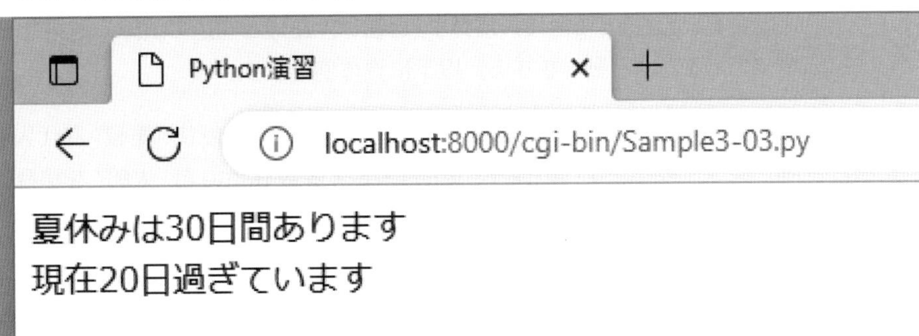

1 複合代入演算子を利用した Python スクリプトの作成

1. 「TemplateA.py」を Visual Studio Code で開く。その後，「ファイル」メニューから「名前を付けて保存」を選択し，「Sample3-03.py」という名前で「enshu」フォルダー内の「cgi-bin」フォルダーに保存する。
2. コード内の「Python スクリプトの入力場所」に次のドキュメントを記述する。

Sample3-03.py

```
#Pythonスクリプトの入力場所----------ここから

holiday = 30
passDay = 20
body_content = '夏休みは' + str(holiday) + '日間あります<br>'
body_content += '現在' + str(passDay) + '日過ぎています<br>'

#Pythonスクリプトの入力場所----------ここまで
```

3. ドキュメントを保存後，「Visual Studio Code」の「ターミナル」ビューで下記コマンドを入力して Web サーバーを起動する。（起動済みであれば省略する）

```
PS C:\15S_Python\enshu> python -m http.server --cgi 8000
```

4. サーバーが起動したら，「Microsoft Edge」を起動し，下記のアドレスをアドレスバーに入力し，アクセスする。

```
http://localhost:8000/cgi-bin/Sample3-03.py
```

② 複合代入演算子について

Sample3-03.py の 11 行目では，＋演算子と代入演算子を組み合わせた演算子を利用している。

```
body_content += '現在' + str(passDay) + '日過ぎています<br>'
```

これを「複合代入演算子」と言い，左辺と右辺の演算の結果をそのまま左辺に代入するという動きをする。以下に具体例を示す。

name = '実教'　・・・変数 name に '実教' を代入する
name = name + '太郎'・・・変数 name と '太郎' を結合し，結果を変数 name に代入

name = '実教'
name += '太郎'

同じ意味 ➡ name の中身は '実教太郎' になる

このように，文字列結合をした結果を元に変数に書き戻したい場合に，複合代入演算子を利用することで，シンプルにスクリプトを書くことができる。

③ 演算子について

ここまで出てきた＋演算子は文字列結合の意味をもつと解説してきたが，そもそも＋演算子は算術演算子で通常の加算の機能もある。Python で利用できる算術演算子(四則演算や日常的な数学で利用する演算子)を以下に示す。

名称	表現	意味
加算演算子	プラス記号(+)	2 つの値を足し合わせた結果(和)
減算演算子	マイナス記号(-)	2 つの値を引き算した結果(差)
乗算演算子	アスタリスク記号(*)	2 つの数値を掛け算してその結果(積)
除算演算子	スラッシュ記号(/)	2 つの数値を割り算した結果(商)
剰余演算子	パーセンテージ記号(%)	2 つの数値を割り算したときの余りの値(剰余)
除算演算子(切り捨て)	スラッシュ記号(/) 2 つ	2 つの数値の商の小数点以下切り捨てした結果
べき乗演算子	アスタリスク記号(*) 2 つ	べき乗の結果

④ ＋演算子の動作について

前節で見てきたように，「＋」演算子には文字列結合と加算の２つの意味があるといえる。どのように動作を切り替えているかというと，演算子の右辺・左辺のデータ型によってその挙動を変えている。つまり

'AB' + 'CD'　　＝＞文字列＋文字列＝＞文字列結合（結果：'ABCD'）
10 + 20　　　＝＞数値＋数値　　＝＞加算（結果：30）

となる。

そして，右辺と左辺のデータ型が異なる（片方が文字列等）場合，エラーになる。そのため，文字列と数値の演算については，右辺と左辺のデータ型をどちらかに合わせるように変換しなければならない。

> ◆各種変換関数
> **int（ 変換する値 ）**
> 指定された値を int 型へ変換する。
> **float（ 変換する値 ）**
> 指定された値を float 型へ変換する。

また，前述の複合代入演算子は文字列結合だけでなく，数値の演算でもよく利用される。

num = 10　　　　・・・変数 num に 10 を代入する
num = num + 20・・・変数 num と 20 を加算し，結果を変数 num に代入する

num = 10
num += 20　　同じ意味 ➡ num の中身は 30 になる

Python におけるインクリメント演算子

多くのプログラミング言語には「インクリメント演算子」「デクリメント演算子」が用意されている。これは変数の中身を１増やす（もしくは１減らす）という機能をもつ演算子で「＋＋」「－－」で表現される。

num ++　／　num －－

しかし，Python ではこれらの演算子は存在しない。代わりに複合代入演算子を使って次のように記述する。

num += 1　／　num －= 1

4 書式文字列の利用

例題 3-4 夏休みの日数と経過日数を表示する Web ページを作成してみよう。

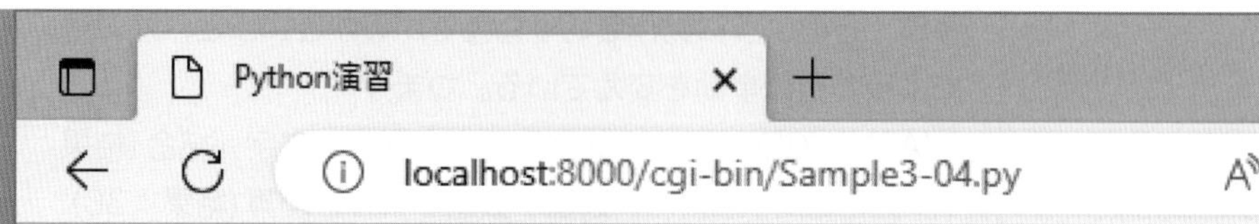

夏休み30日のうち20日過ぎました
もう66.67%過ぎてしまいました・・・

1 書式文字列を利用した Python スクリプトの作成

1. 「TemplateA.py」を Visual Studio Code で開く。その後，「ファイル」メニューから「名前を付けて保存」を選択し，「Sample3-04.py」という名前で「enshu」フォルダー内の「cgi-bin」フォルダーに保存する。
2. コード内の「Python スクリプトの入力場所」に次のドキュメントを記述する。

> 右のプログラムコード中，行番号がふられていない行は前の行からの続きの行である。実際に入力する際には 1 行で記述すること。

Sample3-04.py

```
06:  #Pythonスクリプトの入力場所----------ここから
07:
08:  holiday = 30
09:  passDay = 20
10:  body_content = '夏休み{0}日のうち{1}日過ぎました<br>'.format(holiday, passDay)
11:  passRate = passDay / holiday * 100
12:  body_content += 'もう{0:.2f}%過ぎてしまいました・・・<br>'.format(passRate)
13:
14:  #Pythonスクリプトの入力場所----------ここまで
```

3. ドキュメントを保存後，「Visual Studio Code」の「ターミナル」ビューで下記コマンドを入力して Web サーバーを起動する。(起動済みであれば省略する)

```
PS C:\15S_Python\enshu> python -m http.server --cgi 8000
```

4. サーバーが起動したら，「Microsoft Edge」を起動し，下記のアドレスをアドレスバーに入力し，アクセスする。

```
http://localhost:8000/cgi-bin/Sample3-04.py
```

2 プログラム解説

8，9 行：夏休みの日数(holiday)，経過日数(passDay)を格納するため，それぞれの変数を宣言し，初期値として 30，20 を代入する。

10 行：format 関数を使い，「夏休み・・・過ぎました」の文字列内にそれぞれの変数の値をセットした文字列を生成し，表示する。

11 行：経過日数を休日日数で割り，経過日数の割合を計算する。パーセンテージで表示させたいため 100 を掛けている。計算結果を変数 passRate に代入している。

12 行：format 関数を使い，「もう・・・％過ぎてしまいました」の文字列内に passRate の変数の値をセットした文字列を生成し，表示する。

③ format 関数について

前項では，文字列と数値の結合では＋演算子を利用し，かつ右辺と左辺の型をそろえることで 1 つの文字列を構築していた。

```
holiday = 30
body_content = '夏休みは' + str(holiday) + '日間あります'
```

しかし，この方法は＋演算子が複数出現したときに，プログラムコードの可読性を下げる。そこで，あらかじめ文字列を埋め込む場所を指定しておき，そこに変数等の値を流し込む手法で 1 つの文字列を構築するほうがわかりやすい。上記例の場合は以下のようになる。

holiday の値を埋め込む

```
holiday = 30
body_content = '夏休みは{0}日間あります'.format(holiday)
```

不定の箇所を含めた形で文字列を宣言し，format 関数を使ってその不定の箇所に値を置き換えるという流れである。不定の箇所を含んだ文字列を「書式指定文字列」という。この文字列内で不定の箇所を「{ }」で示す。また，書式指定文字列と format 関数の間は .（ドット）でつなぐ。

◆ format 関数
'書式指定文字列'.format(置き換える値)
文字列を整形して構築する。

不定の箇所が複数存在する場合は，format 関数で複数の値を指定し，どちらにどの値を置き換えるのかを 0 からの連番で指定する。番号指定は必須ではないがプログラムの可読性が上がるため推奨する。

```
'夏休み{0}日のうち{1}日過ぎました<br>'.format(holiday, passDay)
```

4 format 関数利用時の書式指定について

書式指定文字列内の{ }では，出力する各値の書式指定が可能である。(例えば，浮動小数点型の値を小数第一位まで出力する，表示幅の指定など)

> 値の書式指定
>
> {：フォーマット}

{ }内の：(コロン)の後に指定するのが書式指定のフォーマットである。ここでまず何を出力するかの指定として以下がある。

置き換える値の種類	型	指定する記号
整数	int	d(10 進数表記)
浮動小数	float	f
文字列	str	s

また，「.2」は小数第 2 位まで出力するという指定である。その後前述のアルファベットで値の型を指定する。

上記をふまえると，Sample3-04.py の 12 行目の書式指定の意味は次の通り。

補足 その他の主な書式

書式の指定はここで紹介したものよりも多くの指定が可能となっている。参考として主な書式をすべて指定した例を示す。

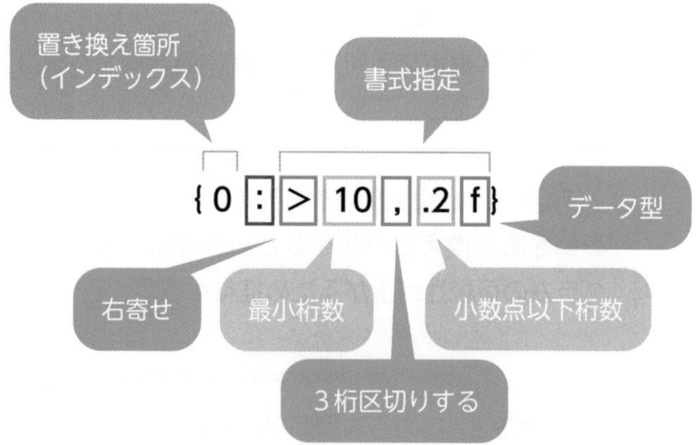

3 配列（リスト）

1 リストの利用

例題 3-5　リストを利用したプログラムを入力してみよう。

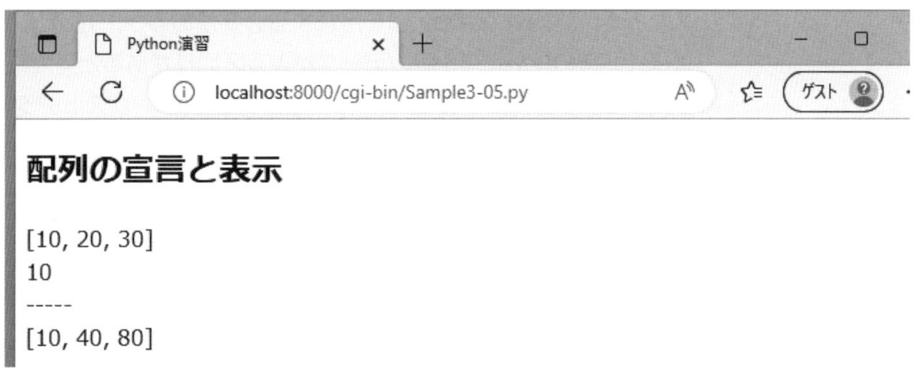

① リストの宣言と値の表示

1. 「TemplateA.py」を Visual Studio Code で開く。その後，「ファイル」メニューから「名前を付けて保存」を選択し，「Sample3-05.py」という名前で「enshu」フォルダー内の「cgi-bin」フォルダーに保存する。
2. コード内の「Python スクリプトの入力場所」に次のドキュメントを記述する。

Sample3-05.py

```
#Pythonスクリプトの入力場所----------ここから

body_content = '<h2>配列の宣言と表示</h2>'
tensu = [10, 20, 30]
body_content += str(tensu) + '<br>'
body_content += str(tensu[0]) + '<br>'
body_content += '-----<br>'
tensu[1] = 40
tensu[2] += 50
body_content += str(tensu) + '<br>'

#Pythonスクリプトの入力場所----------ここまで
```

3. ドキュメントを保存後，「Visual Studio Code」の「ターミナル」ビューで下記コマンドを入力して Web サーバーを起動する。（起動済みであれば省略する）

```
PS C:\15S_Python\enshu> python -m http.server --cgi 8000
```

4. サーバーが起動したら，「Microsoft Edge」を起動し，下記のアドレスをアドレスバーに入力し，アクセスする。

```
http://localhost:8000/cgi-bin/Sample3-05.py
```

2 配列について

これまで利用してきた「変数」は「1 つの値を格納するための入れ物」であった。「配列」とはそうした変数が連続して連なった大きな入れ物のようなもので，複数の値を格納できる。例えば 30 人のクラスメートのテストの点数を管理するプログラムを考えたとき，「変数」では 30 個を用意する必要があるが，「配列」の場合は 1 個用意すればよく，その配列に 30 個のデータが入る区切りがあると考えればよい。

Python の配列には複数のデータ型が存在する。リスト／タプル／集合／ディクショナリなどである。それらの特徴を簡単にまとめると，次のようになる。

リスト型	一般的な配列の形式
タプル型	要素へ値の再代入が行えない配列
集合型	値が重複する要素をもつことができない型。インデックス（添字）の指定もできない配列
ディクショナリ型（辞書型）	インデックス（添字）が整数ではなく文字列の配列

それぞれの型，値の代入時に利用する括弧の種類で区別する。例えばリスト型では [ ] で各要素の値を表し，タプル型では ( ) で各要素の値を表す。

前述の Sample3-05.py ではリスト型を使った例を示している。

3 リスト型について

リスト型配列を生成する際の書式は次の通りである。値を [ ] で囲み，カンマ区切りにすることで自動的にリスト型の配列が生成される。

◆リスト型配列の生成
配列名 = [値A , 値B , 値C]
初期値としてそれぞれの値をもったリスト型配列を生成する。

配列ではそれぞれのデータを区別するために「添字（そえじ）」（インデックスともいう）という値を使う。添字を使うことによって「どこから値を取得するか」という「位置情報」になる。「添字」は 0 から始まる数字を使う。配列変数に [ ] で添字を指定することで一意に指定することができる。

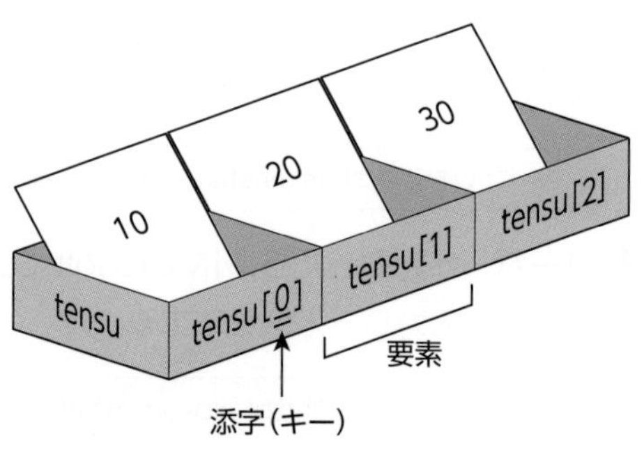

添字を使って配列の各要素にアクセスすることで，その値を参照したり操作したりすることができる。

4 プログラム解説

9 行：リスト型配列を宣言している。tensu という変数に 10，20，30 を配列として格納している。
10 行：配列「tensu」の内容を表示文字列に追加する。
11 行：配列「tensu」の添字 0（つまり先頭）の要素の値を表示文字列に追加する。
13 行：配列「tensu」の添字 1 の要素に 40 を代入する。（代入前は 20 が格納）
14 行：配列「tensu」の添字 2 の内容に 50 を加算する。（代入前は 30 が代入されていたため，80 に変化する）
15 行：配列「tensu」の内容を表示文字列に追加する。13 行目，14 行目の変化が確認できる。

配列の要素数を調べる関数

配列の要素数を調べる関数として len 関数がある。

tensu = [10, 20, 30]
print(len(tensu)) ➡ 「3」と表示される

また，この関数は文字列を渡すとその長さを返してくれる。

name = ‘jikkyo’
print(len(name)) ➡ 「6」と表示される

2 リスト要素の追加・削除

例題 3-6 リストの要素を追加・削除するプログラムを入力してみよう。

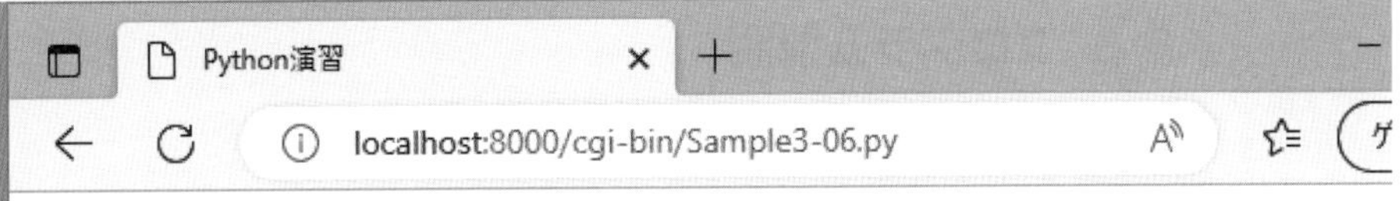

配列要素の追加と削除

['リンゴ', 'バナナ', 'みかん']
--- ぶどう、いちごを追加する ---
['リンゴ', 'いちご', 'バナナ', 'みかん', 'ぶどう']
--- リンゴを削除する ---
['いちご', 'バナナ', 'みかん', 'ぶどう']

① 配列要素の追加と削除

1 「TemplateA.py」を Visual Studio Code で開く。その後，「ファイル」メニューから「名前を付けて保存」を選択し，「Sample3-06.py」という名前で「enshu」フォルダー内の「cgi-bin」フォルダーに保存する。

2 コード内の「Python スクリプトの入力場所」に次のドキュメントを記述する。

Sample3-06.py

```
06: #Pythonスクリプトの入力場所----------ここから
07:
08: body_content = '<h2>配列要素の追加と削除</h2>'
09: fruits = ['リンゴ', 'バナナ', 'みかん']
10: body_content += str(fruits) + '<br>'
11:
12: body_content += '--- ぶどう,いちごを追加する ---<br>'
13: fruits.append('ぶどう')         # 末尾に追加
14: fruits.insert(1, 'いちご')      # 指定箇所に追加
15: body_content += str(fruits) + '<br>'
16:
17: body_content += '--- リンゴを削除する ---<br>'
18: del fruits[0]                   # 先頭を削除
19: body_content += str(fruits) + '<br>'
20:
21: #Pythonスクリプトの入力場所----------ここまで
```

3 ドキュメントを保存後，「Visual Studio Code」の「ターミナル」ビューで下記コマンドを入力して Web サーバーを起動する。（起動済みであれば省略する）

```
PS C:\15S_Python\enshu> python -m http.server --cgi 8000
```

4 サーバーが起動したら，「Microsoft Edge」を起動し，下記のアドレスをアドレスバーに入力し，アクセスする。

```
http://localhost:8000/cgi-bin/Sample3-06.py
```

② プログラム解説

リストの状態を図示しながら解説をしていく。

9 行：'リンゴ', 'バナナ', 'みかん' の 3 つの値をもった配列を宣言し，変数名 fruits とする。

fruits	リンゴ	バナナ	みかん

10 行：配列「fruits」の内容を表示文字列に追加する。

13 行：append( ) 関数を使って配列要素の末尾に引数の内容を追加する。ここでは配列「fruits」の末尾に 'ぶどう' を追加する。

fruits	リンゴ	バナナ	みかん	ぶどう

14 行：insert( ) 関数を使って，1 つ目に指定した添字の箇所に，2 つ目に指定した

値を挿入する。ここでは配列「fruits」添字 1 の箇所に 'いちご' を追加する。

fruits	リンゴ	いちご	バナナ	みかん	ぶどう

15 行：追加後の配列「fruits」の内容を表示文字列に追加する。
18 行：del 文を使って配列要素の先頭を削除する。ここでは 'リンゴ' が削除される。

fruits	いちご	バナナ	みかん	ぶどう

19 行：削除後の配列「fruits」の内容を表示文字列に追加する。

③ 配列要素の追加と削除の方法について

配列に対する要素の追加は append() 関数で行う。指定した値を末尾に追加することができる。

◆ append 関数
　配列名 .append(配列に追加する値)
指定された値を配列の末尾に追加する。複数の値を指定することはできない。

また，insert() 関数を使うことで，配列の任意の位置に値を追加することができる。

◆ insert 関数
　配列名 .insert(追加位置 , 配列に追加する値)
指定された値を，指定した場所に要素を追加する。なお，挿入箇所以降の要素は後ろにずれる。

また，配列の値を削除する場合は del 文を使って，削除する箇所を指定する。

◆ del 文
　del 配列名 [削除したい添字]
配列内の添字で指定された箇所の要素を削除する。

④ 空のリスト作成について

今回のサンプルでは示してはいないが，以下のコードで空のリストを作ることができる。

```
配列名 = []
```

要素が存在しないため，上記の配列に対して append 関数で要素を追加したり，他のリスト配列の値を代入したりして利用することになる。

4 演習問題

演習 1 変数の利用と format 関数

ファイル名：Enshu3-01.py

変数を使って次の実行結果を表示するプログラムを作成しなさい。ただし，以下に示したコードの空欄を埋めること。また，作成するファイル名は Enshu3-01.py とし，「enshu」フォルダーの「cgi-bin」フォルダー内に保存すること。

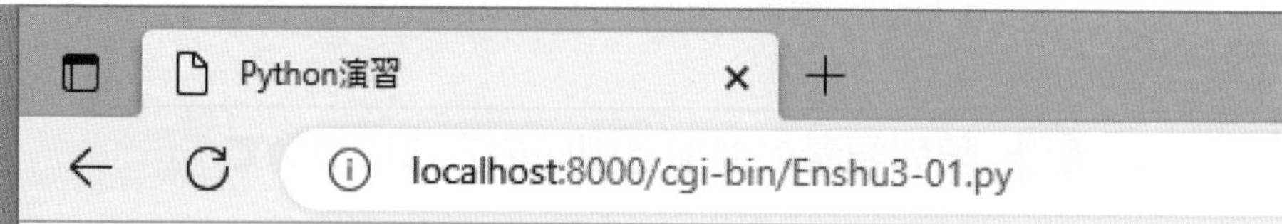

Enshu3-01.py（未完成）

```
import sys

sys.stdin.reconfigure(encoding='utf-8')
sys.stdout.reconfigure(encoding='utf-8')

#Pythonスクリプトの入力場所----------ここから

body_content = '<h2>Enshu3-01</h2>'
name = '実教太郎'
age = 18
body_content += 

#Pythonスクリプトの入力場所----------ここまで

with open('index.html', mode='r', encoding='utf-8') as f:
  file = f.read()

html_text = file.format(content = body_content)
print('Content-type: text/html; charset=UTF-8\n')
print(html_text)
```

表示文字列を作成するときに，文字列結合を使わずに，format 関数を使って文字列を組み立ててみる。

演習 2　配列（リスト）の利用と操作

ファイル名：Enshu3-02.py

配列（リスト）を使って次の実行結果を表示するプログラムを作成しなさい。ただし，以下に示したコードの空欄を埋めること。（プログラムコードは TemplateA.py を利用して作られており，スクリプト埋込箇所しか示していない）

また，作成するファイル名は Enshu3-02.py とし，「enshu」フォルダーの「cgi-bin」フォルダー内に保存すること。

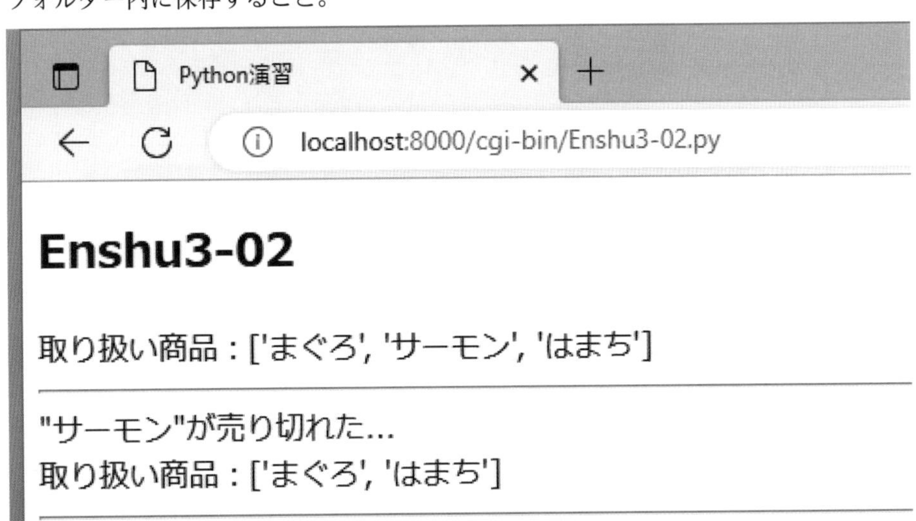

Enshu3-02.py（未完成）

```
#Pythonスクリプトの入力場所----------ここから

body_content = '<h2>Enshu3-02</h2>'
sushi = ['まぐろ', 'サーモン', 'はまち']
body_content += 
# サーモンを削除する
body_content += '"サーモン"が売り切れた...<br>'

body_content += 
# えびを追加する
body_content += '新たに"えび"を取り扱いはじめた！ <br>'

body_content += 

#Pythonスクリプトの入力場所----------ここまで
```

4 章 制御構造—条件分岐—

15Step ▷ Python入門

覚えることたくさんあったなー。
だけど，少し Python への理解が進んだ気がするよ。

まだ，複雑な処理は学習できていないから，
文法の次は，制御構造を学習しよう。
やれることが増えるのは，嬉しいね！

最初は条件分岐から！
「もし，ホニャララならば…」ってやつね。
さっそく，進めていこう！

1 条件分岐

1 if 文による単純な条件分岐

例題 4-1 日数を入力したら，以下のメッセージを表示する Web ページを作成してみよう。

4章のひな型となる Python スクリプトを作成する

1. 「TemplateA.py」を Visual Studio Code で開く。その後，「ファイル」メニューから「名前を付けて保存」を選択し，**「TemplateB.py」という名前**で「enshu」フォルダー内の「cgi-bin」フォルダーに保存する。
2. 次のドキュメントの黄色の網掛け部分を修正・追記する。

```
TemplateB.py

import sys
import cgi

sys.stdin.reconfigure(encoding='utf-8')
sys.stdout.reconfigure(encoding='utf-8')
form = cgi.FieldStorage()

#Pythonスクリプトの入力場所----------ここから

body_content = 'Pythonスクリプトのテンプレートです'　（削除）

#Pythonスクリプトの入力場所----------ここまで

with open('index.html', mode='r', encoding='utf-8') as f:
  file = f.read()

html_text = file.format(content = body_content)
print('Content-Type:text/html')
print()
print(html_text)
```

② 入力値によって判断するWebページの作成

1. まずは入力ページを作る。Visual Studio Codeの「ファイル」メニューから「新しいテキストファイル」を選択し空のファイルを作成する。その後，「ファイル」メニューから「名前を付けて保存」を選択し，「Sample4-01.html」という名前で「enshu」フォルダーに保存する。
2. Sample4-01.htmlのファイル内に次のドキュメントを記述する。

```
Sample4-01.html

<!DOCTYPE html>
<html>
  <head>
    <meta charset="utf-8">
    <title>Python演習</title>
  </head>
  <body>
    <h2>夏休みの残りはあと何日？</h2>
    <form method="post" action="./cgi-bin/Sample4-01.py">
      <input type="text" name="lessDay">
      <input type="submit">
    </form>
  </body>
</html>
```

3 次に結果を受け取るページを作成する。**「TemplateB.py」**を Visual Studio Code で開く。その後，「ファイル」メニューから「名前を付けて保存」を選択し，「Sample4-01.py」という名前で**「enshu」フォルダーの「cgi-bin」フォルダー内に保存**する。

> 先に作成したファイルとは保存場所が違うので注意すること。

4 コード内の「Python スクリプトの入力場所」に次のドキュメントを記述する。

Sample4-01.py

```
#Pythonスクリプトの入力場所----------ここから

lessDay = form.getfirst('lessDay', '')

body_content = '<h2>夏休みの残りはあと何日？</h2>'
if lessDay != '' :
  body_content += '<p>楽しんでください！</p>'

#Pythonスクリプトの入力場所----------ここまで
```

5 ドキュメントを保存後，「Visual Studio Code」の「ターミナル」ビューで下記コマンドを入力して Web サーバーを起動する。（起動済みであれば省略する）

```
PS C:\15S_Python\enshu> python -m http.server --cgi 8000
```

6 サーバーが起動したら，「Microsoft Edge」を起動し，下記のアドレスをアドレスバーに入力し，アクセスする。夏休みの残り日数を数字で入力してサンプル通り動くことを確認する。また，数字を入力しないと何も表示されないことも確認する。

> 起動する URL もこれまでと指定が異なるので注意すること。

```
http://localhost:8000/Sample4-01.html
```

3 ユーザーに値を入力させる Web ページ

ユーザーに値を入力させる HTML ページを作るときには，入力させる形式（文字列やドロップダウンリスト，チェックボックス，ラジオボタン等）によって利用するタグが異なる。ここでは文字列を入力させるためのテキストボックスを利用している。

Sample4-01.html の 9 ～ 12 行目を確認する。

```
<form method="post" action="./cgi-bin/Sample4-01.py">
  <input type="text" name="lessDay">
  <input type="submit">
</form>
```

form タグで囲まれた部分が Sample4-01.py へ送信される内容

HTML ページ上で，ユーザーが値を入力する場所を示すタグが <input> タグである。ここで指定している属性について次に示す。

属性名	概要
type	入力要素の形式を指定する
name	入力された値を次ページで受け取るための名前を指定する

また，「type」に指定できる値の主なものを次に示す。

属性値	概要
text	文字列入力用のテキストボックス
submit	入力結果送信ボタン
checkbox	チェックボックス
radio	ラジオボタン
date	日付を入力する日付選択ピッカーが表示される
file	ファイル選択のダイアログが表示される
password	入力値を隠すテキストボックス
hidden	入力要素は表示されないが，次ページに送信される値

これら入力要素を <form> タグで囲むことで次ページに送信される。

属性名	概要
method	入力された値の転送方法を指定する。 get：入力値をリクエスト URL の末尾にパラメーターとして付ける。 post：入力値をリクエストボディ部にセットする。そのためユーザーからは見えない。
action	入力された値を受け取る次ページのパスを指定する

4 入力された値を受け取る処理

<form> タグで囲まれた範囲にある入力値を受け取る部分が，Sample4-01.py の 10 行目である。

ここで利用している getfirst 関数は，前の画面でユーザーが入力した値の名前 (name 属性) と，その名前の値が受け取れなかったときの初期値を指定する。

```
lessDay = form.getfirst('lessDay', '')
```

送信元の画面で <input> タグの name 属性に指定した値

左の名前のパラメーターがなかったときに利用する初期値

なお，上記 getfirst 関数を動作させるためのコードが 2 行目の

```
import cgi
```

と 6 行目の

```
form = cgi.FieldStorage()
```

である。

import については 8 章で解説をする。
なお，FieldStorage( ) は前画面の Form の内容を取得するためのクラスである。

4章 制御構造―条件分岐―

5 条件分岐処理

Python で条件によって動作を変える処理を記述するときには if 文を利用する。具体的には Sample4-01.py の 13 行目である。

```
if lessDay != '' :
  body_content += '<p>楽しんでください！</p>'
```

if 文の書式は次の通りである。

◆ if 文
if 条件式 :
　　条件式が成立する場合の処理
条件式の結果によって処理を分岐させる。

Python での if 文の条件式はカッコで囲む必要はない。また，条件式の後ろに：(コロン)を記述する必要がある。なお，条件式が成立する場合を True，成立しない場合を False としており，その値は bool 型となる。

また，条件式の判断後の処理については，インデントしてブロック指定する必要がある。インデントについては後述するが，半角スペース 4 文字分ずらして一文を書き始める。

条件式には結果的に bool 型(成立する／成立しない)が得られる式を書くことになるが，よく利用するのは次の比較演算子である。比較演算子の演算結果は bool 型の値になる。

▶ インデントは半角スペース 4 文字分が標準だが，本書では紙面の都合上，半角 2 文字にしている。

演算子	例	意味
>	num > 10	num は 10 より大きい
<	num < 30	num は 30 より小さい
>=	num >= 100	num は 100 以上
<=	num <= 300	num は 300 以下
==	num == 0	num は 0 と等しい
!=	num != 0	num は 0 ではない

複数の比較演算子の連結

Python では 1 つの変数に対しての範囲比較を，次のような数学的な表現も記述することができる。

if 10 <= num <= 20 :
　　num が 10 以上，20 以下のときの処理

6 インデントとブロック

インデント(字下げ)とは，命令文左側のスペースのことで，命令文の開始位置を右側にずらすように空白を入れる。

```
if lessDay != '' :
    body_content += '<p>楽しんでください！</p>'
```

Python ではインデントを処理のかたまり(ブロック)として表現するため，**正しくインデントを付けなければプログラムが動作しない。**

Python におけるインデントは，Tab もしくは半角スペースのどちらでも動作する。公式で推奨されているインデントは半角スペース 4 文字になる。

連続して同じインデントの箇所は処理のかたまり(ブロック)として認識される。つまり，

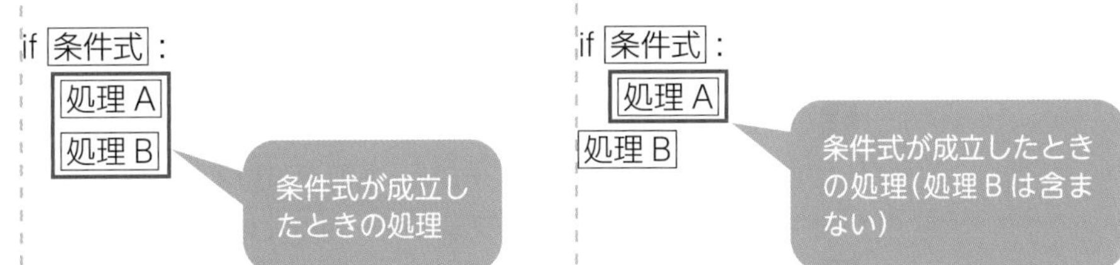

上記のように，インデントのスペースの数が合わないと処理のかたまり(ブロック)として認められない。つまり**命令文の開始位置が連続して揃っているものを処理のかたまり(ブロック)として認識する。**

エラーはブラウザーではなく Visual Studio Code のターミナルに表示される。

また，インデントとして利用したスペースの文字数が統一されていない場合や，Tab と半角スペースのインデントが混在している場合は「unexpected indent」のエラーが発生する。

7 文字列比較

前述の比較演算は文字列でも利用することができる。大文字小文字は区別される点を覚えておくこと。あまり利用されないが，大小関係を比較する場合は辞書順(アルファベット順)に判断される。

以下にいくつかの条件式例と結果を示す。

条件式	結果(bool 値)
'jikkyo' == 'jikkyo'	True
'jikkyo' != 'jikkyo'	False
'jikkyo' != 'shuppan'	True
'123' == 123	False(文字列の "123" と数値の 123 は等しくない)
'a' < 'b'	True(a と b では辞書順で b が後方)
'abc' < 'abb'	False(ab は同じで，3 文字目は c のほうが b より後方)

2 if ～ else による条件分岐

例題 4-2　日数を入力したら，以下のメッセージを表示する Web ページを作成してみよう。

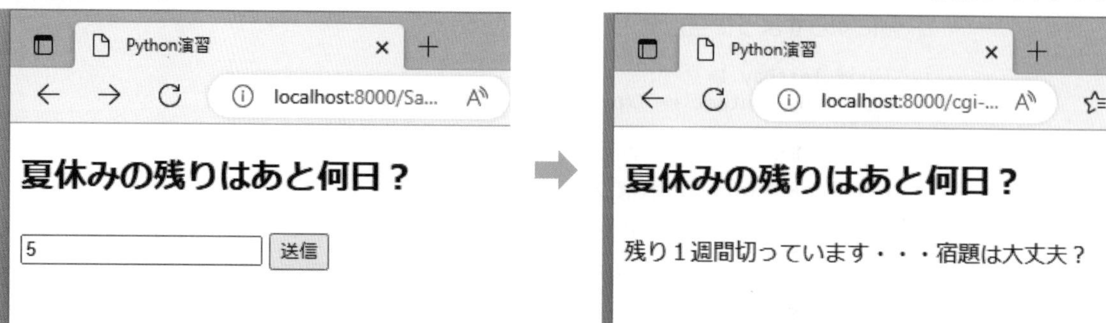

① 条件によって処理を変える

1. Visual Studio Code の「ファイル」メニューから「TemplateB.py」を開く。その後，「ファイル」メニューから「名前を付けて保存」を選択し，「Sample4-02.py」という名前で「enshu」フォルダー内の「cgi-bin」フォルダーに保存する。
2. コード内の「Python スクリプトの入力場所」に次のドキュメントを記述する。

Sample4-02.py

```
08:  #Pythonスクリプトの入力場所----------ここから
09:
10:  lessDay = form.getfirst('lessDay', '')
11:  body_content = '<h2>夏休みの残りはあと何日？</h2>'
12:  if int(lessDay) < 7 :
13:    body_content += '<p>残り1週間切っています・・・宿題は大丈夫？</p>'
14:  else :
15:    body_content += '<p>楽しんでください！</p>'
16:
17:  #Pythonスクリプトの入力場所----------ここまで
```

3. 先ほどの項で作成した「Sample4-01.html」の 9 行目を黄色の網掛けのように修正する。

```
<form method="post" action="./cgi-bin/Sample4-02.py">
  <input type="text" name="lessDay">
```

4. ドキュメントを保存後，「Visual Studio Code」の「ターミナル」ビューで下記コマンドを入力して Web サーバーを起動する。(起動済みであれば省略する)

```
PS C:\15S_Python\enshu> python -m http.server --cgi 8000
```

5. サーバーが起動したら，「Microsoft Edge」を起動し，下記のアドレスをアドレスバーに入力し，アクセスする。夏休みの残り日数に 7 より小さい数字を入れたときと 7 以上の数字を入れたときのメッセージ変化を確認する。

```
http://localhost:8000/Sample4-01.html
```

▶ 半角数字以外を入力した場合は 12 行目で数値に変換できずエラーになる（ブラウザー上には何も表示されない）

② 条件分岐処理

条件式が成立しなかった場合の処理は「else」以下のブロックの処理が実行される。

◆ if ～ else 文
if 条件式 :
　　条件式が成立する場合の処理
else :
　　条件式が成立しなかった場合の処理
条件式の結果，成立した場合としなかった場合の処理を記述する。

▶ フローチャート：処理の流れを図形と矢印を用いて図解したもの。流れ図ともいう。

この処理の流れをフローチャートで示すと以下の通りである。

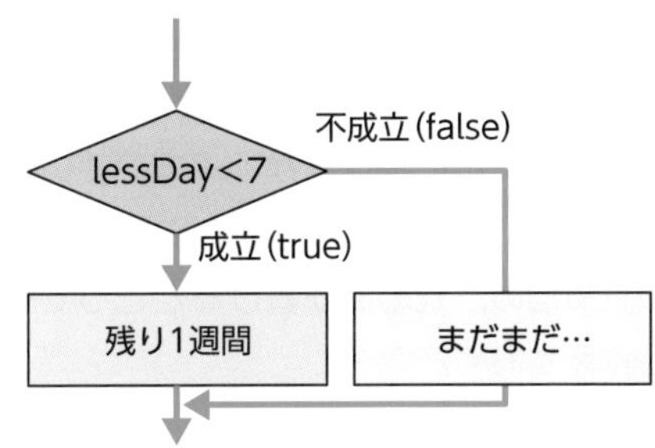

③ プログラム解説

10 行：前画面(Sample4-1.html) で入力された値を form.getfirst メソッドで取得し，変数 lessDay に格納する。

12-15 行：まず変数 lessDay を数値に変換する。その値が 7 より小さければ，「残り 1 週間を過ぎて・・・」と表示させ，そうでなかった場合は，「楽しんでください！」と表示させる。

④ 三項演算子の利用

単純な条件分岐処理については，三項演算子で書き換えることができる。三項演算子とは，単一の式として if による条件分岐を記述することができる演算子である。if 文を短く簡潔に記述することができ，また，式しか書けない部分で条件分岐を行える等，様々な場面で応用がきく。

◆三項演算子
条件式が成立時の値　if 条件式 else 条件式が不成立時の値

具体例を以下に示す。例えば次のような if 文があったとする。

```
if age < 18 :
  message = '未成年です'
else :
  message = '成人です'
```

この処理は三項演算子を使うと以下のように書ける。

```
message = '未成年です' if age < 18 else '成人です'
```

単純な分岐処理であれば三項演算子を使うことでシンプルに条件分岐を表すことができる。ただし，今回の Sample4-02.py の場合は三項演算子を使うと逆に可読性が下がる。

(Sample4-02.py の 12 ～ 15 行目を，三項演算子を使って書き換えた場合)

```
body_content += '<p>残り1週間切っています・・・宿題は大丈夫？</p>' if
int(lessDay) < 7 else '<p>楽しんでください！</p>'
```

短くシンプルに書けるが，一方で使いどころを間違えると理解しにくくなってしまう。ただ，if 文は通常の処理文にしか書くことができないが，三項演算子は式として扱われるため，式のみが書けるところでも記述することができるといった特徴もあるため覚えておく。

3 if ～ elif による複数条件分岐

例題 4-3 日数を入力したら，様々なメッセージを表示する Web ページを作成してみよう。

入力値によって
メッセージ内容を
変える

複数の条件を判定する Web ページの作成

1. Visual Studio Code の「ファイル」メニューから「TemplateB.py」を開く。その後，「ファイル」メニューから「名前を付けて保存」を選択し，「Sample4-03.py」という名前で「enshu」フォルダー内の「cgi-bin」フォルダーに保存する。
2. コード内の「Python スクリプトの入力場所」に次のドキュメントを記述する。

Sample4-03.py

```
#Pythonスクリプトの入力場所----------ここから

lessDay = form.getfirst('lessDay', '')
body_content = '<h2>夏休みの残りはあと何日？</h2>'
if int(lessDay) < 7 :
  body_content += '<p>残り1週間切っています・・・宿題は大丈夫？</p>'
elif int(lessDay) < 14 :
  body_content += '<p>残り2週間切ったね！そろそろ取り掛かろう！</p>'
else :
  body_content += '<p>楽しんでください！</p>'

#Pythonスクリプトの入力場所----------ここまで
```

3. 前述の項で作成した「Sample4-01.html」の 9 行目を黄色の網掛けのように修正する。

```
<form method="post" action="./cgi-bin/Sample4-03.py">
  <input type="text" name="lessDay">
```

4. ドキュメントを保存後，「Visual Studio Code」の「ターミナル」ビューで下記コマンドを入力して Web サーバーを起動する。（起動済みであれば省略する）

```
PS C:\15S_Python\enshu> python -m http.server --cgi 8000
```

5. サーバーが起動したら，「Microsoft Edge」を起動し，下記のアドレスをアドレスバーに入力し，アクセスする。夏休みの残り日数に 7 未満の数字を入れたときと，7 以上 14 未満の数字を入れたとき，14 以上の数字を入れたときのメッセージ変化を確認する。

```
http://localhost:8000/Sample4-01.html
```

複数条件分岐処理

if 文で指定する条件を複数指定したい場合は elif を使う。最初の if 文で指定した条件が成立すれば「if」以下のブロック内の処理を行うが，条件が成立しない場合は「elif」で指定した条件式で再度判定を行う。elif で指定した条件が成立する場合はその「elif」以下のブロック内の処理を行うが，条件が成立しない場合は次の「elif」で指定した条件式で判定する。なお，1 つの if 文に対応する elif は複数書くことができる。

上から順に判定を繰り返し，どの条件も成立しなければ「else」以下のブロック内の処理を行う。なお，1 つの if 文に対応する else は 1 つのみである。ただし，else は必須ではない。

◆ if ～ elif ～ else 文
if 条件式 1 :
    条件式 1 が成立する場合の処理
elif 条件式 2 :
    条件式 2 が成立する場合の処理
elif 条件式 3 :
    条件式 3 が成立する場合の処理
else :
    ここまでのすべての条件式が成立しなかった場合の処理

3 プログラム解説

10 行：前画面(Sample4-1.html)で入力された値を form.getfirst メソッドで取得し，変数 lessDay に格納する。

12-17 行：まず変数 lessDay を数値に変換する。その値が 7 より小さければ，「残り 1 週間を切って・・・」と表示させ，その値が 7 以上で，かつ 14 より小さければ，「残り 2 週間を切って・・・」と表示させる。どちらにも当てはまらなかった場合は，「楽しんでください！」と表示させる。

4 if 文の入れ子

例題 4-4 **例題 4-3 では，未入力で送信ボタンを押したときにエラー(画面上に何も表示されない)になってしまう。そのエラーを回避しつつ，日数を入力したら，様々なメッセージを表示する Web ページを作成してみよう。**

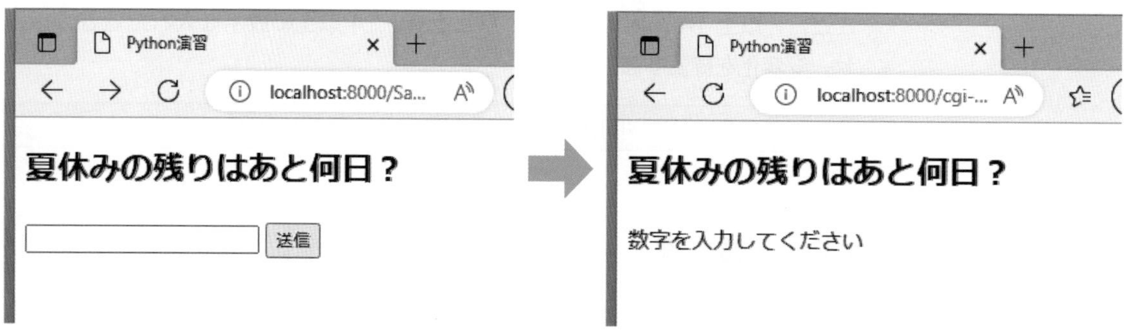

1 条件判定を段階的に行う

1. Visual Studio Code の「ファイル」メニューから「TemplateB.py」を開く。その後，「ファイル」メニューから「名前を付けて保存」を選択し，「Sample4-04.py」という名前で「enshu」フォルダー内の「cgi-bin」フォルダーに保存する。

2 コード内の「Pythonスクリプトの入力場所」に次のドキュメントを記述する。

Sample4-04.py

```
#Pythonスクリプトの入力場所----------ここから

lessDay = form.getfirst('lessDay', '')
body_content = '<h2>夏休みの残りはあと何日？</h2>'

if lessDay != '' :
  if int(lessDay) < 7 :
    body_content += '<p>残り1週間切っています・・・宿題は大丈夫？</p>'
  elif int(lessDay) < 14 :
    body_content += '<p>残り2週間切ったね！そろそろ取り掛かろう！</p>'
  else :
    body_content += '<p>楽しんでください！</p>'
else :
  body_content += '<p>数字を入力してください</p>'

#Pythonスクリプトの入力場所----------ここまで
```

3 前の項で作成した「Sample4-01.html」の9行目を黄色の網掛けのように修正する。

```
<form method="post" action="./cgi-bin/Sample4-04.py">
  <input type="text" name="lessDay">
```

4 ドキュメントを保存後，「Visual Studio Code」の「ターミナル」ビューで下記コマンドを入力してWebサーバーを起動する。（起動済みであれば省略する）

```
PS C:\15S_Python\enshu> python -m http.server --cgi 8000
```

5 サーバーが起動したら，「Microsoft Edge」を起動し，下記のアドレスをアドレスバーに入力し，アクセスする。夏休みの残り日数に7未満の数字を入れたとき，7以上14未満の数字を入れたとき，14以上の数字を入れたときと，何も入力しないときの4パターンのメッセージ変化を確認する。

```
http://localhost:8000/Sample4-01.html
```

2 条件分岐処理

if文の処理ブロック内に別のif文を書くこともできる。このような構造をif文の「入れ子」や「ネスト」という。

```
if 条件式1：
  if 条件式2：                    条件式1が成立(True)のときの処理
    条件式2が成立(True)のときの処理
  else：
    条件式2が不成立(False)のときの処理
else：
                                 条件式1が不成立(False)のときの処理
```

このときに注意すべきなのは，処理内容がどの if 文の条件式の結果なのかという点である。正しくインデント（字下げ）をしないと，正しく動作しない点に注意すること。

```
if lessDay != '' :
    if int(lessDay) < 7 :
        body_content += '残り 1 週間切っています・・・宿題は大丈夫？'
    else :
        body_content += '楽しんでください！'
else :
    body_content += '数字を入力してください'
```

「int(lessDay)< 7」の成立・不成立のインデント位置

「lessDay != ''」の成立・不成立のインデント位置

5 論理演算子を利用した分岐処理

例題 4-5 **ある店舗では，会員カードを持っている人は 3000 円以上購入した場合は 3 割引するサービスを提供している。条件によって変わる支払金額を自動計算する Web ページを作成してみよう。**

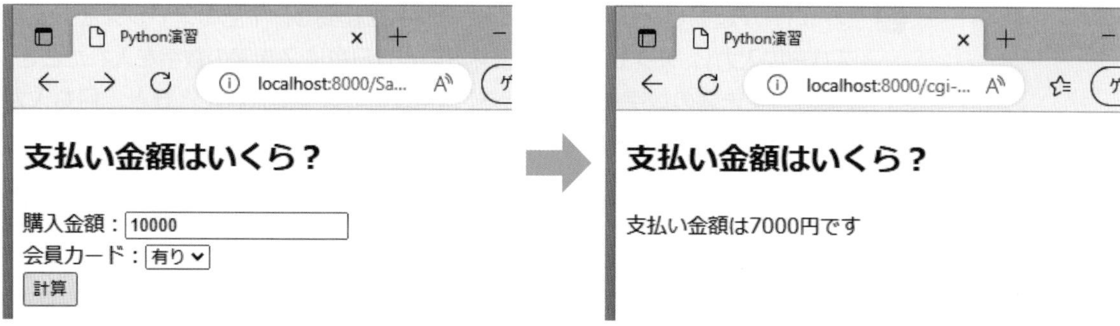

1 論理演算子の利用

 これまで作成したファイルとは保存場所が違うので注意すること。

1. まずは入力ページを作る。Visual Studio Code の「ファイル」メニューから「新しいテキストファイル」を選択し空のファイルを作成する。その後，「ファイル」メニューから「名前を付けて保存」を選択し，「Sample4-05.html」という名前で「enshu」フォルダーに保存する。

2 Sample4-05.html のファイル内に次のドキュメントを記述する。

Sample4-05.html

```
<!DOCTYPE html>
<html>
  <head>
    <meta charset="utf-8">
    <title>Python演習</title>
  </head>
  <body>
    <h2>支払い金額はいくら？</h2>
    <form method="post" action="./cgi-bin/Sample4-05.py">
      購入金額：<input type="text" name="price"><br>
      会員カード：<select name="memberCard">
        <option value="no">無し</option>
        <option value="yes">有り</option>
      </select><br>
      <input type="submit" value="計算">
    </form>
  </body>
</html>
```

3 次に結果を受け取るページを作成する。「TemplateB.py」を Visual Studio Code で開く。その後，「ファイル」メニューから「名前を付けて保存」を選択し，「Sample4-05.py」という名前で「enshu」フォルダー内の「cgi-bin」フォルダーに保存する。

> 先に作成したファイルとは保存場所が違うので注意すること。

4 コード内の「Python スクリプトの入力場所」に次のドキュメントを記述する。

Sample4-05.py

```
#Pythonスクリプトの入力場所----------ここから

price = form.getfirst('price', '')
member = form.getfirst('memberCard', '')
body_content = '<h2>支払い金額はいくら？</h2>'

pay = int(price)
if member == 'yes' and pay >= 3000 :
  pay = int(pay * 0.7)

body_content += '<p>支払い金額は{0}円です</p>'.format(pay)

#Pythonスクリプトの入力場所----------ここまで
```

5 ドキュメントを保存後，「Visual Studio Code」の「ターミナル」ビューで下記コマンドを入力して Web サーバーを起動する。（起動済みであれば省略する）

```
PS C:\15S_Python\enshu> python -m http.server --cgi 8000
```

6 サーバーが起動したら，「Microsoft Edge」を起動し，下記のアドレスをアドレスバーに入力し，アクセスする。会員カードが「有り」で3000円以上の金額が入力されたときに，正しく3割引になっていることを確認する。また，それ以外の場合は割り引かれていないことも合わせて確認すること。

```
http://localhost:8000/Sample4-05.html
```

2 論理演算子

複数の条件を組み合わせて条件分岐するときに利用するのが論理演算子である。論理演算子（ブール演算子ともいう）は以下の3種類がある。

演算子	例	意味
and	a and b	aとbの両方がTrueであれば式全体の結果がTrue。 そうでなければFalse
or	a or b	aまたはbのどちらか一方がTrueであれば式全体の結果がTrue。そうでなければFalse
not	not a	aがTrueなら式全体の結果はFalse aがFalseなら式全体の結果がTrue

Sample4-05.pyの15行目で論理演算子を利用している。

```
if member == 'yes' and pay >= 3000 :
```

この条件は「会員カードを持っている」かつ「支払い金額が3000円以上」という意味である。ちなみに，論理演算子を利用しないと以下のような条件分岐になる。

```
if member == 'yes' :
  if pay >= 3000 :
    pay = int(pay * 0.7)
```

このようにネストされた複数のif文を利用することになる。複数の条件で判断する時には論理演算子を利用することで可読性の高い条件式を書くことができる。

3 プログラム解説

10行：前画面(Sample4-05.html)で支払い金額として入力された値をform.getfirstメソッドで取得し，変数priceに格納する。

11行：会員カードの保有について，ドロップダウンリストを使って選択された値(optionタグのvalue属性の値)を取得し，変数memberに格納する。

14行：入力されたpriceの値を整数に変換して，変数payに格納する。

15-16行：変数memberの値が「yes」かつ，変数payの値が3000以上という2つの条件を，論理演算子を使って指定している。成立した場合，変数payの値を3割引(0.7を掛ける)し，整数値に変換して小数部を切り捨てている。

18行：支払い金額(変数pay)を組み込んだ文字列を生成して表示する。

2 演習問題

演習 1　条件分岐

ファイル名：Enshu4-01.html，Enshu4-01.py

年齢を入力し，結果によって表示メッセージを変えるプログラムを作成しなさい。メッセージの表示条件は以下の通り。

入力値	表示メッセージ
0 未満	「まだ生まれていませんよ」
18 未満	「未成年ですね」
100 以下	「大人ですね」
100 より大きい	「目指せ！長寿日本一」

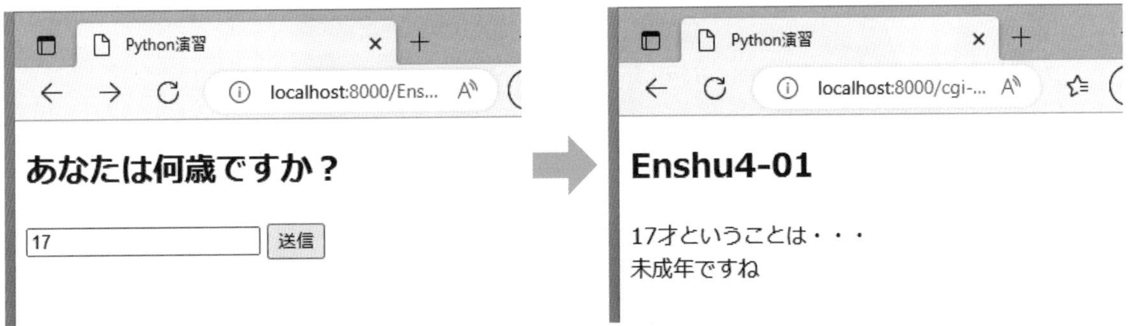

作成するファイルは enshu フォルダーに「Enshu4-01.html」，enshu フォルダー内の cgi-bin フォルダーに「Enshu4-01.py」を作成すること。以下にヒントを示す。

Enshu4-01.html

```
<!DOCTYPE html>
<html>
  <head>
    <meta charset="utf-8">
    <title>Python演習</title>
  </head>
  <body>
    <h2>あなたは何歳ですか？</h2>
    <form method="post" action="./cgi-bin/Enshu4-01.py">
      <input type="text" name="age">
      <input type="submit">
    </form>
  </body>
</html>
```

年齢を入力せずに「送信」ボタンをクリックされたときには「未入力です」と表示するように修正してみよう。

5 章 制御構造―繰り返し―

15Step ▷ Python入門

次の制御構造は，繰り返し！ 反復処理ね。
いかにも「コンピューターへの命令です」って感じで，
好きなんだー！

プログラミングの基本構造は，
「順次・分岐・反復」だって，
何かの授業で習った記憶があるなー。

…ということは，繰り返しを学び終えれば，
Python における基本構造は
バッチリってことか。いいね！

1 繰り返し構造

1 while 文による繰り返し処理（1）

例題 5-1 while 文による繰り返し文を入力してみよう。

while 文で繰り返す Web ページの作成

1 「TemplateA.py」を Visual Studio Code で開く。その後，「ファイル」メニューから「名前を付けて保存」を選択し，「Sample5-01.py」という名前で「enshu」フォルダーの「cgi-bin」フォルダー内に保存する。

2 コード内の「Python スクリプトの入力場所」に次のドキュメントを記述する。

Sample5-01.py

```
06:  #Pythonスクリプトの入力場所----------ここから
07:
08:  body_content = '<h2>while文サンプル</h2>'
09:  count = 0
10:  while count < 10:
11:    body_content += str(count) + '回目<br>'
12:    count += 1
13:
14:  #Pythonスクリプトの入力場所----------ここまで
```

3 ドキュメントを保存後，「Visual Studio Code」の「ターミナル」ビューで下記コマンドを入力して Web サーバーを起動する。（起動済みであれば省略する）

```
PS C:\15S_Python\enshu> python -m http.server --cgi 8000
```

4 サーバーが起動したら，「Microsoft Edge」を起動し，下記のアドレスをアドレスバーに入力し，アクセスする。

```
http://localhost:8000/cgi-bin/Sample5-01.py
```

while 文

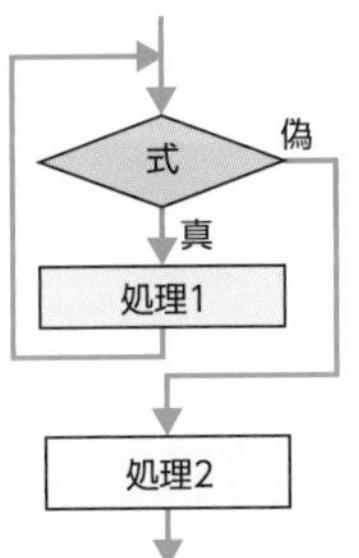

while 文は条件が成立している間，処理を繰り返し実行する命令である。Python での記法としては，while と条件式の間には半角スペースを，そして条件式の後に：(コロン) が必要になる。：以降のインデントで指定されたブロックの内容を繰り返す。

◆ while 文

while 条件式 ：
　　条件式が成立する間繰り返す処理

3 プログラム解説

9 行：ループの回数をカウントする変数 count に 0 を代入し，初期設定を行う。

10 行：ループの条件「count ＜ 10」の判定を行う。「変数 count が 10 未満である」が成立する間，ブロックとして書かれた 11-12 行目の処理を繰り返す

11 行：変数「count」，文字列「回目」，HTML の改行タグ「
」を出力する。

12 行：変数 count に 1 を加算する。

処理的には，10-12 行目を繰り返し実行する。「9 回目」が表示されるループ内処理を行った後，12 行目で変数 count が 10 になる。10 行目に戻り条件判定を行うと，条件を満たさなくなるのでループから脱出する。

2 while 文による繰り返し処理（2）

例題 5-2 while 文で値が減っていく繰り返し文を入力してみよう。

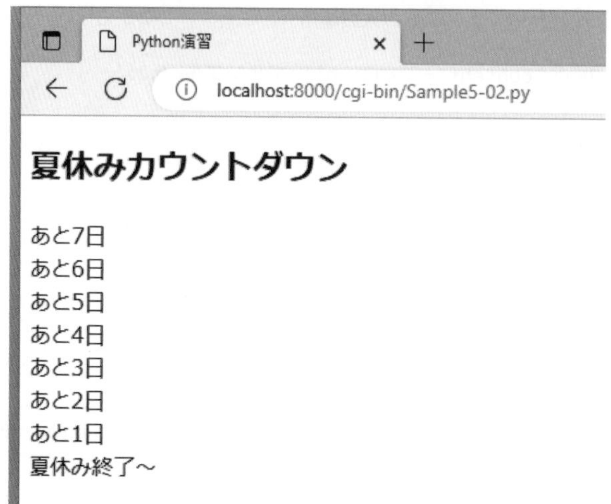

① while 文で繰り返す Web ページの作成

1. 「TemplateA.py」を Visual Studio Code で開く。その後，「ファイル」メニューから「名前を付けて保存」を選択し，「Sample5-02.py」という名前で「enshu」フォルダー内の「cgi-bin」フォルダーに保存する。
2. コード内の「Python スクリプトの入力場所」に次のドキュメントを記述する。

Sample5-02.py

```
#Pythonスクリプトの入力場所----------ここから

body_content = '<h2>夏休みカウントダウン</h2>'
count = 7
while count > 0 :
  body_content += 'あと' + str(count) + '日<br>'
  count -= 1
body_content += '夏休み終了～'

#Pythonスクリプトの入力場所----------ここまで
```

3. ドキュメントを保存後，「Visual Studio Code」の「ターミナル」ビューで下記コマンドを入力して Web サーバーを起動する。（起動済みであれば省略する）

```
PS C:\15S_Python\enshu> python -m http.server --cgi 8000
```

4 サーバーが起動したら，「Microsoft Edge」を起動し，下記のアドレスをアドレスバーに入力し，アクセスする。

```
http://localhost:8000/cgi-bin/Sample5-02.py
```

2 プログラム解説

9 行：ループの回数をカウントする変数 count に 7 を代入し，初期設定を行う。

10 行：ループの条件「count ＞ 0」の判定を行う。変数 count が 0 より大きい間，ブロック内に書かれた 11-12 行の処理を繰り返す。
このとき，インデントに注意する。11-12 行目はインデントされているが，13 行目はされていない。つまり，**13 行目はループのブロック内ではない。**
繰り返しが終了したのち，13 行目が実行される。

11 行：変数「count」，文字列「日」，HTML の改行タグ「
」を出力する。

12 行：変数 count から 1 を減算する。

13 行：ループのブロック外である。文字列「夏休み終了」を出力する。

このように，繰り返しを利用する場合は，**繰り返すブロックがどの範囲かを示すインデントが重要**になってくる。

無限ループについて

Sample5-02.py の 12 行目をコメントアウトして実行してみてほしい。ブラウザの読み込み中が終了せず，「接続中」とウィンドウ下部に表示されたまま，ページの表示更新がされない。これは「count 変数の内容が 0 より大きい間繰り返す」という条件のループにおいて，count 変数を減らすことなく繰り返しており，永遠に条件が成立し続け，ブロック内の処理が繰り返されている状態になる。これを「無限ループ」という。この状態は，コンピューターへの過度な負荷の原因となるため，繰り返し処理を記述する際には無限ループにならないように，条件，変数の変化に注意する必要がある。

```
count = 7
while count > 0 :
  body_content += 'あと' + str(count) + '日<br>'
  # count -= 1
```

なお，上記状態は，ブラウザの読み込み終了をクリックするか，Visual Studio Code のターミナルウィンドウで CTRL+C を押すことで終了させる。

5章 制御構造―繰り返し―

3 for 文による繰り返し処理(1)

例題 5-3 for 文による繰り返し文を入力してみよう。

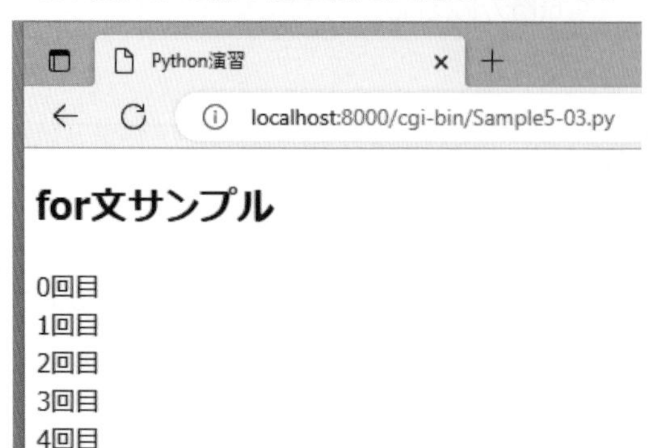

① for 文で繰り返す Web ページの作成

1. 「TemplateA.py」を Visual Studio Code で開く。その後，「ファイル」メニューから「名前を付けて保存」を選択し，「Sample5-03.py」という名前で「enshu」フォルダーの「cgi-bin」フォルダー内に保存する。
2. コード内の「Python スクリプトの入力場所」に次のドキュメントを記述する。

Sample5-03.py

```
#Pythonスクリプトの入力場所----------ここから

body_content = '<h2>for文サンプル</h2>'
for count in range(5) :
  body_content += str(count) + '回目<br>'

#Pythonスクリプトの入力場所----------ここまで
```

3. ドキュメントを保存後，「Visual Studio Code」の「ターミナル」ビューで下記コマンドを入力して Web サーバーを起動する。(起動済みであれば省略する)

```
PS C:\15S_Python\enshu> python -m http.server --cgi 8000
```

4. サーバーが起動したら，「Microsoft Edge」を起動し，下記のアドレスをアドレスバーに入力し，アクセスする。

```
http://localhost:8000/cgi-bin/Sample5-03.py
```

② for 文

Python の for 文は while 文と違ってループの継続条件は不要である。考え方としては，「配列のようなリストの内容を先頭から順番にすべて処理する」といったものである。つまり，リスト要素の数分，繰り返し処理するというイメージになる。

◆ for 文

for 変数名 in リスト :
　　リストの要素が存在する間繰り返す処理

イメージで表現すると以下のようになる。

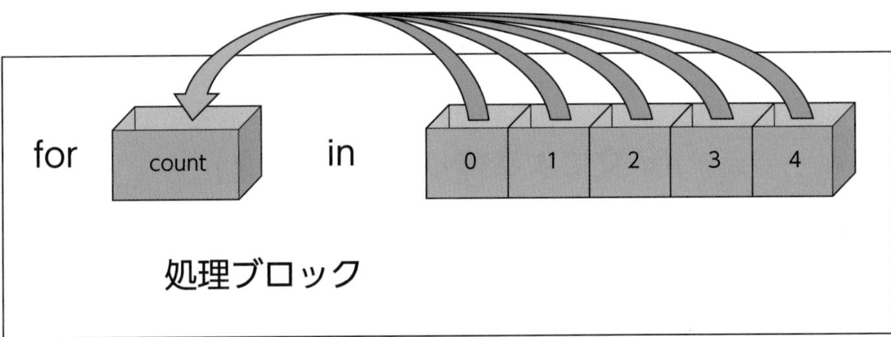

まず「0」が変数 count に入り，処理ブロックを実行する。
ブロック終了後，「1」が変数 count に入り，処理ブロックを実行する。
同様にリストのすべての要素（4 まで）を繰り返す。

つまり，

```
for count in range(5) :
  body_content += str(count) + '回目<br>'
```

の処理は次のように書き換えることもできる。

```
countList = [0, 1, 2, 3, 4]
for count in countList :
  body_content += str(count) + '回目<br>'
```

最初は「10 回繰り返したいから range(10) と指定する」という理解で問題はない。

③ range 関数について

> 厳密には range は関数ではなく，型の一種である。あまり違いを意識する必要がないため，ここでは range 関数と示している。

range 関数とは，疑似的なリストを生成する命令である。9 行目の for 文内で利用しているように，値を 1 つ渡すと「0」から「指定値 -1」のリストを生成する。渡す値を増やすことで生成されるリストが変わる。

渡す値が 1 つ：0 から指定した値 -1 までのリストを生成
　例：range(5)　　　　・・・[0, 1, 2, 3, 4]
渡す値が 2 つ：1 つ目に指定した値から 2 つ目に指定した値 -1 までのリストを生成
　例：range(2, 5)　　　・・・[2, 3, 4]
渡す値が 3 つ：1 つ目に指定した値から 2 つ目に指定した値 -1 までのリストを生成。
　　　　　　　ただし，3 つ目に指定した値を増分とする。
　例：range(0, 10, 2)　　・・・[0, 2, 4, 6, 8]

④ プログラム解説

9行：range(5)として0～4のリストを作り，0から順に変数countに入れて処理を行う。

10行：変数「count」，文字列「回目」，HTMLの改行タグ「
」を出力する。

for文を使った繰り返し制御はwhile文を使ったときと比較すると，よりシンプルに書ける。

4 for文による繰り返し処理(2)

例題 5-4 for文で値が減っていく繰り返し文を入力してみよう。

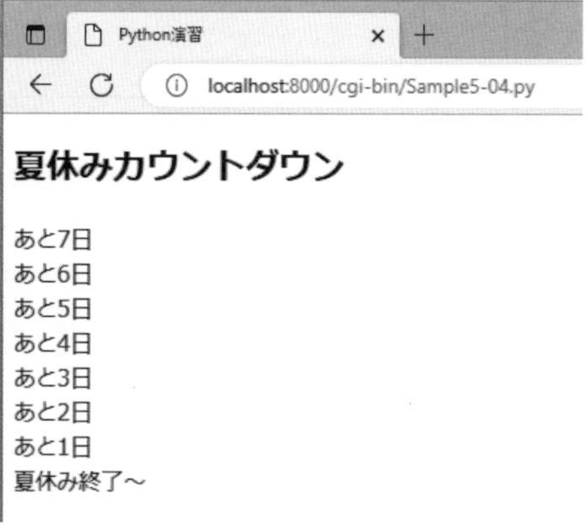

① for文で繰り返すWebページの作成

1. 「TemplateA.py」をVisual Studio Codeで開く。その後，「ファイル」メニューから「名前を付けて保存」を選択し，「Sample5-04.py」という名前で「enshu」フォルダー内の「cgi-bin」フォルダーに保存する。
2. コード内の「Pythonスクリプトの入力場所」に次のドキュメントを記述する。

Sample5-04.py

```
#Pythonスクリプトの入力場所----------ここから

body_content = '<h2>夏休みカウントダウン</h2>'
for count in range(7, 0, -1) :
  body_content += 'あと' + str(count) + '日<br>'
body_content += '夏休み終了～'

#Pythonスクリプトの入力場所----------ここまで
```

3. ドキュメントを保存後，「Visual Studio Code」の「ターミナル」ビューで下記コマンドを入力してWebサーバーを起動する。（起動済みであれば省略する）

```
PS C:\15S_Python\enshu> python -m http.server --cgi 8000
```

4 サーバーが起動したら，「Microsoft Edge」を起動し，下記のアドレスをアドレスバーに入力し，アクセスする。

```
http://localhost:8000/cgi-bin/Sample5-04.py
```

2 プログラム解説

9 行：range(7, 0, -1) と，増分に負の数を渡してカウントダウンするリストを作る。具体的には[7, 6, 5, 4, 3, 2, 1] といったリストを作り，7 から順に変数 count に入れて処理を行う。

10 行：変数「count」，文字列「回目」，HTML の改行タグ「
」を出力する。

11 行：ループのブロック外である。文字列「夏休み終了」を出力する。

5 for 文による繰り返し処理（3）

例題 5-5 **for 文を使って 1 ～ 100 の合計を求めるページを作成しよう。**

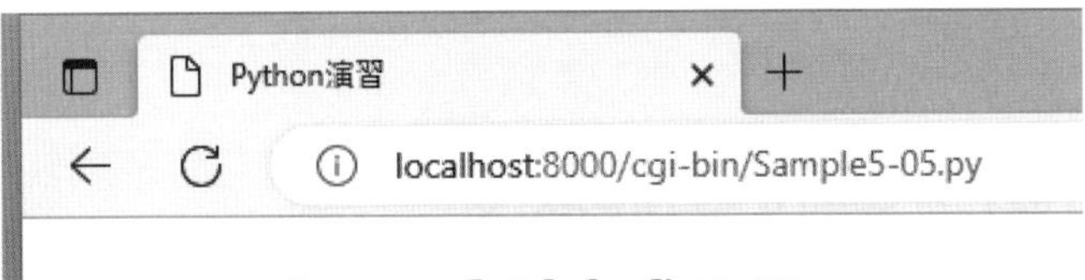

1～100までの合計を求める

合計は5050

1 for 文で繰り返す Web ページの作成

1 「TemplateA.py」を Visual Studio Code で開く。その後，「ファイル」メニューから「名前を付けて保存」を選択し，「Sample5-05.py」という名前で「enshu」フォルダー内の「cgi-bin」フォルダーに保存する。

2 コード内の「Python スクリプトの入力場所」に次のドキュメントを記述する。

Sample5-05.py

```
#Pythonスクリプトの入力場所----------ここから

body_content = '<h2>1~100までの合計を求める</h2>'
sum = 0
for num in range(1, 101) :
    sum += num
body_content += '合計は' + str(sum)

#Pythonスクリプトの入力場所----------ここまで
```

5章 制御構造—繰り返し—

3 ドキュメントを保存後，「Visual Studio Code」の「ターミナル」ビューで下記コマンドを入力して Web サーバーを起動する。（起動済みであれば省略する）

```
PS C:\15S_Python\enshu> python -m http.server --cgi 8000
```

4 サーバーが起動したら，「Microsoft Edge」を起動し，下記のアドレスをアドレスバーに入力し，アクセスする。

```
http://localhost:8000/cgi-bin/Sample5-05.py
```

2 プログラム解説

9 行：合計を計算するための変数 sum に初期値として 0 を代入する。

10 行：range(1, 101) と，1 ～ 100 のリストを作る。1 から順に変数 num に入れて処理を行う。

11 行：変数 sum に変数 num の値を加算する。

12 行：ループ終了後，加算した結果である変数 num の内容を文字列にして画面に表示する。

3 繰り返しを中断する break 文

1 ～ 100 までの加算処理の最中に，合計値が 1000 を超えたところで計算を止めたい場合には，次の黄色の網掛けのようにプログラムを一部変更する。

Sample5-05.py

```
08:  body_content = '<h2>1～100までの合計を求める</h2>'
09:  sum = 0
10:  for num in range(1, 101) :
11:    sum += num
12:    if sum > 1000 :
13:      break
```

12 行：変数 sum が 1000 を超えたらという条件判定をしている。成立した場合は，13 行目を実行する。

13 行：break 文により 10 行目の for 文を脱出し 14 行目を実行する。

結果，1000 を超えた直後の「1035」という値が画面に表示される。

> ◆ break 文
>
> **break**
>
> ループ処理の中で記述すると直前のループ文を強制的に終了させる。

6 for 文による繰り返し処理(4)

例題 5-6 for 文を使って配列の各要素を表示するページを作成しよう。

配列の全体表示と個別表示

['リンゴ', 'バナナ', 'みかん']
リンゴ
バナナ
みかん

① 配列の各要素を繰り返し表示する Web ページの作成

1. 「TemplateA.py」を Visual Studio Code で開く。その後，「ファイル」メニューから「名前を付けて保存」を選択し，「Sample5-06.py」という名前で「enshu」フォルダー内の「cgi-bin」フォルダーに保存する。
2. コード内の「Python スクリプトの入力場所」に次のドキュメントを記述する。

Sample5-06.py

```
#Pythonスクリプトの入力場所----------ここから

body_content = '<h2>配列の全体表示と個別表示</h2>'
fruits = ['リンゴ', 'バナナ', 'みかん']
body_content += str(fruits) + '<br>'
for name in fruits :
  body_content += name + '<br>'

#Pythonスクリプトの入力場所----------ここまで
```

3. ドキュメントを保存後，「Visual Studio Code」の「ターミナル」ビューで下記コマンドを入力して Web サーバーを起動する。(起動済みであれば省略する)

```
PS C:\15S_Python\enshu> python -m http.server --cgi 8000
```

4. サーバーが起動したら，「Microsoft Edge」を起動し，下記のアドレスをアドレスバーに入力し，アクセスする。

```
http://localhost:8000/cgi-bin/Sample5-06.py
```

2 プログラム解説

9行：「リンゴ」「バナナ」「みかん」を各要素として保持するリストを宣言する。
10行：リストの全体を表示文字列に設定する。
11行：変数 fruits で宣言されたリストの各要素について，1つずつ変数 name に格納して繰り返し実行する。
12行：取り出した1要素である変数 name を表示文字列として設定する。

3 for 文に宣言済みのリストを使って繰り返す

Sample5-03.py では，range 関数を使って整数のリストを生成させ，それを利用して繰り返し処理を記述した。range 関数は疑似的なリストを生成していたが，当然すでに宣言済みのリストを使っても for 文は利用できる。すべての要素について，繰り返し実行するという本来の動きは変わらない。

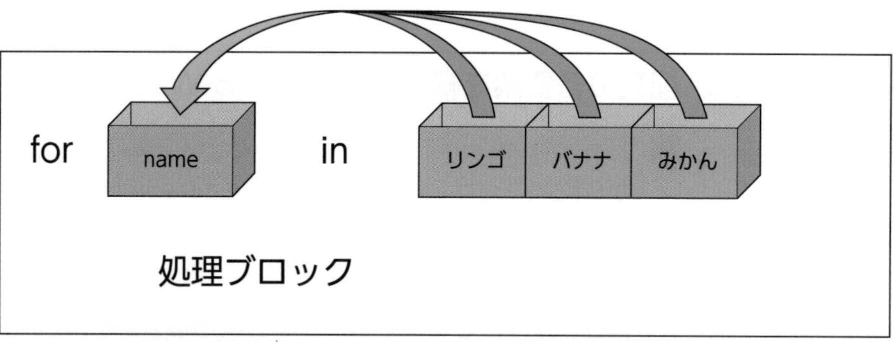

まず「リンゴ」が変数 name に入り，処理ブロックを実行する。
ブロック終了後，「バナナ」が変数 name に入り，処理ブロックを実行する。
最後に「みかん」が変数 name に入り処理ブロックを実行する。
これでリスト内のすべての要素に対して処理が終了したので，ループを抜ける。

2 演習問題

演習 1　繰り返し処理

ファイル名：Enshu5-01.py

実行例のように，画面上に 1 ～ 30 の数値のうち 3 で割り切れる数値を画面上に表示するプログラムを作成しなさい。

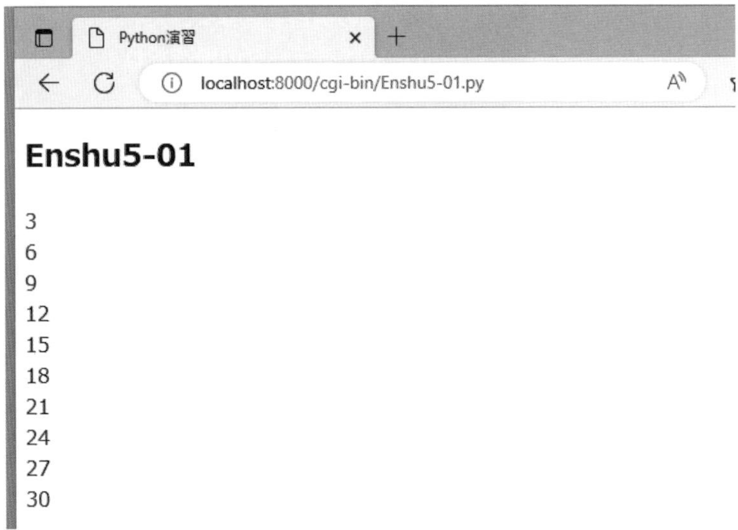

作成するファイルは「TemplateA.py」を元に作成し，enshu フォルダー内の cgi-bin フォルダーに「Enshu5-01.py」を作成すること。以下にヒントを示す。

Enshu5-01.py(未完成)

```
#Pythonスクリプトの入力場所----------ここから

body_content = '<h2>Enshu5-01</h2>'
for counter in           :
  if                     :
    body_content += '{0}<br>'.format(counter)

#Pythonスクリプトの入力場所----------ここまで
```

5で割り切れるときにも数字を表示するように修正してみよう。また，3と5の両方で割り切れる値のときは「実教！」と表示するように修正してみよう。

6章 データ構造応用

15Step ▷ Python入門

今度は，制御の構造ではなく，
Pythonにおけるデータの構造だね！

複数のデータをまとめて管理できるのが配列… だよね。
こーゆーリスト型以外にも，
いろいろなデータ構造の種類があるみたいだね。

データの種類に応じて，
「どのデータ構造が適しているか？」を，
しっかりと見極めて使えると，カッコイイよね。

1 タプル型

1 タプル型の利用

例題 6-1　学生の名前を保持したタプルを利用したプログラムを入力してみよう。

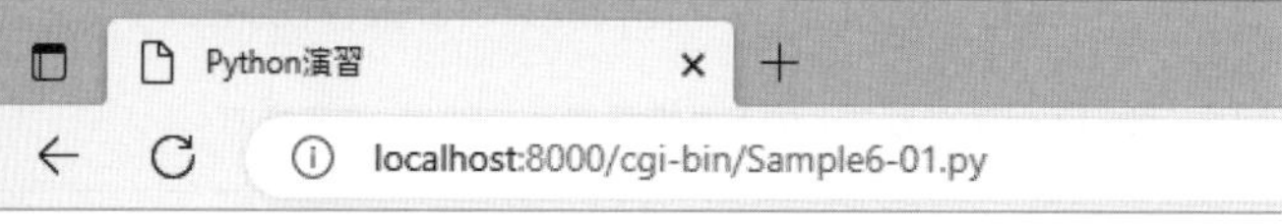

タプルの利用

先頭の学生は佐藤
佐藤
田中
村上

① タプルの宣言と値の表示

1 「TemplateA.py」をVisual Studio Codeで開く。その後，「ファイル」メニューから「名前を付けて保存」を選択し，「Sample6-01.py」という名前で「enshu」フォルダー内の「cgi-bin」フォルダーに保存する。

2 コード内の「Pythonスクリプトの入力場所」に次のドキュメントを記述する。

Sample6-01.py

```
06:  #Pythonスクリプトの入力場所----------ここから
07:
08:  body_content = '<h2>タプルの利用</h2>'
09:  students = ('佐藤', '田中', '村上')
10:  body_content += '先頭の学生は' + students[0] + '<br>'
11:  for name in students :
12:    body_content += name + '<br>'
13:
14:  #Pythonスクリプトの入力場所----------ここまで
```

3 ドキュメントを保存後，「Visual Studio Code」の「ターミナル」ビューで下記コマンドを入力してWebサーバーを起動する。（起動済みであれば省略する）

```
PS C:\15S_Python\enshu> python -m http.server --cgi 8000
```

4 サーバーが起動したら，「Microsoft Edge」を起動し，下記のアドレスをアドレスバーに入力し，アクセスする。

```
http://localhost:8000/cgi-bin/Sample6-01.py
```


2 プログラム解説

9行：変数studentsに'佐藤','田中','村上'という3つの文字列を要素にもったタプルを代入する。

10行：タプルの先頭要素（添字0）を画面に表示する。

11-12行：for文を使ってタプルの値を先頭から1つずつ取り出し，変数nameに格納する。その後12行目の処理を行う。タプルのすべての要素を取り出し終えるまで処理を繰り返す。

3 タプルとは

タプル型（tuple）とは，生成時に値を代入し，その後再代入・変更ができない配列である。基本的な使い方は前述のリストと同じである。宣言時には値全体を( )で囲み，各値を，（カンマ）で区切る。

> ◆タプル型配列の生成
>
> 配列名 = (値A , 値B , 値C)
>
> 初期値としてそれぞれの値をもったタプル型配列を生成する。

3章で学習したリスト型の場合は[ ]で囲む。このように値を囲むカッコで区別をするため，記述ミスには注意する。

また，タプルは**追加修正できない**。以下に具体例を示すので，実際に動作させて確認すること。

```
students = ('佐藤', '田中', '村上')
students.append('滝田')
body_content += '先頭の学生は' + students[0] + '<br>'
```

上記のように，要素への追加処理を書くと以下のエラーメッセージが表示され動作しない。

```
AttributeError: 'tuple' object has no attribute 'append'
```

また，以下のように，要素の値を上書きで変更しようとする。(「佐藤」を「田村」で書き換える)

▶ エラーメッセージは Visual Studio Code のターミナルに表示される。

```
students = ('佐藤', '田中', '村上')
students[0] = '田村'
body_content += '先頭の学生は' + students[0] + '<br>'
```

こちらも以下のエラーメッセージが表示され動作しない。

```
TypeError: 'tuple' object does not support item assignment
```

このように，生成後にデータの変更ができない点がタプルの特徴であり，**配列を定数的に利用することができる**ともいえる。

イミュータブルなタプル

ここで学んだタプルとは「イミュータブルなリスト」ともいわれる。イミュータブルとは「変更できない」という意味であり，反対にリストはミュータブル(変更可能)といわれる。

また，タプルは( )を省略しても宣言できる。つまり，上記例だと

```
students = '佐藤', '田中', '村上'
```

という宣言も可能である。しかし，リストとの区別がしやすいという意味でも明示するほうが望ましい。

2 集合(セット)型

1 集合(セット)型の利用

例題 6-2 グループごとの学生の名前を保持した集合型を利用したプログラムを入力してみよう。

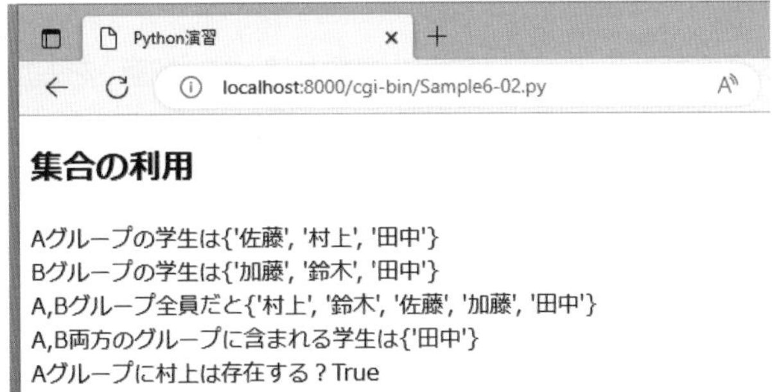

① 集合(セット)の宣言と値の表示

1. 「TemplateA.py」を Visual Studio Code で開く。その後,「ファイル」メニューから「名前を付けて保存」を選択し,「Sample6-02.py」という名前で「enshu」フォルダー内の「cgi-bin」フォルダーに保存する。
2. コード内の「Python スクリプトの入力場所」に次のドキュメントを記述する。

Sample6-02.py

```
#Pythonスクリプトの入力場所----------ここから

body_content = '<h2>集合の利用</h2>'
a_group = {'佐藤', '田中', '村上'}
b_group = {'田中', '鈴木'}
b_group.add('加藤')
body_content += 'Aグループの学生は' + str(a_group) + '<br>'
body_content += 'Bグループの学生は' + str(b_group) + '<br>'
body_content += 'A,Bグループ全員だと' + str(a_group | b_group) + '<br>'
body_content += 'A,B両方のグループに含まれる学生は' + str(a_group & b_group) + '<br>'
body_content += 'Aグループに村上は存在する？' + str('村上' in a_group)

#Pythonスクリプトの入力場所----------ここまで
```

3. ドキュメントを保存後,「Visual Studio Code」の「ターミナル」ビューで下記コマンドを入力して Web サーバーを起動する。(起動済みであれば省略する)

```
PS C:\15S_Python\enshu> python -m http.server --cgi 8000
```

4. サーバーが起動したら,「Microsoft Edge」を起動し,下記のアドレスをアドレスバーに入力し,アクセスする。

```
http://localhost:8000/cgi-bin/Sample6-02.py
```

> 集合(セット)は順序を保証しないため,実行例と同じ表示になるとは限らない。

② プログラム解説

9 行：変数 a_group に '佐藤', '田中', '村上' の 3 つの文字列を要素にもった集合を代入する。
10 行：変数 b_group に '田中', '鈴木' の 2 つの文字列を要素にもった集合を代入する。
11 行：集合である b_group に add 関数を使って '加藤' を追加する。
12，13 行：集合 a_group，b_group の内容を表示する。
14 行：和集合演算子を使い，集合 a_group，b_group の和を表示する。
15 行：積集合演算子を使い，集合 a_group，b_group の積を表示する。
16 行：in 演算子を使い，集合 a_group に '村上' の値があるかどうか確認する。

③ 集合（セット）とは

集合型（セット：set）は，リスト，タプルと同様に複数の値を管理できる型である。宣言時には値全体を { } で囲み，各値を，（カンマ）で区切る。

◆セット型配列の生成
配列名 = { 値A，値B，値C }
初期値としてそれぞれの値をもったセット型配列を生成する。

また集合の特徴として，**重複する値を保持することはできない**。これは Sample6-02.py の 11 行目を次のように変えて動作させると確認できる。

```
b_group.add('鈴木')
```

B グループの値は田中，鈴木の 2 つから増えていないことがわかる。

また，集合型は**順序をもたない**。ブラウザーを更新させてみると，そのたびに表示順が変わることがわかる。また順序がないためリスト，タプルのように添字でのアクセスができない。

a_group[0] ➡ エラー発生

これらの制約からわかるように，集合型は特定の要素を出し入れするような使い方には向いておらず，どちらかといえば，数学の集合に似た集合演算を得意としている。Sample6-02.py の 14，15 行目のように，和集合や積集合などを簡単に求めることができる。また，集合内に要素があるかどうかは 16 行目のように in 演算子を使えば判断できる。以下，集合演算子を示す。（併せてベン図も左欄外に示す）

演算子	意味
|	和集合（union）
&	積集合（intersection）
-	差集合（difference）
^	対称差集合

集合演算のベン図

和集合
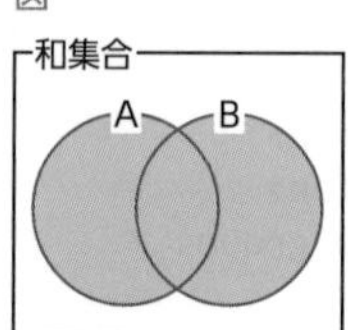

積集合
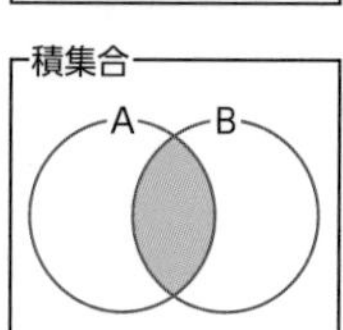

差集合
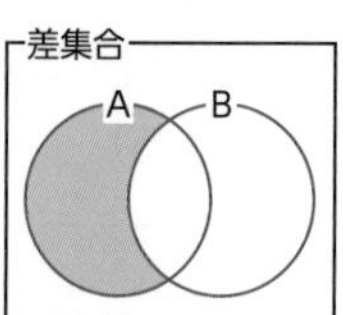

対称差集合
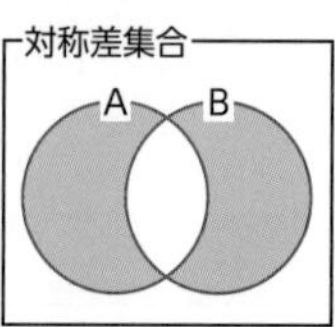

3 辞書型

1 辞書型(dict)の利用

例題 6-3

学籍番号と，その学籍番号に対応した学生名を格納した，辞書型を利用したプログラムを入力してみよう。

辞書型の利用

学生情報：{'22A08': '佐藤', '22A10': '田中', '22A31': '村上'}
学生情報：{'22A08': '佐藤', '22A10': '田中', '22A31': '村上', '22A01': '相羽'}

① 辞書型(dict)の宣言と値の表示

1. 「TemplateA.py」を Visual Studio Code で開く。その後，「ファイル」メニューから「名前を付けて保存」を選択し，「Sample6-03.py」という名前で「enshu」フォルダー内の「cgi-bin」フォルダーに保存する。
2. コード内の「Python スクリプトの入力場所」に次のドキュメントを記述する。

Sample6-03.py

```
#Pythonスクリプトの入力場所----------ここから

body_content = '<h2>辞書型の利用</h2>'
students = {'22A08':'佐藤', '22A10':'田中', '22A31':'村上'}
body_content += '学生情報：' + str(students) + '<br>'
students['22A01'] = '相羽'
body_content += '学生情報：' + str(students) + '<br>'

#Pythonスクリプトの入力場所----------ここまで
```

3. ドキュメントを保存後，「Visual Studio Code」の「ターミナル」ビューで下記コマンドを入力して Web サーバーを起動する。(起動済みであれば省略する)

```
PS C:\15S_Python\enshu> python -m http.server --cgi 8000
```

4. サーバーが起動したら，「Microsoft Edge」を起動し，下記のアドレスをアドレスバーに入力し，アクセスする。

```
http://localhost:8000/cgi-bin/Sample6-03.py
```

2 プログラム解説

9 行：変数 students に「キー：22A08, 値：' 佐藤 '」,「キー：22A10, 値：' 田中 '」,「キー：22A31, 値： ' 村上 '」という 3 つの情報をもった辞書型(dict)のオブジェクトを代入する。
10 行：変数 students の内容を表示する。
11 行：変数 students に「キー：22A01, 値：相羽」を追加する。
12 行：追加後の変数 students の内容を表示する。

3 辞書型(dict)とは

辞書型(dict)とは，構造としてはリスト構造に似ているが，インデックス(添字)を整数ではなく，文字列で表す型である。

イメージ図でリストと比較してみる。

【リストのイメージ】

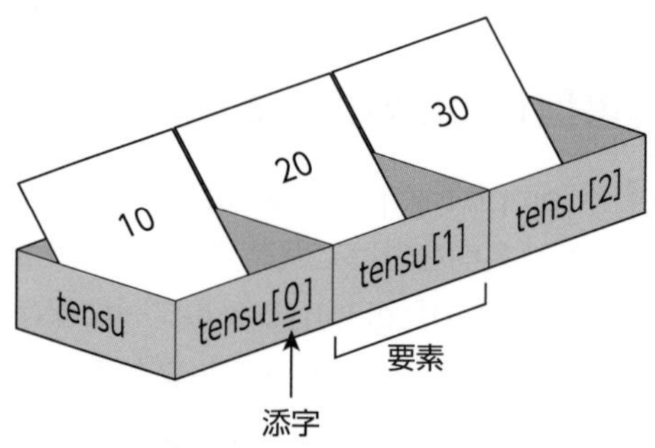

【辞書型のイメージ】

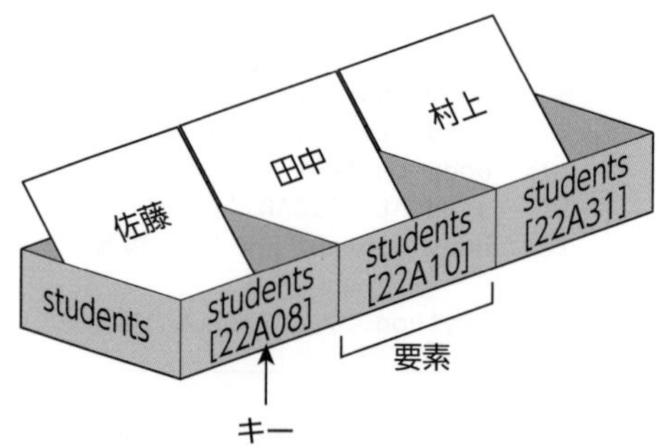

辞書型において，インデックスとして利用する文字列のことをキーという。そのため，初期値をセットする際には，キーと値をセットにして，カンマ区切りで記述する。

◆辞書型の生成

変数名 = { 'キー 1' : 値 A, 'キー 2' : 値 B, 'キー 3' : 値 C … }

キーと値を囲む括弧は，集合型と同じく{ }を使う。また，キーと値の間には：(コロン)を使って区別する。(括弧は集合型と同じだが，キーの記述を入れることで辞書型として扱う)

キーと値はペアで利用するため，なるべくキーは値が想像できるものにすべきである。ここでは学籍番号をキーとして，値はその学生名という意味合いで取り扱う例を示している。以前に学習したリスト型だと，要素へアクセスする添字(インデックス)に整数を使っているため，中身が想像しにくいという欠点がある。そのため，辞書型のようにキーを使って指定することで，人間からみて直感的に要素を指定することが可能となり，さらに可読性も向上するといえる。

また，辞書型の初期化処理は，キーと値のペアで記述するため，1文が長くなりやすい。要素が多い場合は，以下のように改行を入れつつ記述すると可読性が上がる。

```
students = {
  '22A08':'佐藤',
  '22A10':'田中',
  '22A31':'村上'
}
```

辞書型配列への要素の追加は，次の書式で記述する。

◆辞書型への要素追加

変数名 [**'追加する要素のキー'**] = **追加する要素の値**

ただし，これは代入時も同じ書式になる。そのため，キーを間違えて記述すると思わぬ結果になることがある。たとえば，Sample6-03.py の 11 行目を以下のように記述して結果を見てみる。

```
students['22A10'] = '相羽'
```

すると，本来「田中」が表示されていた箇所が「相羽」になってしまう。同じキー値を指定した場合は，上書きとなるためである。

2 ループを使った辞書型(dict)の表示

例題 6-4

先ほど宣言した辞書型のデータを，for ループを利用して表示したプログラムを入力してみよう。

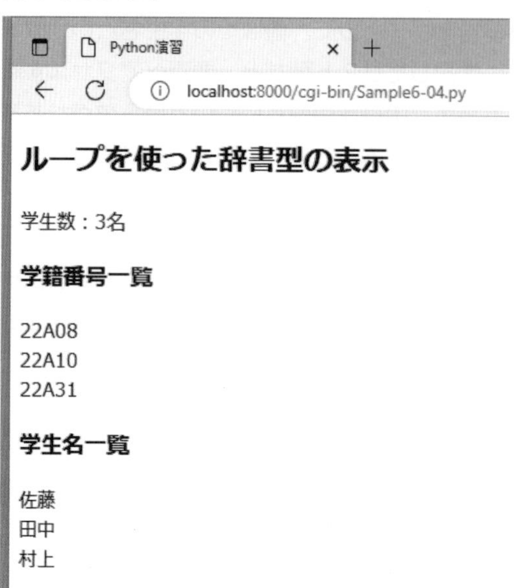

① 辞書型(dict)の宣言と値の表示

1. 「TemplateA.py」を Visual Studio Code で開く。その後，「ファイル」メニューから「名前を付けて保存」を選択し，「Sample6-04.py」という名前で「enshu」フォルダー内の「cgi-bin」フォルダーに保存する。
2. コード内の「Python スクリプトの入力場所」に次のドキュメントを記述する。

Sample6-04.py

```
#Pythonスクリプトの入力場所----------ここから

body_content = '<h2>ループを使った辞書型の表示</h2>'
students = {'22A08':'佐藤', '22A10':'田中', '22A31':'村上'}
body_content += '学生数：{0}名'.format(len(students))
body_content += '<h3>学籍番号一覧</h3>'
for studentNo in students :
  body_content += studentNo + '<br>'

body_content += '<h3>学生名一覧</h3>'
for studentName in students.values() :
  body_content += studentName + '<br>'

#Pythonスクリプトの入力場所----------ここまで
```

3. ドキュメントを保存後，「Visual Studio Code」の「ターミナル」ビューで下記コマンドを入力して Web サーバーを起動する。（起動済みであれば省略する）

```
PS C:\15S_Python\enshu> python -m http.server --cgi 8000
```

4 サーバーが起動したら，「Microsoft Edge」を起動し，下記のアドレスをアドレスバーに入力し，アクセスする。

```
http://localhost:8000/cgi-bin/Sample6-04.py
```

2 プログラム解説

9 行：変数 students に「キー：22A08, 値：'佐藤'」,「キー：22A10, 値：'田中'」,「キー：22A31，値：'村上'」という 3 つの情報をもった辞書（dict）のオブジェクトを代入する。

10 行：len 関数を使って要素の数を表示している。

12-13 行：for 文で辞書型の students の要素でループを実行している。このとき，キーの値（学籍番号に相当するもの）が 1 つずつ変数 studentNo に格納される。

16-17 行：for 文で辞書型の students の要素でループを実行している。ただし，ループに渡す際に students.values( ) と values 関数を利用することで，値（学生名に相当する）が 1 つずつ変数 studentName に格納される。

3 辞書型と for 文

辞書型配列と for 文は組み合わせて利用される。それはキーを利用して何らかの処理を行うことが多いためである。

for 変数 in 配列変数名 :
処理したい内容

この場合，辞書型配列のキーを先頭から順に取得できる。値を順に取得したい場合は，配列変数名に .values( ) を付ければよい。（Sample6-04.py の 16 行目）

また，キーと値を一緒に取得したい場合は以下のようにする。

キーを格納　値を格納

```
body_content += '<h3>学籍番号・学生名一覧</h3>'
for no, name in students.items() :
  body_content += '{0} : {1}<br>'.format(no, name)
```

配列変数名に .items( ) を付け，かつ 1 周ごとに for 文で受け取る変数について，キーと値の 2 つ分を for 文の宣言箇所に記述すればよい。

6章 データ構造応用

4 演習問題

演習 1 辞書型の利用(表示)

ファイル名：Enshu6-01.py

実行例のように，3種類のくだものの名前と，その英単語を一覧で表示するプログラムを作成しなさい。ただし，辞書型のデータとしてくだもの一覧を宣言してそれを利用するものとする。

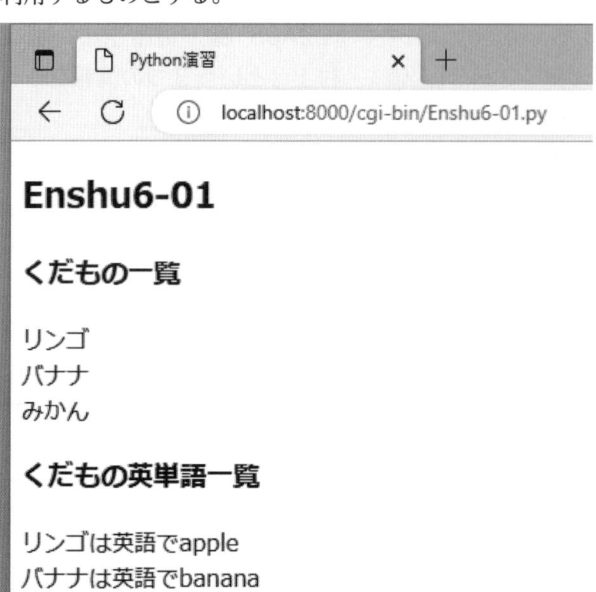

作成するファイルは「TemplateA.py」を元に作成し，enshu フォルダー内の cg-bin フォルダーに「Enshu6-01.py」を作成すること。以下にヒントを示す。

Enshu6-01.py(未完成)

```
#Pythonスクリプトの入力場所----------ここから

body_content = '<h2>Enshu6-01</h2>'
fruits = {
  'リンゴ':'apple',


}
body_content += '<h3>くだもの一覧</h3>'
for 
  body_content += '{0}<br>'.format(key)

body_content += '<h3>くだもの英単語一覧</h3>'
for 
  body_content += '{0}は英語で{1}<br>'.format(key, value)

#Pythonスクリプトの入力場所----------ここまで
```

演習 2　辞書型の利用（演算等）　ファイル名：Enshu6-02.py

３人の学生の試験の点数を辞書型で宣言した。そのデータを使い，平均点を求めるプログラムを作成しなさい。（点数データは，キーが学籍番号，値が点数の辞書型に格納するものとする）

Enshu6-02

テストの平均点

テストの平均点は75.3点

作成するファイルは「TemplateA.py」を元に作成し，enshu フォルダー内の cg-bin フォルダーに「Enshu6-02.py」を作成すること。以下にヒントを示す。

Enshu6-02.py（未完成）

```
#Pythonスクリプトの入力場所----------ここから

body_content = '<h2>Enshu6-02</h2>'
studentScore = {
  '22A08': 70 ,
  '22A10': 90 ,
  '22A31': 66 ,
}
body_content += '<h3>テストの平均点</h3>'
total = 
for 
  
average = 

body_content += '                    '.format(average)

#Pythonスクリプトの入力場所----------ここまで
```

３人のうち，最高点は何点だったか，平均点と一緒に表示するように修正してみよう。また，最低点も表示するように修正してみよう。ただし，それぞれ検索ロジックを作成して求めること。

7 章 Python 応用（関数）

15Step ▷ Python入門

ここまで,
Python のプログラムをいろいろと入力してきたけれど,
同じような処理が，アチコチにあった気がするー。

へー！
関数を使えば，同じ処理を何度も入力しなくて済むみたい。
楽ラクじゃない！

無駄を省いて，１つにまとめる！って,
スッキリして気持ちがいいよね。
よーし！ そんな便利な関数を,
うまく使いこなせるようになろう！！

1 関数

1 関数の宣言と利用（1）

例題 7-1 関数を利用したプログラムを入力してみよう。

関数の利用（成績判定）

A君は合格
B君は不合格

① 配列の宣言と値の表示

1 「TemplateA.py」を Visual Studio Code で開く。その後，「ファイル」メニューから「名前を付けて保存」を選択し，「Sample7-01.py」という名前で「enshu」フォルダー内の「cgi-bin」フォルダーに保存する。

2 コード内の「Python スクリプトの入力場所」に次のドキュメントを記述する。

Sample7-01.py

```
06:  #Pythonスクリプトの入力場所----------ここから
07:
08:  def seisekiHantei(chukan, kimatsu) :
09:    avg = (chukan + kimatsu) / 2
10:    if avg > 60 :
11:      return '合格'
12:    else :
13:      return '不合格'
14:
15:  body_content = '<h2>関数の利用(成績判定)</h2>'
16:  aChu = 80
17:  aKim = 50
18:  body_content += 'A君は' + seisekiHantei(aChu, aKim) + '<br>'
19:  bChu = 40
20:  bKim = 70
21:  body_content += 'B君は' + seisekiHantei(bChu, bKim) + '<br>'
22:
23:  #Pythonスクリプトの入力場所----------ここまで
```

関数にあたる部分

3 ドキュメントを保存後，「Visual Studio Code」の「ターミナル」ビューで下記コマンドを入力して Web サーバーを起動する。（起動済みであれば省略する）

```
PS C:\15S_Python\enshu> python -m http.server --cgi 8000
```

4 サーバーが起動したら，「Microsoft Edge」を起動し，下記のアドレスをアドレスバーに入力し，アクセスする。

```
http://localhost:8000/cgi-bin/Sample7-01.py
```

2 プログラム解説

8 行：成績判定関数として「seisekiHantei( )」を定義している。引数として中間試験の点数 (chukan) と期末試験の点数 (kimatsu) を受け取る。

9-13 行：中間試験と期末試験の成績の平均を計算し，平均点が 60 点を超えていたら「合格」という文字列を，超えていなければ「不合格」という文字列を返す。

16，17 行：A 君の中間試験の点数と期末試験の点数を宣言する。

18 行：関数「seisekiHantei( )」を呼び出して，結果を表示する。引数として A 君の中間，期末の点数を渡している。

19-21 行は 16-18 行目と同じ処理のため，説明を割愛する。

3 関数とは

関数とはファンクションともいわれる。よく行う処理を 1 つにまとめた小さなサブプログラムで，名前（関数名）を付けて適宜呼び出して利用するものである。

Pythonには標準で用意している関数があり，これまでも，表示文字列のフォーマッティングを行うformat関数やデータ型を返すtype関数など利用してきた。このように標準で用意されている関数のことを組み込み関数という。

以下に組み込み関数の主なものを紹介する。

> Python3系の組み込み関数一覧が示されているURL：https://docs.python.org/ja/3/library/functions.html

関数名	概要	例
type	データ型を返す	type(2.5) → <class ‘float’>
format	文字列の表示書式を指定する	‘{0}円’.format(100) →’100円’
print	コンソールに表示する	print(‘Hello’)
len	長さを返す	len(‘jikkyo’) →6
max	最大のデータを返す	max(1, 5, 2, 9) →9

4 ユーザ定義関数の定義

関数は自分で作ることもできる。今回のサンプルでは成績判定の処理部を関数化したが，もし関数としなかった場合，すべての学生数分この計算ロジックを書かなければならず，それは現実的ではない。関数を利用することで同じロジックで成績判定を行うことができ，効率的でもありメンテナンス性も高い。関数の宣言書式は次の通り。

関数名　　引数

```
def seisekiHantei(chukan,kimatsu) :
    処理ブロック
```

関数として定義されている処理については，関数が呼び出されない限りは実行されない。定義された関数名を指定すれば呼び出すことができる。ただし，**引数**が指定されている関数の場合は，指定された数の引数を指定して呼び出さなければならない。関数の名前が違う場合や，引数の個数が違う場合はその関数を呼び出すことができない。

【引数の特徴】
- 関数宣言時に，丸括弧の間に記述する内容を引数という。(省略しても構わない)
- 関数内部では記述された引数の値を使って処理を実行できる。
- 引数はカンマ(,)で区切って複数指定できる

```
…'A君は' + seisekiHantei (aChu, aKim) + '<br>'
```

18行目では，変数「aChu」(値は80)と変数「aKim」(値は50)を引数として渡してseisekiHantei( )を呼び出している。関数宣言をしている8行目で変数「chukan」に値80が，変数「kimatsu」に値50が渡されて9行目から13行目の処理が実行される。

関数内の 11 行目，13 行目の return 文で呼び出し元（18 行目，もしくは 21 行目）に値を返す。つまり関数の呼び出し側が return の結果に置き換わると考えられる。これを戻り値という。

```
…'A君は' + seisekiHantei (aChu, aKim) + '<br>'
```

↓

```
…'A君は' +              '合格'             + '<br>'
```

【戻り値の特徴】

・戻り値とは，関数が処理の最後に呼び出し元に対して送られる値のこと。
・つまり関数を実行した結果として得られる値。
・return 文で戻り値として送られる値を指定する。
・戻り値のない関数もある。

5 関数の記述場所

関数や変数の記述は，実際に**利用される前に定義する**必要がある。そのため，宣言と利用箇所の順番を入れ替えるとエラーになる。

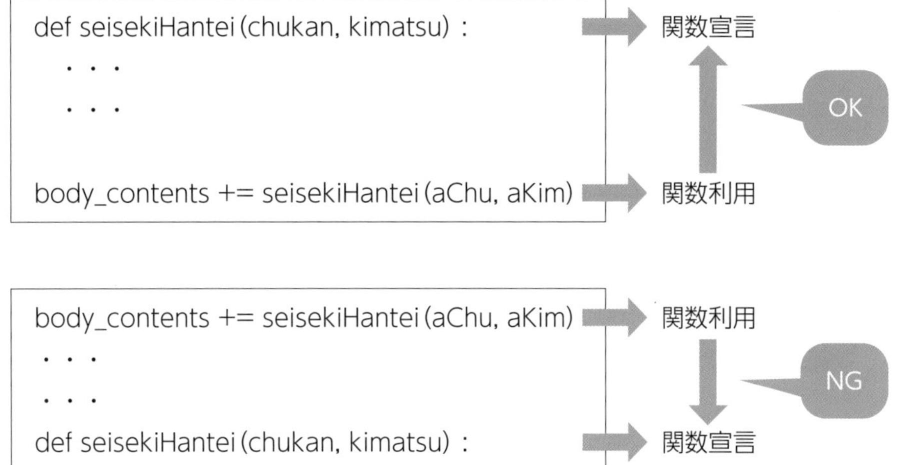

Python のプログラムコードは，インタプリタと呼ばれるプログラム言語を解釈しながら実行するプログラムが，最初から順番に命令文を解釈しながら実行していく。（コード全体を解釈した後に実行するのではない）　そのため，上記のような制約が発生する。

これは変数にもあてはまるので，次の例題で見ていく。

2 関数の宣言と利用（2）

例題 7-2 引数のない関数を利用したプログラムを入力してみよう。

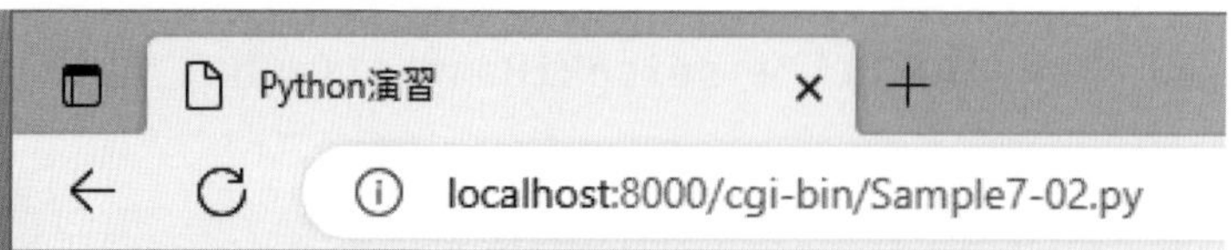

関数の利用（引数なし）

気合いだ！
気合いだ！
気合いだ！

1 配列の宣言と値の表示

1. 「TemplateA.py」を Visual Studio Code で開く。その後，「ファイル」メニューから「名前を付けて保存」を選択し，「Sample7-02.py」という名前で「enshu」フォルダーの「cgi-bin」フォルダー内に保存する。
2. コード内の「Python スクリプトの入力場所」に次のドキュメントを記述する。

Sample7-02.py

```
#Pythonスクリプトの入力場所----------ここから

body_content = '<h2>関数の利用(引数なし)</h2>'

def kiaiMessage() :
  return '気合いだ！<br>'

for cnt in range(3) :
  body_content += kiaiMessage()

#Pythonスクリプトの入力場所----------ここまで
```

関数に
あたる部分

3. ドキュメントを保存後，「Visual Studio Code」の「ターミナル」ビューで下記コマンドを入力して Web サーバーを起動する。（起動済みであれば省略する）

```
PS C:\15S_Python\enshu> python -m http.server --cgi 8000
```

4. サーバーが起動したら，「Microsoft Edge」を起動し，下記のアドレスをアドレスバーに入力し，アクセスする。

```
http://localhost:8000/cgi-bin/Sample7-02.py
```

② プログラム解説

10-11 行：表示メッセージの構築関数として「kiaiMessage( )」を定義している。引数をもたない関数定義のため，( )としている。

13-14 行：「気合いだ！」というメッセージを 3 回表示させるため，for ループを宣言している。kiaiMessage( )関数の処理結果（ここでは「気合いだ！」の文字列）を body_content に文字列結合させている。range(3) とすることで，3 回処理をしている。

③ 引数のない関数

関数内の処理を行うための値が不要な場合，引数を受け取らなくてもよい。その場合，変数宣言時に

関数名　引数なし

```
def kiaiMessage() :
    処理ブロック
```

として引数を宣言していない。呼び出しも同様の指定となる。

④ 変数のスコープ

ここで，同じ処理を次のように修正が可能かを考える。

```
06: #Pythonスクリプトの入力場所----------ここから
07:
08: body_content = '<h2>関数の利用(引数なし)</h2>'
09:
10: def kiaiMessage() :
11:   body_content += '気合いだ！ <br>'
12:
13: for cnt in range(3) :
14:   kiaiMessage()
15:
16: #Pythonスクリプトの入力場所----------ここまで
```

処理結果が同じになるように，body_content への文字列結合を関数内で行うようにしたものである。しかし，これはエラーになる。

```
Unbound Local Error:local variable 'body_content' referenced before assignment
```

変数には，その変数を使うことができる有効範囲がある。これをスコープと呼ぶ。また**グローバル変数**（もしくはモジュール変数）と**ローカル変数**というスコープの異なる 2 つの変数の種類がある。グローバル変数とは，関数外で宣言された変数で，ローカル変数とは関数内で宣言された変数である。

ここで 8 行目に宣言した「body_content」はグローバル変数となり，宣言後であればどこでも利用することができる。つまり，8 行目以降，最終行までが変数の有効

範囲(スコープ)ともいえる。

であれば，11 行目でも有効であるように思える。しかし，グローバル変数は関数内でも有効であるものの，関数内で宣言しているとローカル変数として取り扱われる。しかし，kiaiMessage 関数の中で変数を宣言しているようには見えない。上記コードの 11 行目，複合代入演算子を使っているのでわかりにくいが，これは展開すると

```
body_content = body_content + '気合いだ！ <br>'
```

であり，「body_content =」の形があるということは，この関数では body_content というローカル変数が宣言されていることを意味する。そのため，右辺の

「body_content + '気合いだ！
'」

の文字列結合を行う際に，グローバル変数として 8 行目に宣言している body_content ではなく，まったく別のローカル変数の body_content を参照し，初期値が入っていないためエラーとなっている。

つまり結果的には，関数の中で，関数外で宣言されたグローバル変数の値を変更することはできない(厳密には方法はあるが)ということである。

なお，グローバル変数の参照をすることはできる。以下，サンプルのコードである。入力して動作を確認すること。

superM の
スコープ

```
06:  #Pythonスクリプトの入力場所----------ここから
07:
08:  body_content = '<h2>関数の利用(引数なし)</h2>'
09:  superM = '超'
10:  def kiaiMessage() :
11:    return superM + '気合いだ！ <br>'
12:
13:  for cnt in range(3) :
14:    body_content += kiaiMessage()
```

9 行目の superM もグローバル変数(コード中にインデントなしで記述された変数)である。11 行目ではその superM を参照し，文字列結合している。これはエラーなく実行できるはずである。

逆に関数内で宣言した変数を，関数外で参照することはできない。関数内で宣言された変数はローカル変数となり，ローカル変数は関数内のみが有効範囲となるためである。

superM の
スコープ

```
08:  body_content = '<h2>関数の利用(引数なし)</h2>'
09:  def kiaiMessage() :
10:    superM = '超'
11:    return superM + '気合いだ！ <br>'
12:
13:  for cnt in range(3) :
14:    body_content += superM + kiaiMessage()
```

上記コードでは 14 行目でエラーが発生し，以下のエラーメッセージが表示される。

```
NameError: name 'superM' is not defined.
```

2 演習問題

演習 1 関数の作成・利用

ファイル名：Enshu7-01.py

実行例のように，底辺，高さから三角形の面積を求めるプログラムを作成しなさい。

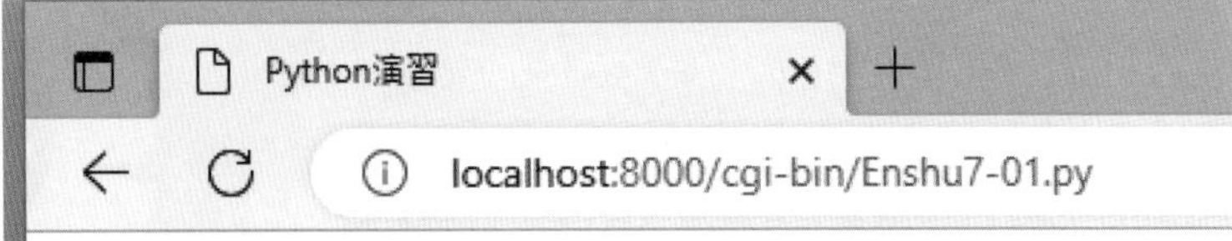

Enshu7-01

底辺90 高さ40の三角形の面積は1800.0

作成するファイルは「TemplateA.py」を元に作成し，enshu フォルダー内の cg-bin フォルダーに「Enshu7-01.py」を作成すること。以下にヒントを示す。

Enshu7-01.py

```
#Pythonスクリプトの入力場所----------ここから

body_content = '<h2>Enshu7-01</h2>'

def 
  return 

bottom = 90
height = 40
area = calcTriangle(bottom, height)
body_content += 

#Pythonスクリプトの入力場所----------ここまで
```

底辺と高さの値について，入力値を受け取るようにしよう。画面例(Enshu7-01.html)は以下の通り。このとき，「Enshu7-01.py」は TemplateB.py を元に作成しなければならないので注意すること。

Python演習
localhost:8000/Enshu7-01.html

三角形の底辺と高さを入力してください

底辺：

高さ：

送信

8章 Python応用(クラス)

15Step ▷ Python入門

Pythonにどんどん詳しくなってきたね。
そろそろ,
本格的なWebアプリケーション作りに入れるのかな?

オブジェクト指向…クラス…???
開発手法に関するところは,
まだ学習していなかったかー。

今回は自分1人で作る予定だから,
あまりハナシが大きくなり過ぎても,困るかなー。
きっと,混乱しちゃうよね。

よし! いつかは必要になるだろうし,
Pythonでのオブジェクト指向を,
サラッと簡単に学習しておこう!

1 オブジェクト指向とは

1 オブジェクト指向の特徴

オブジェクト指向は,属性(データ構造)と操作(振舞い)が一体化されたオブジェクトの集まりを中心にとらえて,ソフトウェアを構築する開発技法である。オブジェクト指向では,現実世界の概念をコンピュータの世界にモデル化(抽象化)していくので,現実世界との対応がとりやすく,ユーザーや開発者同士の考え方が共通化しやすい。オブジェクト指向プログラミングでは,モデル化された「モノ」を組み立てるように表現しながらコンピュータに動作指示を与えるイメージでプログラミングを行える。

ここでいう「モノ」がオブジェクトである。オブジェクトとは状態(情報,データ)を記憶する実体であり,この状態を調べたり,変更したりする操作(振舞い)をもつ。それらを利用するときには,オブジェクトを生成して,メッセージ送信(操作の依頼)をすることで,オブジェクトがもつ振舞いを実行させる。以下,イメージ図を示す。

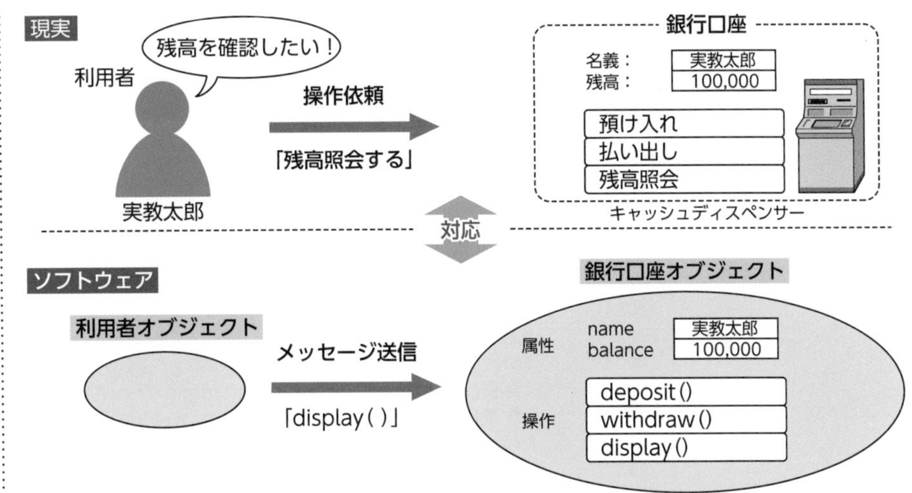

オブジェクト指向を使いこなすためには，様々な学習項目を履修しなければならない。本書は紙面の都合上，オブジェクト指向の要素の導入部分を学習するのみだが，本書を学習した後，より深く学習してほしい項目である。

次の節から，オブジェクトのひな型となる「クラス」を利用したサンプルコードを作成していく。いろいろ変更しながら理解を深めてほしい。

2 クラス

1 クラスの宣言と利用(1)

例題 8-1 **クラスを利用した，肥満度チェックプログラムを作成してみよう。**

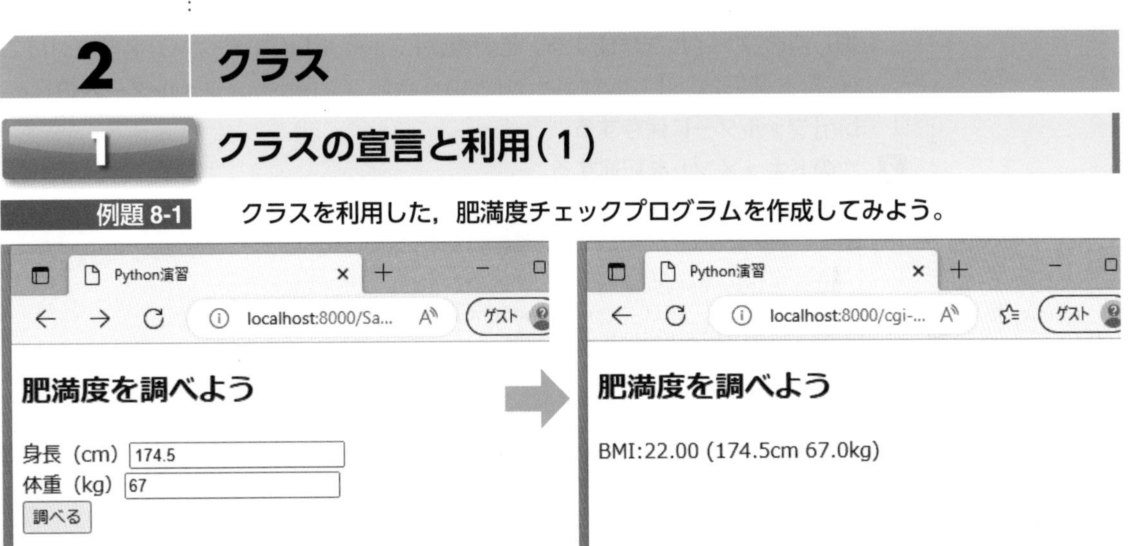

① 入力画面の作成

1 Visual Studio Code の「ファイル」メニューから「新しいテキストファイル」を選択し空のファイルを作成する。その後，「ファイル」メニューから「名前を付けて保存」を選択し，「Sample8-01.html」という名前で**「enshu」フォルダーに保存**する。

2 次のドキュメントを記述する。

Sample8-01.html

```
<!DOCTYPE html>
<html>
  <head>
    <meta charset="utf-8">
    <title>Python演習</title>
  </head>
  <body>
    <h2>肥満度を調べよう</h2>
    <form method="post" action="./cgi-bin/Sample8-01.py">
      身長(cm)<input type="text" name="height"><br>
      体重(kg)<input type="text" name="weight"><br>
      <input type="submit" value="調べる">
    </form>
  </body>
</html>
```

② BMI 計算用のクラスの作成

1 Visual Studio Codeの「ファイル」メニューから「新しいテキストファイル」を選択し空のファイルを作成する。その後，「ファイル」メニューから「名前を付けて保存」を選択し，「bodyScale.py」という名前で，**「enshu」フォルダー内の「cgi-bin」フォルダーに保存**する。

2 次のドキュメントを記述する。

bodyScale.py

```
class BodyScale:
  def __init__(self, height, weight):
    self.height = height
    self.weight = weight

  def make_info(self):
    return 'BMI:{0:.2f} ({1}cm {2}kg)'.format(self.calc_bmi(),
      self.height, self.weight)

  def calc_bmi(self):
    return self.weight / ((self.height / 100) ** 2)
```

> 「__init__」はinitの前後にアンダースコア(_)を2つ並べて入力する(アンダースコアはアンダーバーともいう)。

③ クラスを利用するWebページの作成

1 Visual Studio Codeの「ファイル」メニューから「TemplateB.py」を開く。その後，「ファイル」メニューから「名前を付けて保存」を選択し，「Sample8-01.py」という名前で**「enshu」フォルダーの「cgi-bin」フォルダーに保存**する。

2 次のドキュメントを記述する。ただし，黄色網掛け部分を追記・修正すること。

Sample8-01.py

```
import sys
import cgi
from bodyScale import BodyScale

sys.stdin.reconfigure(encoding='utf-8')
sys.stdout.reconfigure(encoding='utf-8')
form = cgi.FieldStorage()

#Pythonスクリプトの入力場所----------ここから

height = form.getfirst('height', '')
weight = form.getfirst('weight', '')

body_content = '<h2>肥満度を調べよう</h2>'
if height != '' and weight != '':
  height = float(height)
  weight = float(weight)

  body = BodyScale(height, weight)
  body_content += body.make_info() + '<br>'
else:
  body_content += '<p>身長・体重両方に数値を入れてください</p>'

#Pythonスクリプトの入力場所----------ここまで

with open('index.html', mode='r', encoding='utf-8') as f:
  file = f.read()

html_text = file.format(content = body_content)
print('Content-Type: text/html')
print()
print(html_text)
```

3 ドキュメントを保存後，「Visual Studio Code」の「ターミナル」ビューで下記コマンドを入力して Web サーバーを起動する。（起動済みであれば省略する）

```
PS C:\15S_Python\enshu> python -m http.server --cgi 8000
```

4 サーバーが起動したら，「Microsoft Edge」を起動し，下記のアドレスをアドレスバーに入力し，アクセスする。自分の身長・体重を入力して結果を確認する。

http://localhost:8000/Sample8-01.html

4 bodyScale.py の解説

1 行：クラス定義である。クラス名は通常大文字から始め，単語の区切りも大文字とする。

2-4 行：__init__ メソッドの定義である。init メソッドとは，オブジェクトの初期化をするメソッドで，インスタンス変数の初期化処理を行う（コンストラクタともいう）。ここでは身長を示す「height」と体重を示す「weight」をインスタンス変数として格納している。

メソッドとはクラス内で宣言された関数のこと。

6-7 行：make_info メソッドの定義である。ここでは calc_bmi メソッドで計算された BMI の値と，インスタンス内にセットされた身長と体重の値を文字列として呼び出し元に返却している。

9-10 行目：calc_bmi メソッドの定義である。ここではインスタンス内にセットされた身長と体重を使って BMI を計算している。計算された BMI の値を呼び出し元に返している。

BMI とは

BMI (Body Mass Index) とはボディマス指数といわれ，体重と身長から算出される肥満度を表す体格指数である。以下が計算式となる。

- **BMI ＝体重 kg ÷ (身長 m)^2**
- **適正体重＝ (身長 m)^2 × 22**

また，BMI 値により肥満の判定を行うときの判定基準とする。(本章では痩せ型，普通，肥満の 3 種類しか判別しない)

日本肥満学会の判定基準

BMI 値	判定
18.5 未満	低体重 (痩せ型)
18.5 ～ 25 未満	普通体重
25 ～ 30 未満	肥満 (1 度)
30 ～ 35 未満	肥満 (2 度)
35 ～ 40 未満	肥満 (3 度)
40 以上	肥満 (4 度)

5 Sample8-01.py の解説

3 行：先ほど解説をした BodyScale クラスをこのスクリプト内で利用するための記述である。

15 行：入力値の確認をしている。身長，体重の両方が入力されている場合に肥満度確認を行う分岐処理である。

16，17 行：入力値を計算で利用するため浮動小数点に変換している。

19 行：BodyScale クラスをオブジェクトとして生成している。引数には生成のために必要な身長 (height) と体重 (weight) を渡している。ここで入力された値を身長，体重として保持したオブジェクトを生成し，変数 body に格納している。

20 行：BodyScale クラスの make_info( ) メソッドを呼んでいる。処理内容は BodyScale.py の 6-7 行目になる。変数 body に保持している身長，体重を利用して BMI を計算し，身長，体重とともに文字列に変換している。

6 クラスとは

オブジェクト指向では，属性と操作を一体化したオブジェクトを動作させて処理していく。このとき利用するオブジェクトを作成するためのひな型を定義したものをクラスという。クラス定義を元に複数のオブジェクトを生成し，メソッド呼び出しを行うこと（メッセージを送る）で処理するのである。

また，このときクラスから生成され，コンピュータのメモリ上に確保された実体をオブジェクトまたはインスタンスという。1つのクラスから同じデータ構造，同じ操作をもつオブジェクトを複数生成することができる。クラスからオブジェクトを生成することをインスタンス化という。

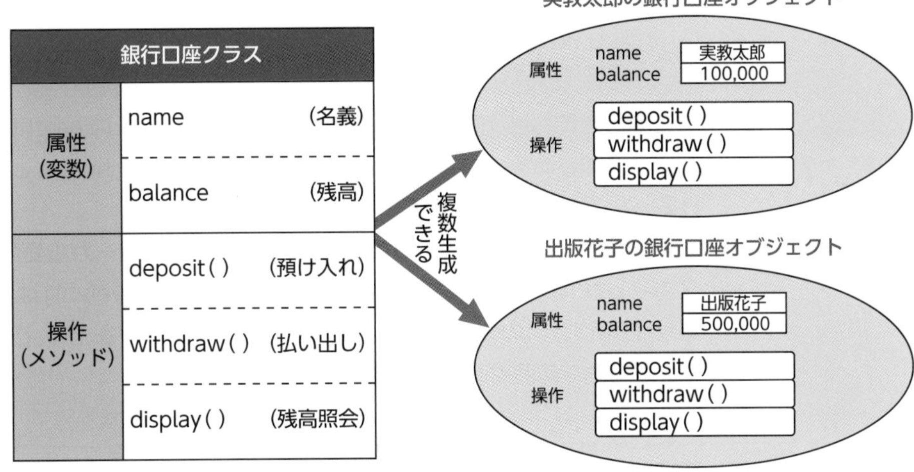

以下の記述でクラスの定義を行う。クラスも処理ブロックの1つである。そのため，クラス名の後ろにセミコロンが必要であり，かつブロック内はインデントする必要がある。なお，クラス名は大文字で始まり，単語の区切りも大文字にする。

◆クラス定義

```
class クラス名 :
    クラス定義の内容（属性，操作）
```

7 「__init__」メソッドとは

 initの前後はアンダーバー（_）を2つ並べる。

__init__( )メソッドとはオブジェクトの生成時に実行されるものである。処理的の流れ的には，Sample8-01.pyの19行目でBodyScaleクラスのオブジェクトを生成している。このとき実行されるのがbodyScale.pyの2行目の__init__( )メソッドである。

これは他言語では**コンストラクタ**ともいわれる。オブジェクトの初期化をするメソッドで，一般的にはインスタンス変数の初期化を行う。この名前は定義したクラス名にかかわらず**固定**である。

インスタンス変数とは，クラス内にある属性にあたるもので，インスタンス化されたオブジェクトがそれぞれ個別にもつことができる情報である。

__init__ の宣言は以下の通りである。

◆ __init__ メソッド宣言
def __init__(self, オブジェクト生成時に必要な変数…) :
　インスタンス変数の初期化処理など

上記宣言の第一引数の self は省略不可である。(self とは自分自身という意味)

また，

```
def __init__(self, height, weight):
  self.height = height
  self.weight = weight
```

このときの「self.height」が「この BodyScale クラスに height という属性がある」という意味である。つまり，インスタンス変数である height と weight に引数で受け取った height と weight を代入している。

上記コードの引数で宣言した「height」「weight」はローカル変数であり，このブロック内でしか有効ではない。また，「self.height」「self.weight」はインスタンス変数であり，このクラスのオブジェクト化されたメモリ上に存在する。このクラスのオブジェクトが有効な範囲で利用できる。

8 実装した他のメソッドについて

```
def make_info(self):
  return 'BMI:{0:.2f} ({1}cm {2}kg)'.format(self.calc_bmi(), self.height,
    self.weight)
```

BMI と身長，体重を表示するための文字列を構築しているメソッドである。

format 関数で利用している引数としては，BMI の計算結果 (self.calc_bmi( ))，身長 (self.height)，体重 (self.weight) の 3 つであり，これらを指定の箇所に埋め込むことで，入力結果と BMI の数値を表示するように文字列を構築している。

次に calc_bmi () メソッドである。

```
def calc_bmi(self):
  return self.weight / ((self.height / 100) ** 2)
```

calc_bmi ( ) は前述コラム内にある計算式をスクリプトに直したものである。

calc_bmi ( ) メソッドは引数を受け取らず，インスタンス変数の値を使って計算をしている。

9 オブジェクト生成について

下記コードでBodyScaleクラスのオブジェクトを生成している。このとき2つの引数を指定しているが，これはBodyScaleクラスの__init__の定義によるものである。

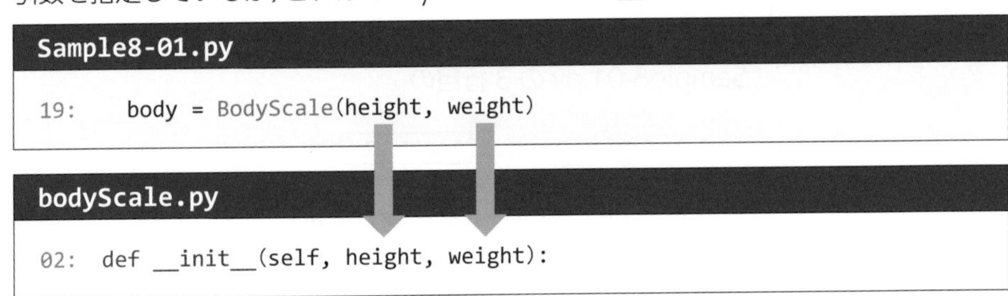

```
Sample8-01.py
19:    body = BodyScale(height, weight)
```

```
bodyScale.py
02:  def __init__(self, height, weight):
```

__init__()の第一引数は自分自身を指す「self」であり，具体的に値を渡さなくてよい。

10 標準ライブラリとサードパーティライブラリ

Pythonではprint関数やformat関数など標準的に利用できる命令群が多数用意されており，これらを「標準ライブラリ」という。また，標準ライブラリでは対応できなかったり，より高度な機能を使ったりするときに利用する「サードパーティライブラリ」がある。標準ライブラリはインストールをすることなく利用することができ，サードパーティライブラリはpip（pip3）コマンドなどでインストールしないと利用できない。

標準ライブラリに含まれている組み込み型・関数以外の型・関数はモジュールという枠に束ねられて提供され，それらを利用するためには事前にインポートをして読み込む必要がある。

▶ pip(pip3)コマンド：
Pythonモジュールを管理するパッケージコマンド。モジュールのインストール等コマンド操作で行うことができる。

11 モジュールの利用とimport文

Pythonコード内でモジュールを利用するためには，import文を利用する。

◆ import文
import モジュール名

これまで作成したPythonコードの中でも，先頭に「import sys」といった記述があった。これは，Pythonのインタプリンタや実行環境に関連した情報を扱う（sys）モジュールを読み込むことを意味している。

例えば，数学関連の関数を含むmathモジュールにあるfloor関数（小数点以下切り捨て）を利用するときには次のように記述する。

```
import math
print(math.floor(12.34))
```

上記import文の宣言だと，mathモジュールすべてを読み込むが，from文を使うことでモジュールの特定の関数・クラスのみインポートすることもできる。

◆ from 文
from [モジュール名] import [関数・クラス名]

Sample8-01.py の 3 行目の

```
from bodyScale import BodyScale
```

は「bodyScale モジュールの BodyScale クラスをインポートする」という意味になる。言い方を変えると，「bodyScale.py のファイル内に宣言された BodyScale クラスを利用できるようにする」ということである。この宣言により，作成した自作クラスを利用することができるようになる。

2 クラスの宣言と利用(2)

例題 8-2 **前の節で解説をした肥満度チェックプログラムについて，BMI からの判定結果も表示してみよう。**

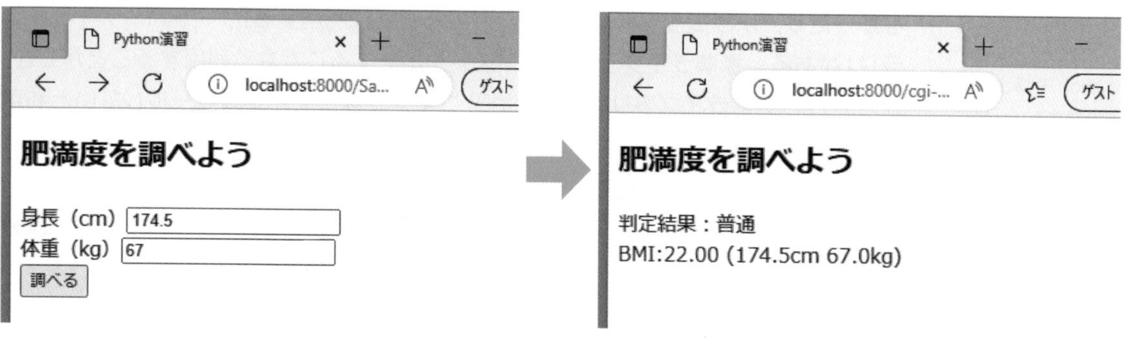

① BMI 計算用のクラスに判断処理を追加する

1. Visual Studio Code の「ファイル」メニューから「開く」を選択し，先ほど作成した bodyScale.py を開く。黄色網掛け部分のように 12 行目以降に記述を追加する。(前 2，3 行を含めて以下に示す)

bodyScale.py

```
09:    def calc_bmi(self):
10:      return self.weight / ((self.height / 100) ** 2)
11:
12:    def judge_obesity(self):
13:      bmi = self.calc_bmi()
14:      if (bmi < 18.5):
15:        return '痩せ型'
16:      elif (bmi < 25):
17:        return '普通'
18:      else:
19:        return '肥満'
```

2 クラスを利用するWebページの作成

1 Visual Studio Codeの「ファイル」メニューから「開く」を選択し，先ほど作成したSample08-01.pyを開く。黄色網掛け部分のように20行目に記述を追加する。（前後2，3行を含めて以下に示す）

Sample8-01.py

```
19:     body = BodyScale(height, weight)
20:     body_content +=  '判定結果：' + body.judge_obesity() + '<br>'
21:     body_content += body.make_info() + '<br>'
22:   else:
23:     body_content += '<p>身長・体重両方に数値を入れてください</p>'
```

2 ドキュメントを保存後，「Visual Studio Code」の「ターミナル」ビューで下記コマンドを入力してWebサーバーを起動する。（起動済みであれば省略する）

```
PS C:\15S_Python\enshu> python -m http.server --cgi 8000
```

3 サーバーが起動したら，「Microsoft Edge」を起動し，下記のアドレスをアドレスバーに入力し，アクセスする。自分の身長・体重を入力して結果を確認する。

```
http://localhost:8000/Sample8-01.html
```

3 プログラムの解説

【bodyScale.py】

12-19行：BMIを元に肥満度の判定をしている。オブジェクト内のcalc_bmi( )メソッドで得た値を元に判断をしている。

【Sample8-01.py】

20行：BodyScaleクラスに用意したjudge_obesity( )を呼び，判定結果の文字列を取得している。

3 スタティックメソッドの宣言と利用

例題 8-3 前の節で解説をした肥満度チェックプログラムについて，身長から求められるベスト体重を表示してみよう。

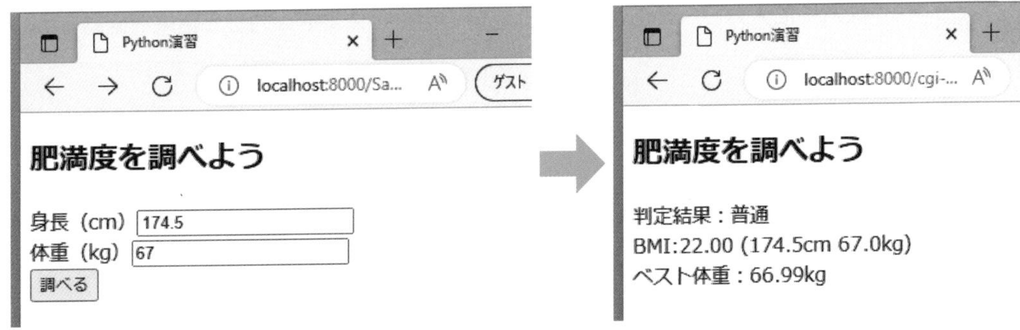

1 BMI計算用のクラスに計算処理を追加する

1 Visual Studio Codeの「ファイル」メニューから「開く」を選択し，先ほど作成したbodyScale.pyを開く。黄色網掛け部分を追加修正する。

bodyScale.py

```
    def judge_obesity(self):
      bmi = self.calc_bmi()
      if (bmi < 18.5):
        return '痩せ型'
      elif (bmi < 25):
        return '普通'
      else:
        return '肥満'

    @staticmethod
    def best_weight(height):
      return (height / 100) ** 2 * 22
```

2 クラスを利用するWebページの作成

1 Visual Studio Codeの「ファイル」メニューから「開く」を選択し，先ほど作成したSample08-01.pyを開く。黄色網掛け部分を追加修正する。

Sample8-01.py

```
    body = BodyScale(height, weight)
    body_content +=  '判定結果：' + body.judge_obesity() + '<br>'
    body_content += body.make_info() + '<br>'
    body content += 'ベスト体重：
  {0:.2f}kg'.format(BodyScale.best_weight(height))
  else:
    body_content += '<p>身長・体重両方に数値を入れてください</p>'
```

2 ドキュメントを保存後，「Visual Studio Code」の「ターミナル」ビューで下記コマンドを入力してWebサーバーを起動する。(起動済みであれば省略する)

```
PS C:\15S_Python\enshu> python -m http.server --cgi 8000
```

3 サーバーが起動したら，「Microsoft Edge」を起動し，下記のアドレスをアドレスバーに入力し，アクセスする。自分の身長・体重を入力して結果を確認する。

http://localhost:8000/Sample8-01.html

③ プログラムの解説

【bodyScale.py】

21 行目：「次行からの best_weight( ) メソッドをスタティックメソッドとして宣言する」と修飾しているデコレーター。

22-23 行：身長を元に最適な体重を計算するメソッド best_weight( ) メソッドの定義である。計算式は前述のコラムにあるものを利用している。

【Sample8-01.py】

22 行：BodyScale クラスに用意した best_weight( ) を呼び，ベスト体重を取得している。ただし，戻り値は数値であるため，format 関数を利用して成形している。

④ スタティックメソッドの定義

bodyScale.py の 21 行目にベスト体重を求める best_weight( ) メソッドの定義があるが，引数に注目してほしい。

```
def best_weight(height):
```

self の定義がない

これまで定義したメソッドには，第一引数に「self」の定義があったが，best_weight( ) メソッドにはない。またメソッド宣言前に「@staticmethod」の記述がある。

@(アットマーク) から始まる記述のことを**デコレーター**という。これは次行に宣言されるメソッドを修飾するための記述である。今回は「best_weight( ) メソッドをスタティックメソッドとして取り扱う」という修飾をしている。

スタティックメソッドとは，インスタンスの存在に依存しないメソッドである。つまり，インスタンスを生成しなくても使える。そのため，呼び出すときには，これまでの「変数名 . メソッド名」ではなく「クラス名 . メソッド名」と呼び出さなければならない。また，self の定義がないため，インスタンス変数へのアクセスもできない。処理に必要な値は引数で受け取る必要がある。

【インスタンスメソッドの呼び出し】

```
body_content += body.make_info() + '<br>'
```

インスタンスが保持されている**変数**を指定

【スタティックメソッドの呼び出し】

```
body_content +='ベスト体重：{0:.2f}kg'.format(BodyScale.best_weight(height))
```

スタティックメソッドが定義されている**クラス名**を指定

8章 Python 応用 (クラス)

9 章 データベース

15Step ▷ Python入門

データの保存には，
データベースというソフトウェアを使うのね。
たくさんのデータを扱うには便利そうだな！

Python では，
標準的に SQLite というデータベースが利用できるのか。
どうせなら，使いやすくするツールも導入しちゃおう！

データベース操作言語の SQL を覚えれば，
プログラミングみたいにデータを操作できるみたいね！

よし！ SQLite データベースを
Web アプリケーションに組み込めるように
学習していこう！

1 データベースの概要

1 コンピューターを利用した情報整理

データベースとは，検索や蓄積が容易にできるように整理された情報の集まりである。ノートやメモ帳への記録，写真アルバムや成績ファイルなども，広い意味でのデータベースと考えられる。しかし，紙媒体などのアナログな情報の場合，大量の情報では検索に時間が必要になってしまう。その点，コンピューターによって実現されたデータベース管理システム（DBMS）は，「大量のデータを保存しておき，必要な時に，必要な形で，素早く取り出す」ことができる。

ビッグデータの言葉で知られるように，一般的な DBMS では扱いが困難なレベルの膨大なデータも，AI やディープラーニングと合わせてビジネスで利用されるようになり，ますますデータベースの重要性と，それを扱うためのプログラムやソフトウェアはニーズが高まっている。

2 データモデルの種類

データモデルとは，データベース内に格納するデータの規定方法である。データモデルには，階層型データモデルやネットワーク型データモデル，リレーショナルデータモデルやオブジェクトデータモデル，キー・バリュー型モデルやカード型データモデルなどの種類がある。一般的に企業やWebアプリケーションで用いられることが多いモデルは，リレーショナルデータモデルである。特徴として，データは表(テーブル)で管理され，複数のテーブルを関係(リレーショナル)によって連結することが可能である。

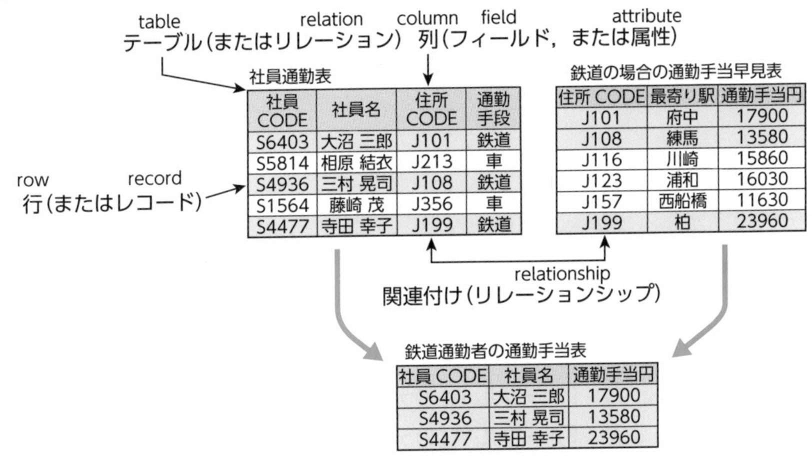

社員通勤表

社員CODE	社員名	住所CODE	通勤手段
S6403	大沼 三郎	J101	鉄道
S5814	相原 結衣	J213	車
S4936	三村 晃司	J108	鉄道
S1564	藤崎 茂	J356	車
S4477	寺田 幸子	J199	鉄道

鉄道の場合の通勤手当早見表

住所CODE	最寄り駅	通勤手当円
J101	府中	17900
J108	練馬	13580
J116	川崎	15860
J123	浦和	16030
J157	西船橋	11630
J199	柏	23960

鉄道通勤者の通勤手当表

社員CODE	社員名	通勤手当円
S6403	大沼 三郎	17900
S4936	三村 晃司	13580
S4477	寺田 幸子	23960

リレーショナルデータベースは，Microsoft Excelなどの表計算ソフトを思い浮かべるとイメージが付きやすい。1つ1つの表を「テーブル」といい，テーブルの列を「フィールド」，テーブルの行を「レコード」という。テーブルには，通常，複数のフィールドが存在し，また，複数のレコードが格納される。そして，テーブルも複数存在し，各々を時には関連づけて組み合わせることで，必要なデータを抽出する。

3 データベース言語SQLとは

SQLとは，リレーショナルデータベース管理システム(RDBMS)において，データの操作・定義・制御を行うためのデータベース言語(問い合わせ言語)である。

・データ定義言語(DDL)

データベースの構造を定義する際に用いられる。主な命令として，「CREATE」(新しいデータベースの構築)，「DROP」(すでに存在するデータベースの削除)，「ALTER」(すでに存在するデータベースオブジェクトの変更)，「TRUNCATE」(全データの削除)などがある。

・データ操作言語(DML)

データベースに対して，データの検索・登録・削除・更新を行うために用いられる。主な命令として，「SELECT」(検索)，「INSERT」(登録)，「UPDATE」(更新)，「DELETE」(削除)がある。

・データ制御言語(DCL)

データベースに対して，データに対するアクセス制御を行うために用いられる。「GRANT」(特定の操作権限を与える)，「REVOKE」(すでに与えた権限を削除)などがある。

SQL言語は，各種プログラム言語との相性が良く，企業システムやWebアプリケーションにおいて広く用いられている。テーブルから必要なレコードのみを抽出する際や，表示上の並べ替え，集計操作などが必要な際には，データ操作言語がよく用いられる。

Webアプリケーションの作成には，
データ操作言語(DML)をよく使うことになりそう！

4 データベースのトランザクションとは

トランザクションとは，一連の処理をひとまとめにしたものである。

① トランザクションを開始
② 「テーブルA」のデータを更新
③ 「テーブルA」のデータを利用して「テーブルB」のデータを新しく登録
④ トランザクションの終了

上記のように，トランザクションの開始から終了までの一連の処理のことをトランザクションという。トランザクションを終了する際は，一連の処理を「コミット(確定)」か「ロールバック(破棄)」の命令を実行し，トランザクションを明確に終了させることになる。トランザクションを管理しないと，データベースの登録または更新処理を実行した時点でデータが確定することになる。その場合，②の処理は成功したが，③の処理で異常が生じてしまった場合，本来ならば「テーブルA」と「テーブルB」は関連しているテーブルにもかかわらず，「テーブルA」だけ更新されてしまうことになり，データの一貫性が保たれなくなってしまう。こうした問題を解決するために，②と③の処理が共に成功したら「コミット」，または，②または③のいずれかで異常が発生した際は「ロールバック」するといったトランザクション管理を行えばよい。

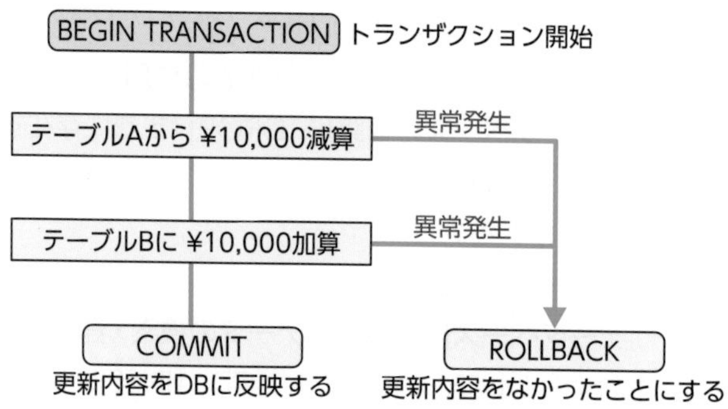

5 SQLite とは

SQLite(エスキューライト)は，一般的な RDBMS のように，サーバーとして動作させる必要はなく，単一のファイルとしてアプリケーション上で利用可能な軽量データベースである。プログラム言語である Python や PHP だけでなく，Android 端末としても標準サポートされている。ファイルを共有することで，複数のアプリケーションから共有することも可能であり，ローカルな環境で利用できるデータベースとしては，最も利便性の高いものといえる。

2 SQLite データベースの利用

1 DB Browser for SQLite の導入

今回利用する SQLite データベースをより使いやすくするために，「DB Browser for SQLite」というツールを導入しよう。

① ダウンロードとインストール

1 「Microsoft Edge」を起動し，下記のアドレスをアドレスバーに入力し，アクセスする。

https://sqlitebrowser.org/dl/

> バージョンは執筆当時(2022年8月)のものである。

2 「Downloads」に表示されているリストの中から，最新の Windows インストーラー版「DB Browser for SQLite - Standard installer for 64-bit Windows」をクリックし，ダウンロードする。

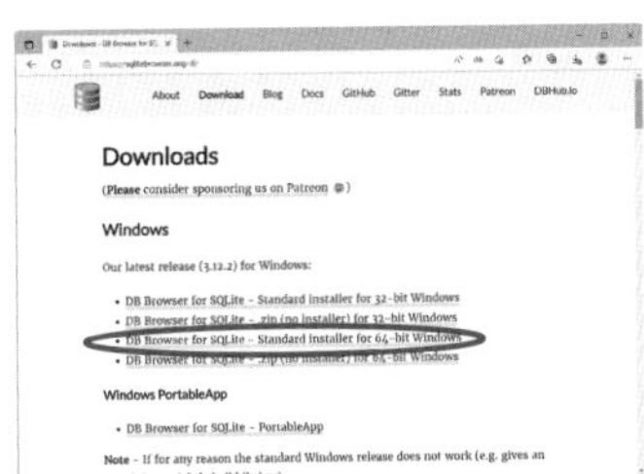

3 ダウンロードした「DB.Browser.for.SQLite-x.xx.x-win64.msi」(xx はバージョンを表す数字)を実行する。

①

【next】をクリックする

②

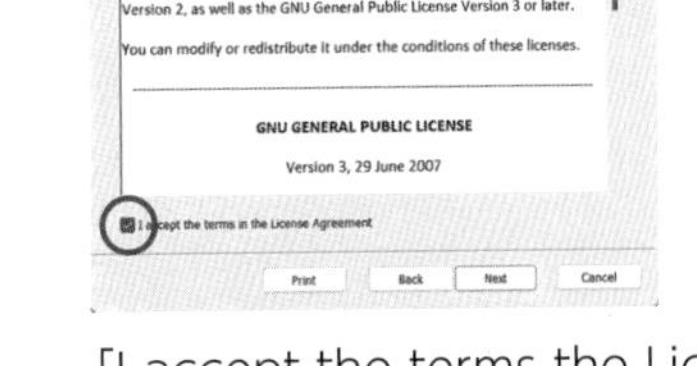

「I accept the terms the License Agreement」をチェックし，【next】をクリックする

③
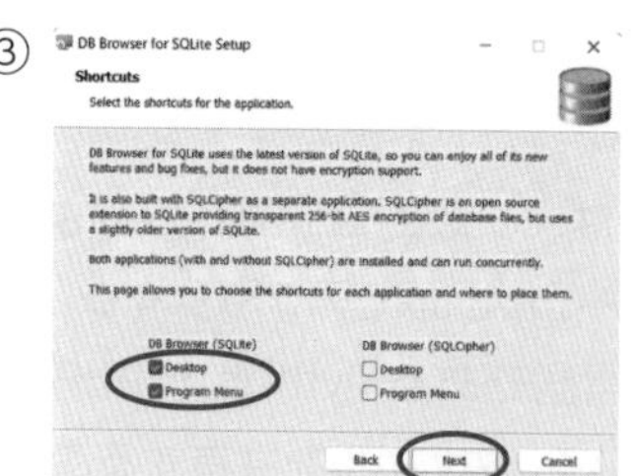

「DB Browser (SQLite)」側の「Desktop」「Program Menu」をチェックし，【next】をクリックする

④
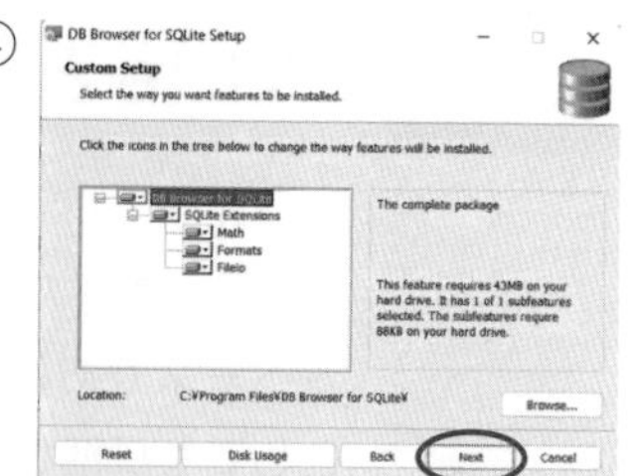

【next】をクリックする

⑤
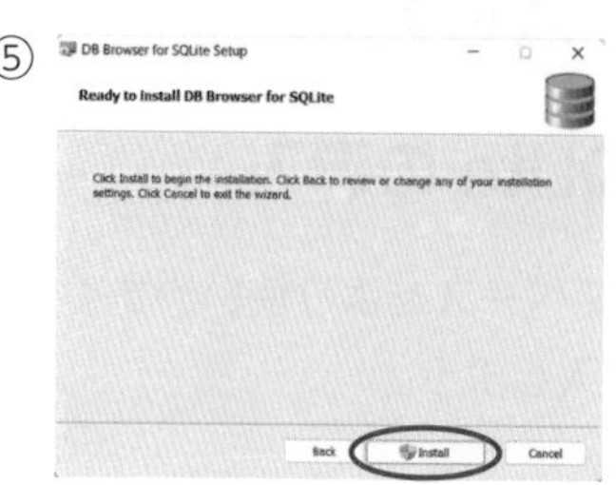

【install】をクリックし，しばらく待つ

⑥

【finish】をクリックで，終了

2 サンプルデータベースの作成

「DB Browser for SQLite」を用いてデータベースを作成し，必要なレコードを追加しよう。

① テーブルの作成

1. 「Windows メニュー」→「すべてのアプリ」→「DB Browser for SQLite」，または，デスクトップにあるショートカットから「DB Browser for SQLite」を起動する。
2. 【新しいデータベース】をクリックし，「セーブするファイル名を下から選択」ウィンドウにて「Windows (C:)」→「15S_Python」→「enshu」まで移動し，「sample.db」というファイル名で入力後，【保存】をクリックする。

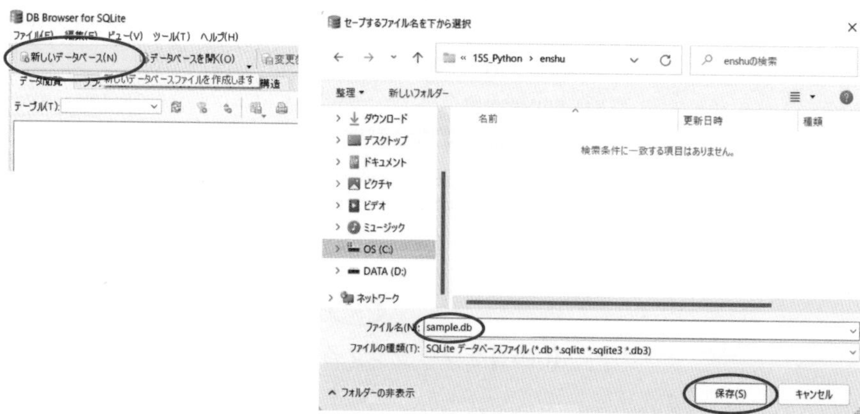

▶ フィールドの各設定について：
NN：Not Null。☑でNull値を格納できないフィールドになる。

PK：Primary Key。☑でそのフィールドはプライマリキーとなる。この指定は，各テーブル1つのみ。

AI：Auto Increment。☑で自動で番号が割り当てられるフィールドになる。

U：Unique。☑で値の重複を許さないフィールドになる。

3 「テーブルの定義を編集」において，下記の表を参考に「category テーブル」の内容を編集し，【OK】をクリックする。※【追加】クリックでフィールドを追加。

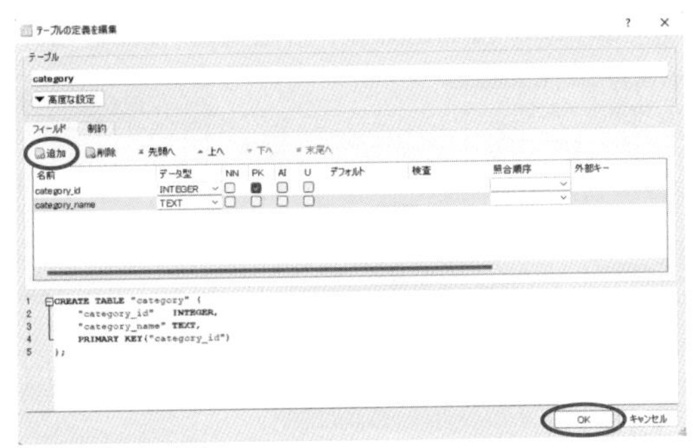

テーブル	category						
名前	データ型	NN	PK	AI	U	…	外部キー
category_id	INTEGER	☐	☑	☐	☐	…	
category_name	TEXT	☐	☐	☐	☐	…	

4 【テーブルを作成】をクリックし，「テーブルの定義を編集」において，下記の表を参考に「menu テーブル」の内容を編集し，【OK】をクリックする。

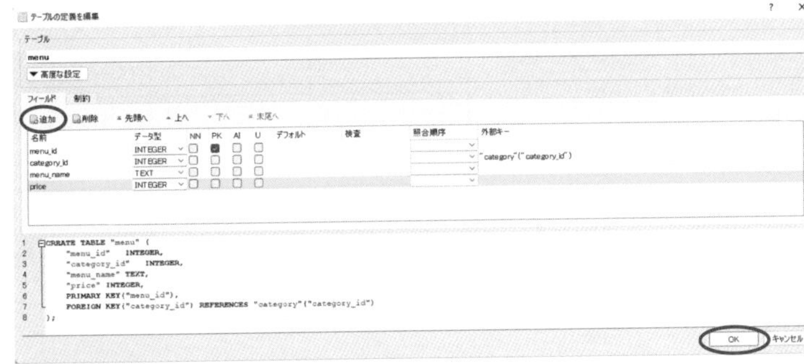

テーブル	menu						
名前	データ型	NN	PK	AI	U	…	外部キー
menu_id	INTEGER	☐	☑	☐	☐	…	
category_id	INTEGER	☐	☐	☐	☐	…	category テーブル category_id
menu_name	TEXT	☐	☐	☐	☐	…	
price	INTEGER	☐	☐	☐	☐	…	

5 【SQL 実行】タブをクリックし，下記の文書（PRAGMA コマンド）を入力後，【すべて／選択した SQL を実行】をクリックする。（外部キー設定の有効化）

```
PRAGMA foreign_keys=true;
```

▶ 外部キーは，関連したテーブルの結びつきに対して，データの整合性を保証するため設定する。

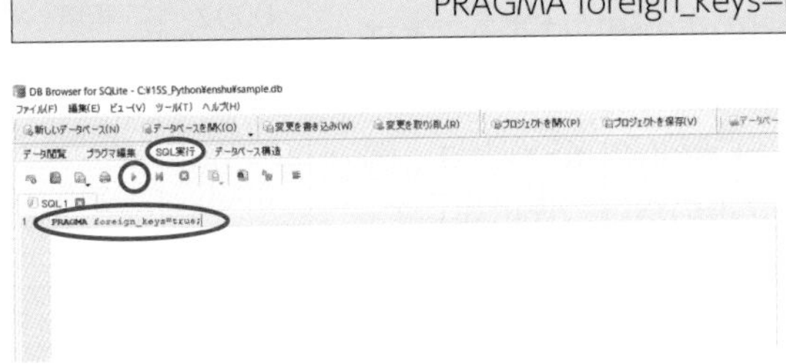

9章 データベース

6 【データ閲覧】タブをクリックし，レコードデータを入力する。

※「新しいレコードを現在のテーブルに挿入」で，レコード行を追加。

●【テーブル(T)：category】を選択後，下記のようにレコードデータを入力する。

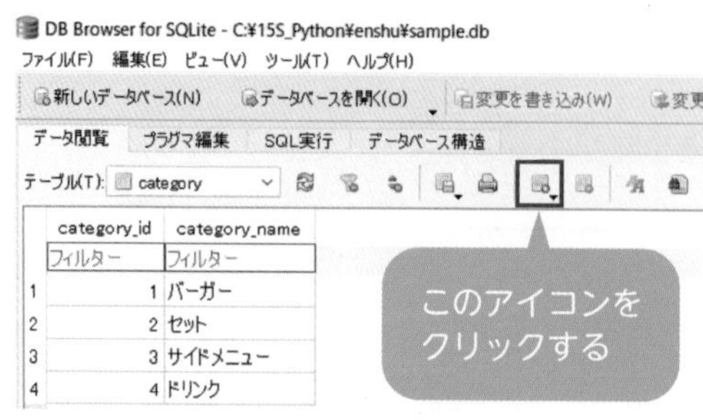

category_id	category_name
1	バーガー
2	セット
3	サイドメニュー
4	ドリンク

すべての入力を終えたら【変更を書き込み(W)】をクリックし，保存する。

●【テーブル(T)：menu】を選択後，下記のようにレコードデータを入力する。

menu_id	category_id	menu_name	price
1	1	ハンバーガー	220
2	1	チーズバーガー	330
3	1	ベーコンエッグバーガー	440
4	1	チキンバーガー	180
5	3	フライドポテト	280
6	3	チキンナゲット	320
7	4	オレンジジュース	180
8	4	アイスコーヒー	160

すべての入力を終えたら，category テーブル時と同様に，【変更を書き込み(W)】をクリックし，保存する。

補足 キーとは？

キーとは，テーブルのレコードを識別するための属性のことであり，社員番号や学籍番号，口座番号などがよく利用される，その中で，重複しない唯一の値をキーとする場合，そのキー列を主キー(PRIMARY KEY = PK)という。主キーは，null などの空の値にはすることはできない。

外部キー(FOREIGN KEY)とは，関連したテーブルの結びつきに対して，データの整合性を保証するため設定する。外部キーを指定することで，親テー

主キー

社員番号	氏名	入社年度	所属部署
0001	大沼　三郎	1996	人事部
0002	相原　結衣	1996	経理部
0003	三村　晃司	1997	総務部
0004	藤崎　茂	1998	経理部
0005	寺田　幸子	2000	開発部
0006	大泉　涼	2000	総務部
0007	末永　憲一	2003	開発部

ブルに存在しない値を登録しようとするとエラーとなる。また，子テーブルに存在する値を親テーブルから削除する際も同様にエラーとなる。今回は，「category」テーブル(親)に存在しない「category_id」で，「menu」テーブル(子)を更新しようとするとエラーになり，また，すでに「menu」テーブル(子)に存在している「category_id」は，「category」テーブル(親)から削除できない，という制約を付けたことになる。

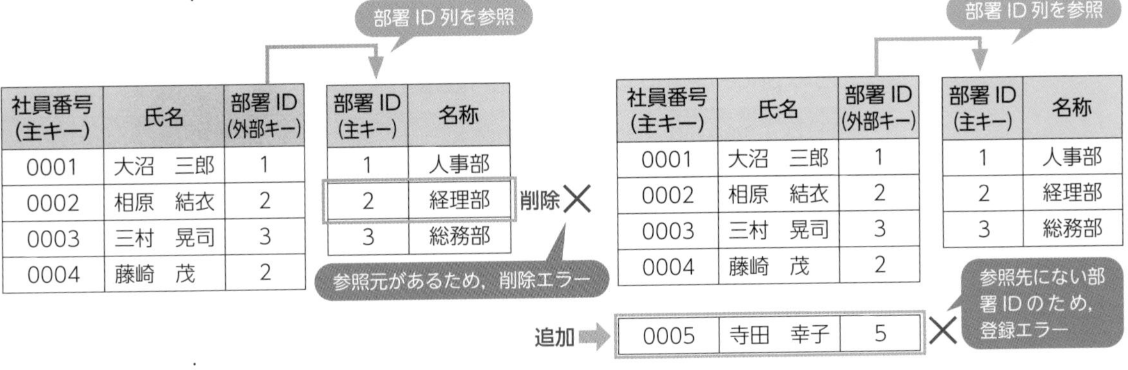

3 SQLによるレコード抽出

例題 9-1 **データベース言語SQLのSELECT文を用いて，データベースからレコードを抽出しよう。**

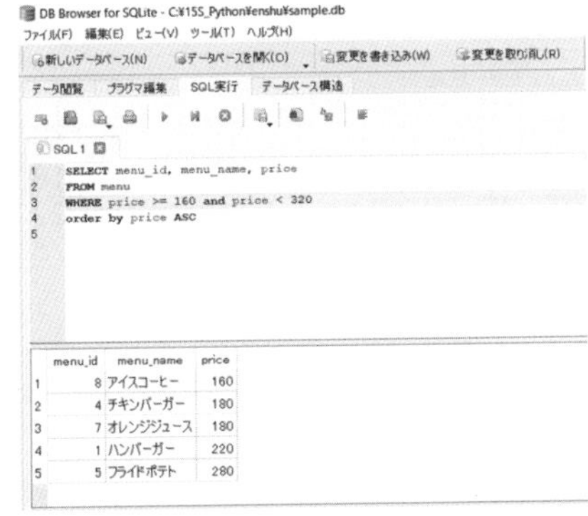

① SQL(SELECT文)の実行

1. 「DB Browser for SQLite」を起動する。(すでに起動していれば省略)
2. 【データベースを開く】をクリックし，「データベースファイルを選択」画面で「enshu」フォルダーまで移動し，「sample.db」を選択後，【開く】をクリックする。(すでに開いていれば省略)
3. 【SQL実行】タブをクリックし，下記の文書(SQL文)を入力する。各SQL文を入力完了後，【すべて／選択したSQLを実行】をクリック。
抽出されたレコードデータを確認する。
・menuテーブルのすべての列を表示する

```
SELECT *
FROM menu;
```

menu_id	category_id	menu_name	price
1	1	ハンバーガー	220
2	1	チーズバーガー	330
3	1	ベーコンエッグバーガー	440
4	1	チキンバーガー	180
5	3	フライドポテト	280
6	3	チキンナゲット	320
7	4	オレンジジュース	180
8	4	アイスコーヒー	160

・menu テーブルの中から menu_id，menu_name，price 列を選び，そのうちの price が 200 以上のものだけ表示

```
SELECT menu_id, menu_name, price
FROM menu
WHERE price >= 200;
```

menu_id	menu_name	price
1	ハンバーガー	220
2	チーズバーガー	330
3	ベーコンエッグバーガー	440
5	フライドポテト	280
6	チキンナゲット	320

・上の例とほとんど同じである。price が 160 以上 320 未満であること，選ばれた項目を price の小さい順に並べ替えている点が異なる

```
SELECT menu_id, menu_name, price
FROM menu
WHERE price >= 160 AND price < 320
ORDER BY price ASC;
```

menu_id	menu_name	price
8	アイスコーヒー	160
4	チキンバーガー	180
7	オレンジジュース	180
1	ハンバーガー	220
5	フライドポテト	280

2 SQL（SELECT 文）の解説

SQL のうち，データ操作言語（DML）である SELECT 文について，動作確認を行った。SELECT 文を用いることで，テーブル内から，好きな条件を用いて都合良くデータを取り出せることができる。

● SELECT

SELECT 句には，抽出したい列名を指定する。「，（カンマ）」で区切ることで，複数列の指定も可能である。

例で用いている「*（アスタリスク）」は，すべての列を指定したことになる。「menu」テーブルには「memu_id」「category_id」「menu_ name」「price」の 4 つの列があるため，これらのすべてが表示対象となる。

● FROM

FROM 句には，取り出す対象となるテーブル名を指定する。「，（カンマ）」で区切ることで，複数のテーブルを指定することも可能である。

> SQL 文には，大文字／小文字の区別はないが，わかりやすくするために，本書では大文字を使用している。

> SQL 文の末尾の「；（セミコロン）」は，SQL 文の終わりである終止符を意味している。

例では「menu」テーブルを 1 つだけ指定している。

● WHERE

WHERE 句には，取り出す際の条件を指定する。AND 句や OR 句を用いることで，条件を複数重ねて指定することも可能である。

例では，「WHERE price >= 160」「price が 160 以上」という条件になり，「WHERE price >= 160 AND price < 320」では，「price が 160 以上，かつ，320 より小さい」という条件になる。（320 は含まない）

WHERE 句は，if 構文みたいに「AND」や「OR」で，条件を組み合わせることができるね。

● ORDER BY

ORDER BY 句は，SELECT 文を用いたレコードの抽出の際に，並び順（ソート）を指定することができる。「，（カンマ）」で区切ることで，複数の列を指定することも可能であり，複数指定した場合は，左から順番に優先度が高くなる。また，「ASC」（昇順：小さい順）と「DESC」（降順：大きい順）を指定することもできる。

例では，「ORDER BY price ASC」としており，「price の昇順」を指定していることになる。

4 SQL によるレコード操作

例題 9-2 **データベース言語 SQL の INSERT 文，UPDATE 文，DELETE 文を用いて，データベースへのレコード挿入や更新，削除をしよう。**

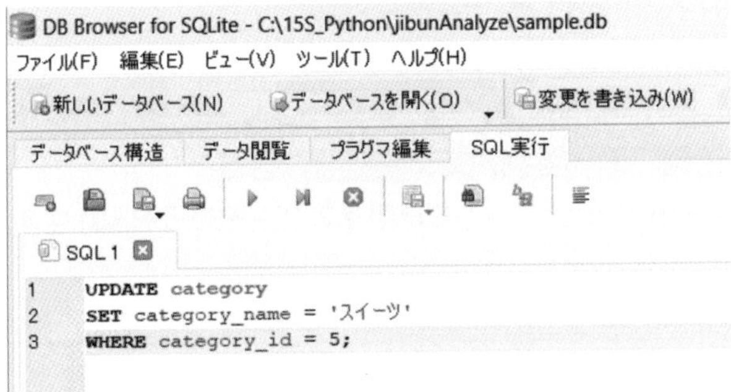

① SQL（INSERT・UPDATE・DELETE 文）の実行

1. 「DB Browser for SQLite」を起動する。（すでに起動していれば省略）
2. 【データベースを開く】をクリックし，「sample.db」を選択後，【開く】をクリックする。（すでに開いていれば省略）
3. 【SQL 実行】タブをクリックし，下記の文書（SQL 文）を入力する。各 SQL 文を入力完了後，【すべて／選択した SQL を実行】をクリック。

Python と同様に，SQL 文においても文字列は「'」（シングルクォーテーション）で囲む。

【データ閲覧】でレコードデータを確認する。

1. どちらの処理も，category テーブルに新しく項目を追加する方法は 2 通りある。書き方の違いについては後述する。

```
INSERT INTO category
VALUES (5, 'デザート');
```

```
INSERT INTO category (category_id, category_name )
VALUES (6 ,'キッズセット');
```

category_id	category_name
1	バーガー
2	セット
3	サイドメニュー
4	ドリンク
5	デザート
6	キッズセット

2. category_id が 5 の項目を選び，その中の category_name の内容を「スイーツ」に変更する。

```
UPDATE category
SET category_name = 'スイーツ'
WHERE category _id = 5;
```

category_id	category_name
1	バーガー
2	セット
3	サイドメニュー
4	ドリンク
5	スイーツ
6	キッズセット

3. category_id が 6 の項目を選び，その行を削除する。

```
DELETE FROM category
WHERE category_id = 6;
```

category_id	category_name
1	バーガー
2	セット
3	サイドメニュー
4	ドリンク
5	スイーツ
6	キッズセット

4. category_id が 1 以上の項目を選び，その行を削除する。

```
DELETE FROM category
WHERE category_id >= 1;
```

```
エラーがありましたが、実行が終了しました。
結果: FOREIGN KEY constraint failed
1 行目:
delete from category
where category_id >= 1;
```

すでに menu テーブルに category_id が「1」「3」「4」のレコードデータが存在しているので，削除できないね。
これが，外部キーの制約ね。

2 SQL(INSERT・UPDATE・DELETE文)の解説

SQLのうち，データ操作言語(DML)であるINSERT文，UPDATE文，DELETE文について，それぞれ，レコードの挿入，更新，削除の動作確認を行った。

● INSERT

INSERT INTO句の後に指定したテーブルに対して，レコードを挿入する。VALUES句を用いて，すべての列に対応する値を「，(カンマ)」で区切り，列数分すべて指定する。挿入する列に対するデータ型も考慮し，INTEGER型の列には数値そのまま，TEXT型の列には「''(シングルコーテーション)」で値を囲んでいる。

例では，「VALUES (5,'デザート')」としており，データ型が異なる値に対する指定方法の違いを確認できる。

また，INSERT INTO句は，列指定で挿入することも可能である。その場合，「(列名1，列名2，列名3，…)とVALUES(値1，値2，値3，…)と対応させる必要がある。指定されなかった列には「NULL」が挿入される。例では，「INSERT INTO category (category_id, category_name) VALUES (6 ,'キッズセット')」とし，「category_id」，「category_name」と2つの列名を明確に指定し「6」「キッズセット」の各々を対応させて挿入している。

● UPDATE

UPDATE句の後にテーブル名を指定し，SET句の後に「列名＝値」を指定することで，レコードを更新する。「，(カンマ)」で区切ることで，複数の列と値の組み合わせを指定することができる。また，WHERE句を用いて更新したいレコードの条件を指定し，特定レコードのみを更新することができる。WHERE句で条件を指定しなかった場合，該当テーブルのすべてのレコードが同様の値で更新されてしまうので，注意が必要である。

例では，「SET category_name = 'スイーツ' WHERE category_id = 5」としており，「category_id」が「5」のレコードのみ，「category_name」の値を更新している。

● DELETE

DELETE FROM句の後にテーブル名を指定し，レコードを削除する。また，WHERE句を用いて削除したいレコードの条件を指定し，特定レコードのみを削除することができる。WHERE句で条件を指定しなかった場合，該当テーブルのすべてのレコードが削除されてしまうので，注意が必要である。

例では，「WHERE category_id = 6」としており，「category_id」が「6」のレコードを削除している。また，「WHERE category_id >= 1」と，「category_id」が「1」以上のレコードすべてを削除しようとした際は，外部キー制約のためエラーとなり，削除できないことも確認できる。

ジブンアナライズ：はじまり

15Step ▷ Python入門

Pythonを活かしたWebアプリケーション。
自分でも使いたくなるアプリケーションを
考えてみたいな！

そうだ！！
どうせなら，
日々入力するような記録系のアプリがいいよね！
最近，運動で身体作りを意識しているけれど
実際にどこまで効果があるか
わかっていないし…。

どれだけ運動したか？ というのを，
数値で入力するのも大変かー。
何か別のものに例えたら，
入力しやすいかもしれない！

あ！！ 動物に例えるといいのかも！
「昨日の私は，○○並に運動した！
だから，今日の気分はいい感じ～！」
とか，毎日登録するの面白そう～♪

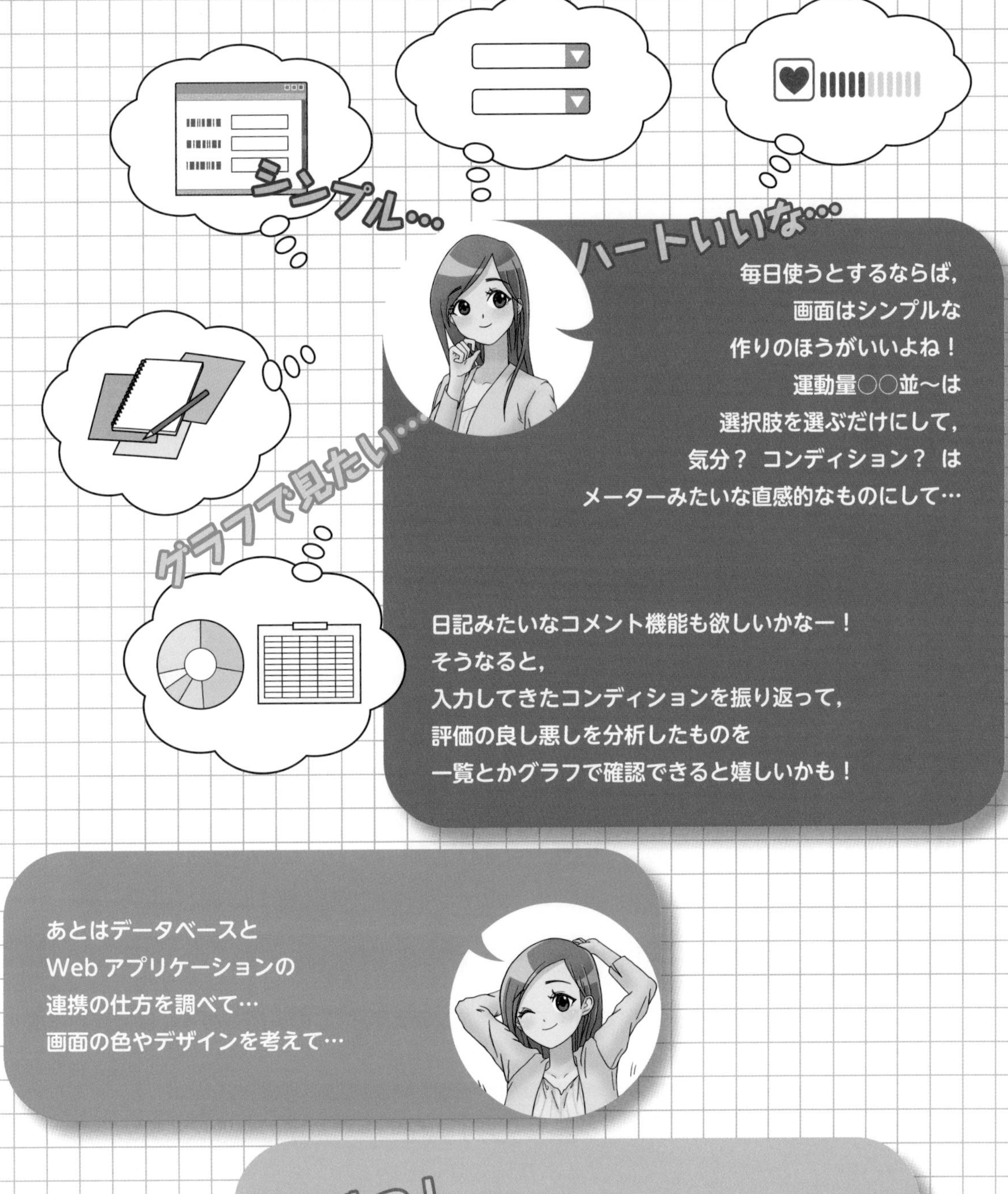

シンプル…

ハートいいな…

毎日使うとするならば，
画面はシンプルな
作りのほうがいいよね！
運動量○○並～は
選択肢を選ぶだけにして，
気分？ コンディション？ は
メーターみたいな直感的なものにして…

グラフで見たい…

日記みたいなコメント機能も欲しいかなー！
そうなると，
入力してきたコンディションを振り返って，
評価の良し悪しを分析したものを
一覧とかグラフで確認できると嬉しいかも！

あとはデータベースと
Web アプリケーションの
連携の仕方を調べて…
画面の色やデザインを考えて…

機能は4つ！

機能で整理すると，
登録，記録，分析…後は設定とかかな？
うんうん！！ イメージが固まってきた。

Python で Web アプリケーション開発！
作れる気がする！ 楽しくなってきたー♪

10章 ジブンアナライズ：登録機能(1)

15Step ▷ Python入門

Python の基本的な技術や Web アプリケーションの仕組み，
作成に必要な HTML やデーターベースまで，
いろいろ学習してきたね。

いよいよ！
本格的に Web アプリケーションの作成に突入ね！

登録／記録／分析／設定…と，4つの機能を設計しているけれど，
最初は登録機能から始めていくのがいいかな。

まずは，Python から HTML 画面をしっかり表示できるようにして，
入力した値を Python 側で受け取れるようにしよう！

1 この章で完成させるもの

Python と HTML を用いて，「ジブンアナライズ」の機能である登録機能を作成する。

ジブンアナライズ
localhost:8000/cgi-bin/server.py
JBN ジブンアナライズ
登録 | 記録 | 分析 | 設定
登録
今日の日付
2022年08月08日
前日の運動量
〇〇並
コンディション評価
低 高
コメント
ひとこと
登録する
©2022 JIBUN-ANALYZE

2　Webアプリケーション作成について

Webアプリの開発環境の作成

Webアプリ開発のために，各ファイルを格納するフォルダーを作成しよう。

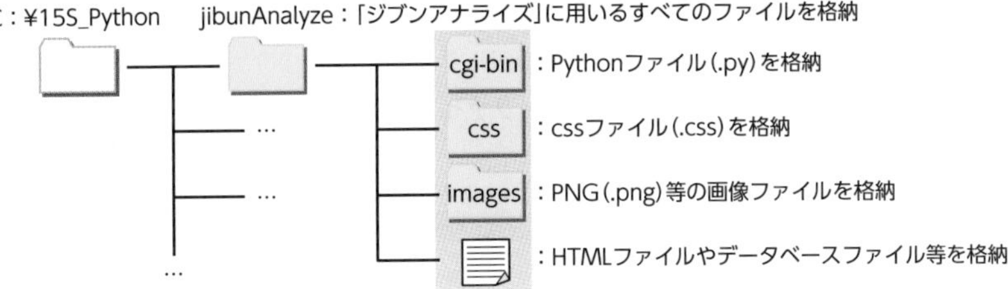

① 開発用フォルダーの作成

1 「Windows(C:)」→「15S_Python」フォルダー内に「jibunAnalyze」フォルダーを新たに作成する。

2 同様に，「jibunAnalyze」フォルダー内に，「cgi-bin」「css」「images」の３つのフォルダーを作成する。

3 Visual Studio Codeを起動し，【メニュー】から「ファイル」→「フォルダーを開く」を選択。フォルダーを指定するウィンドウにて「Windows(C:)」→「15S_Python」→「jibunAnalyze」を指定する。

② 開発用フォルダーの解説

Webアプリケーションや Webページは，最終的には Webサーバーにアップロードされて公開されることになる。その際，開発している環境と Webサーバーのフォルダー階層が同じである必要がある。異なってしまうとファイル参照などで不具合が生じてしまい，正しく表示されない。

今回は，「jibunAnalyze」フォルダーをアプリケーションのルートフォルダーとし，その中に，Python ファイルや html ファイルを格納するフォルダーを作成したが，この「jibunAnalyze」フォルダーをそのまま Webサーバーにアップロードすることで，階層を保ったまま Webサーバー上に保存することができる。

> 開発用フォルダーは，Visual Studio Code上で上図のように表示されていればよい。
> ルートフォルダー：最上位の階層に位置するフォルダーのこと。

2 Web アプリケーションの概要確認

例題 10-1 Web アプリケーションの概要を理解し，まずは「ジブンアナライズ」の各画面のテンプレートとなる HTML ファイルを作成しよう。

ヘッダーやナビゲーションメニューは，どの画面でも共通だから，
使いまわせるように
すべての画面のテンプレートファイルを作成するよ。

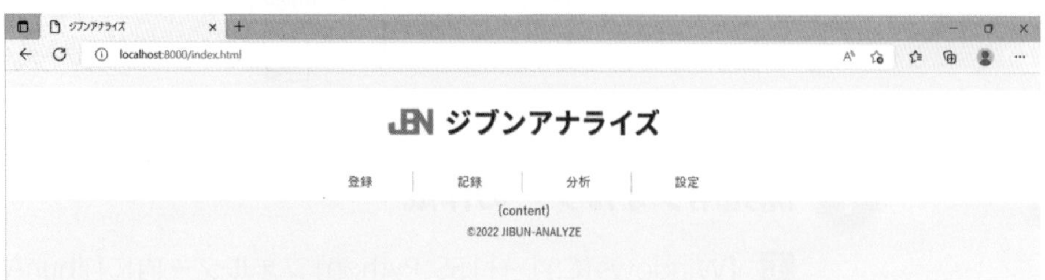

1 index.html の作成

1 「Visual Studio Code」上の「jibunAnalyze」フォルダー内に「index.html」という名称でファイルを作成し，次のドキュメントを記述する。

> ../css/style.css：
> 現在の１つ上の階層にある css フォルダー内の style.css ファイルを指定している。

> ../images/logo.png：
> 現在の１つ上の階層にある images フォルダー内の logo.png ファイル指定している。

> 上記２つのパスは，この後「cgi-bin」フォルダー内から参照可能とするための指定をしている。

index.html

```
<!DOCTYPE html>
<html>

  <head>
    <meta charset="utf-8">
    <title>ジブンアナライズ</title>
    <link rel="stylesheet" type="text/css" href="../css/style.css">
  </head>

  <body>
    <header>
      <h1><img src="../images/logo.png" alt="ジブンアナライズ"></h1>
      <nav>
        <ul>
          <li><a href="">登録</a></li>
          <li><a href="">記録</a></li>
          <li><a href="">分析</a></li>
          <li><a href="">設定</a></li>
        </ul>
      </nav>
    </header>
    <main class="maincontent">{content}</main>
    <footer>
      <small>&copy;2022 JIBUN-ANALYZE</small>
    </footer>
  </body>

</html>
```

2 サポートページよりダウンロードした「style.css」を「css」フォルダー内に保存する。

3 サポートページよりダウンロードした「logo.png」を「images」フォルダー内に保存する。

4 ドキュメントを保存後，「Visual Studio Code」の「ターミナル」を起動し，下記のコマンドでサーバーを起動する。

```
PS C:\15S_Python\jibunAnalyze> python -m http.server --cgi 8000
```

5 サーバーが無事に起動したら，「Microsoft Edge」を起動し，下記のアドレスをアドレスバーに入力し，アクセスする。

```
http://localhost:8000/index.html
```

▶ style.css と logo.png：
サポートページからあらかじめダウンロードしておく。

▶ サーバーの停止：
サーバーが起動している間に，ターミナルにて CTRL キー＋C キーを同時に押すことで，起動中のサーバーを停止することができる。

2 index.html の解説

CSS が適用された「ジブンアナライズ」のテンプレートページが表示された。

```
{content}
```

と表示されている部分に，今後は Python による CGI プログラムで中身（コンテンツ）を生成し，各機能ページにより異なる情報を埋め込んで表示していくことになる。逆にいえば，「{content}」以外の箇所は，すべて共通といえる。

▶ MIME タイプ：
メディアタイプのこと。インターネット上で送受信されるコンテンツの形式を表現する識別子。

10-26 行：<body>

html 文書がブラウザー上で実際に表示されるコンテンツ部分を宣言している。以下はすべて <body> の中の説明である。

11-21 行：<header>

この文書のヘッダー部を宣言している。

・重要な見出し <h1> として，<img > で表示されるロゴ画像を指定している。<img> の src 属性には，画像ファイルへのパス（経路）を指定する。

・ナビゲーションセクション <nav> と，箇条書き <ul> と <li> を用いたリストメニューを指定している。<a> の href 属性で遷移先のページを指定する。
※ここでは「""（空欄）」を仮指定

22行：<main>

<main>で「{content}」をこのページの主要な内容として表示する。

・「{content}」箇所は，Pythonによる CGIプログラムで中身(コンテンツ)を生成し，埋め込んでいくことになる。

※まだPythonプログラムを製作していないため，「{content}」がそのまま表示される。

・「class="maincontent"」はCSSに対応させるためのクラス指定である。

23-25行：<footer>

この文書の下端部であるフッターを宣言している。特殊文字「©」でコピーライト表記となり，それを<small>タグを用いて小さめのフォントで表示している。

▶ ヘッドとヘッダー：
<head>と<header>を混同しないように注意が

3 ジブンアナライズ：登録機能の作成

1 Pythonによる Webサーバー処理の作成

例題 10-2 Pythonによる Webサーバー処理を作成し，テンプレートとなる HTMLファイルを読み込み「ジブンアナライズ」の画面を表示してみよう。

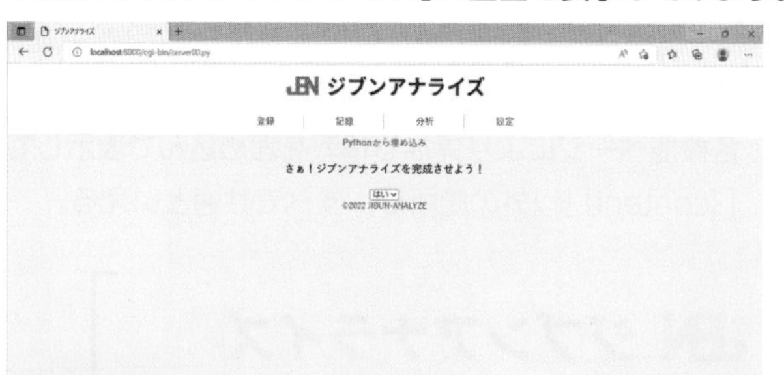

さっき作成したテンプレートファイルに，
Python側から文字列を埋め込んでみるよ。

① server.pyの作成

1 「Visual Studio Code」上の「jibunAnalyze」フォルダー内の，「cgi-bin」フォルダー内に「server.py」という名称でファイルを作成し，次のドキュメントを記述する。

server.py

```
import sys

#標準入出力のエンコード指定
sys.stdin.reconfigure(encoding='utf-8')
sys.stdout.reconfigure(encoding='utf-8')

#<body>内容
body_content = 'Pythonから埋め込み'
```

```
09:
10:  #<body>内容への追記
11:  body_content += '''
12:    <h3>さぁ！ジブンアナライズを完成させよう！</h3>
13:    <select>
14:      <option>はい</option>
15:      <option>了解</option>
16:    </select>
17:  '''
18:
19:  #HTMLファイルを開く
20:  with open('index.html', mode='r', encoding='utf-8') as f:
21:    file = f.read()
22:
23:  html_text = file.format(content = body_content)
24:  print('Content-Type: text/html')
25:  print()
26:  print(html_text)
```

2 ドキュメントを保存後，「Visual Studio Code」の「ターミナル」を起動し，下記のコマンドでサーバーを起動する。（すでにサーバーが起動していれば省略）

```
PS C:\15S_Python\jibunAnalyze> python -m http.server --cgi 8000
```

3 サーバーが無事に起動したら，「Microsoft Edge」を起動し，下記のアドレスをアドレスバーに入力し，アクセスする。

```
http://localhost:8000/cgi-bin/server.py
```

2 server.py（Python）の解説

「ジブンアナライズ」のテンプレートページ内，<main>の「{content}」箇所に，内容が埋め込まれて表示された。このように文字列だけでなく，HTMLタグもブラウザー上で正しく解釈されて表示されることがわかる。

> インタプリタ：ソースコードを1命令ずつ解釈して実行するプログラム。

1行：標準ライブラリである「sys」ライブラリをインポートしている。「sys」は，インタプリタや実行環境に関する情報を扱うためのライブラリである。

4-5行：Pythonの標準入出力で使用される文字エンコードに，「'utf-8'」を指定するために，io.TextIOWrapper クラスのreconfigure()メソッドに「encoding='utf-8'」を指定して，文字エンコードを再構成している。標準入力（sys.stdin）も標準出力（sys.stdout）も，中身はファイルオブジェクトであるため，ファイルオブジェクトを担うTextIOWrapperクラスのメソッドが使用可能である。

少しややこしいけれど…
ファイルオブジェクトの元になるクラスがもつメソッドをオブジェクトとして使っているということね。

8 行：変数 body_content に，文字列を代入している。変数 body_content は，<main> の中身として追記していき，最終的に print() 関数で HTML タグとして出力するために使用する。

> 複合演算子：body_content += 文字列は，body_content = body_content + 文字列 と同様である。

11-17 行：変数 body_content の文字列に，複合代入演算子「+=」を利用して文字列を追記している。また，HTML タグ文書が複数行となるため，「'''（三連引用符）」を用いて，複数行の文字列を代入している。「'''（三連引用符）」は，「'''」で開始し，「'''」で閉じるまでを，改行を含めた 1 つの文字列として扱う。HTML タグ文書が複数行になるため，HTML のインデント等の可読性も含めてこの記述とする。

20-21 行：with 構文と open() 関数を用いて「index.html」ファイルをオープンし，変数 file に読み込んだ内容を格納し，ファイルをクローズしている処理である。

```
with open('index.html', mode='r', encoding='utf-8') as f:
  file = f.read()
```

今回は，ファイル名が「index.html」，ファイルの開き方モードは「'r'」，文字エンコードは「'utf-8'」を指定してオープンしている。また，as 句を用いて，読み込んだファイルオブジェクトに対して「f」という as 句に付けた名前で利用できるようにしている。

21 行：読み込んだファイルの内容は，読み書きに必要な情報が蓄えられたファイルオブジェクト（io.TextIOWrapper）として扱われる。今回は，そのファイルオブジェクトに「f」と名前を付け，ファイルオブジェクトの read() メソッドを用いてすべて読み込み，その内容を変数 file に代入している。

23 行：ファイルオブジェクトの format() メソッドを使用し，変数 body_content の中身を「{content}」部分に埋め込んでいる。

```
html_text = file.format(content = body_content)
```

変数 file は「index.html」のテキストデータが読み込まれたファイルオブジェクトである。そのテキスト内の「{content}」部分に，HTML タグ文字列が格納されている変数 body_content の中身を埋め込み，変数 html_text に代入している。

24-25 行：HTML 文書を CGI 出力する上で，ヘッダ部を改行で明確に区別するための処理を記述している。

26 行：すべての HTML タグ文字列が格納されている変数 html_text を，print() 関数を用いて出力している。

◆ with 構文

with 構文とは，開始と終了を必要とする処理を記述する際，開始時と終了時に必須の処理を実行してくれる記述の仕方である。

open() 関数で開いたファイルは，必ず close() 関数で閉じなければならないが，with 構文を使用することで，close() 関数の記述を省略している。

◆ open 関数

open(ファイル名，ファイルの開き方モード，文字エンコード)

open 関数は，ファイルを開く際に実行する。ファイル名，ファイルの開き方モード(次表参照)，ファイルを開く際の文字エンコードをそれぞれ指定する。

読み込んだファイルの内容は，読み書きに必要な情報が蓄えられたファイルオブジェクト(io.TextIOWrapper)として扱われる。

◆ open 関数の開き方モード

書式コード	説明
r	読み込み用に開く。(デフォルト)
w	書き込み用に開く。すでにファイルがある場合は上書き。
x	書き込み用に開く。既存ファイルがある場合はエラー。
a	書き込み用に開く。すでにファイルがある場合は末尾に追記する。
t	テキストモード。(デフォルト)
b	バイナリモード。
+	更新用に開く。 読み書き両方を指定する。

③ server.py(html)の解説

8 行：文字列「Python から埋め込み」を，そのまま表示する。

12 行：<h3> で文字列を見出しとして表示する。

13-16 行：<select> で，セレクトボックスを表示している。セレクトボックスの中身は <option> ～ </option> で囲まれた文字列が表示される。本来は，<option> の value 属性に，選択された際の値を設定するが，今回は特に設定していない。

文字エンコード

Web における標準の文字エンコードは Unicode(UTF-8)であるため，ソースファイル等もすべて Unicode(UTF-8)で統一するのが望ましい。しかし，日本語 Windows の環境における文字コードは，Shift-JIS の一種である CodePage932(cp932)というものが使われているため，HTML 文書としてそのまま表示してしまうと文字化けしてしまう。それらを解決するために，プログラム上で文字エンコードを明示的に指定する等の対策が必要になる。

文字化けの原因となる文字エンコードの種類は，
Web アプリケーションでは非常に大切！

2 登録機能画面の作成

例題 10-3 「ジブンアナライズ」の運動量やコンディション評価を登録する，登録機能画面を作成しよう。「server.py」から「index.html」をテンプレートファイルとして読み込み，画面を作成したように，今回も「input.py」から「sub_input.html」ファイルをテンプレートファイルとして読み込み，必要な処理を「input.py」で施してから，画面に出力する。

server.py は index.html をテンプレートとして読み込んでいたね。
同じように，
今回は input.py から sub_input.html をテンプレートとして
読み込むようにしていくよ。

1 sub_input.html の作成

1 「Visual Studio Code」上の「jibunAnalyze」フォルダー内に，「sub_input.html」という名称でファイルを作成し，「次のドキュメントを記述する。

sub_input.html

```
<article>
  <h2>登録</h2>
  <div class="register_content">
    <form action="./server.py" method="get">
      <div class="register">
        <p>今日の日付<br>
          <input class="today_date" name="now_date" type="text" 
value="{embed_now_date}" readonly>
        </p>
      </div>
      <div class="register">
        <p>前日の運動量<br>
          <select class="selectbox" name="item_list">
            {embed_item_list}
          </select>
        </p>
      </div>
      <div class="register register_r">
        <p>コンディション評価<br>
```

```
          低 <input class="input_range" name="assessment" type="range" min="1" max="6"> 高
        </p>
      </div>
      <div class="register">
        <p>コメント<br>
          <textarea name="comment" maxlength="100" placeholder="ひとこと"></textarea>
        </p>
      </div>
      <input class="button" type="submit" value="登録する">
    </form>
  </div>
</article>

```

2 ドキュメントを保存する。「sub_input.html」は「input.py」から読み込むためのテンプレートファイルのため，単体では動作確認は行わない。

2 input.py の作成

1 「Visual Studio Code」上の「jibunAnalyze」フォルダー内の，「cgi-bin」フォルダー内に「input.py」という名称でファイルを作成し，次のドキュメントを記述する。

input.py

```
import datetime

#登録機能画面作成
def makepage_input():

  #現在時刻
  dt_now = datetime.datetime.now()
  date_content = dt_now.strftime('%Y年%m月%d日')

  #<opiton>内容
  option_content = ''
  for n in range(5):
    option_content += '<option value="' + str(n) + '">○○並</option>'

  #HTMLファイルを開く
  with open('sub_input.html', mode='r', encoding='utf-8') as f:
    file = f.read()

  #<body>内容を出力
  html_Text = file.format(
    embed_now_date = date_content ,
    embed_item_list = option_content
  )

  return html_Text
```

2 ドキュメントを保存する。「input.py」は「server.py」から呼び出される関数を定義しているプログラムのため，単体では動作確認は行わない。

③ server.py の追記・修正

1. 「Visual Studio Code」上の「jibunAnalyze」フォルダー内の，「cgi-bin」フォルダー内にて「server.py」を開き，次のドキュメントの追記・修正を記述する。

server.py

```
import sys
from input import makepage_input

#標準入出力のエンコード指定
sys.stdin.reconfigure(encoding='utf-8')
sys.stdout.reconfigure(encoding='utf-8')

#<body>内容
body_content = 'Pythonから埋め込み'
body_content = ''

#<body>内容への追記
body_content += '''
<h3>さぁ！ジブンアナライズを完成させよう！</h3>
<select>
  <option>はい</option>
  <option>了解</option>
</select>
'''
body_content = makepage_input()

#HTMLファイルを開く
with open('index.html', mode='r', encoding='utf-8') as f:
  file = f.read()


html_text = file.format(content = body_content)
print('Content-Type: text/html')
print()
print(html_text)
```

2. ドキュメントを保存後，「Visual Studio Code」の「ターミナル」を起動し，下記のコマンドでサーバーを起動する。（すでにサーバーが起動していれば省略）

```
PS C:\15S_Python\jibunAnalyze> python -m http.server --cgi 8000
```

3. サーバーが無事に起動したら，「Microsoft Edge」を起動し，下記のアドレスをアドレスバーに入力し，アクセスする。

```
http://localhost:8000/cgi-bin/server.py
```

④ sub_input.html の解説

「ジブンアナライズ」の登録機能画面を構成するHTML文書である。「input.py」からテンプレートファイルとして読み込まれた後，必要な処理を施され，最終的に「server.py」から「index.html」テンプレートファイルと結合して画面に出力される。なお，class属性に関しては，すべてCSSの適用に関するものなので，解説は割愛する。

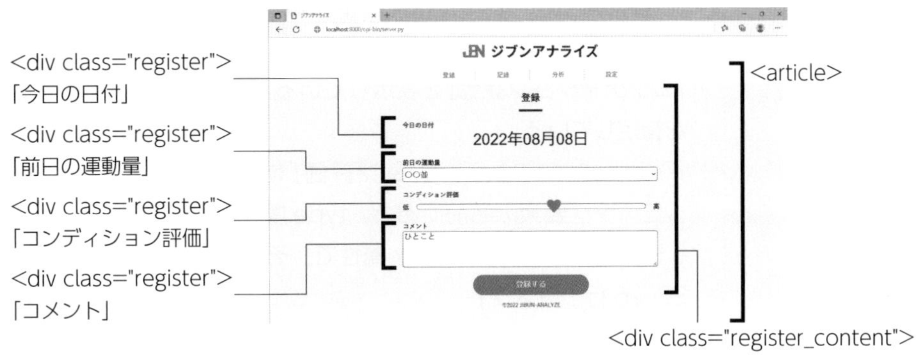

1 行：article

テンプレートとして読み込まれ，<main> の内容として「挿入」される，独立した文書であることを宣言している。以下はすべて <article> の中の説明である。

3-29 行：登録機能全体

「登録」機能全体のタグを囲んでいる。CSS 適用のためである。

- <h2> で「登録」という機能名を見出しとして表示する。
- <form> ～ </form> で囲まれているところが「送信(submit)」される範囲である。
- <input>，<select>，<textarea> に指定されている value 属性の値が，すべて送信される。
- フォームの送信先を，action 属性「"./server.py"」で指定している。現状では，「server.py」側で受信の処理を施してはいないため，送信しても何も処理がされない。
- method 属性で送信方法「get」を指定している。
- <input> として送信ボタン「登録する」を表示している type 属性「submit」で，<form> で指定した action 属性を送信先とした，送信ボタンの指定となる。

5-9 行：今日の日付

「今日の日付」を表示している部分である。<p> で段落を，
 で改行を指定している。

- <input> で「今日の日付」を表している。name 属性「now_date」が，このタグ要素の名前であり，name 属性と value 属性の組み合わせで，この要素のデータ送受信が行われることになる。type 属性「text」で，入力タイプが文字列であることを指定している。value 属性「{embeded_now_date}」は，この後，「input.py」側で値を埋め込むために必要な指定である。また，readonly 属性を指定しておくことで，<input> ではあるが，値を読み取り専用にしている。

10-16 行：前日の運動量

「前日の運動量」を表示している部分である。<p> で段落を，
 で改行を指定している。

- <select> で，前日の運動量を選択可能にしている部分である。name 属性「item_list」が，このタグ要素の名前である。セレクトボックスの実際の選択肢

> method 属性：送信されるデータを URL 後部に表示させる「get」と，表示させない「post」がある。

> disable 属性：同じような属性として disabled 属性もあるが，こちらは無効化の意味合いとなり，フォームから値送信でさえされなくなってしまうので，注意が必要である。

は <option> により指定されるが，今回は，<option> タグを「input.py」から埋め込む形にしているため，「{embed_item_list}」という指定だけをしている。

17-21 行：コンディション評価

「コンディション評価」を表示している部分である。<p> で段落を，
 で改行を指定している。

・<input> でコンディション評価」を表している。name 属性「assesement」が，このタグ要素の名前である。type 属性「range」で，入力タイプをスライダー形式とし，min 属性と max 属性で，それぞれ最小値と最大値を指定している。

22-26 行：コメント

「コメント」を表示している部分である。<p> で段落を，
 で改行を指定している。

・<textarea> として「コメント」の入力を可能にしている。name 属性「comment」が，このタグ要素の名前である。maxlength 属性で入力文字数の最大値を指定している。

・placeholder 属性で，後から入力される文字列の例となるプレースホルダーを「ひとこと」として，指定している。

5 input.py の解説

「ジブンアナライズ」の登録機能画面を作成する makepage_input() 関数を定義している。このプログラム単体では意味をなさず，server.py から makepage_input() 関数を呼び出すことで，HTML タグを文字列として返す

1 行：標準ライブラリである「datetime」ライブラリをインポートしている。「datetime」は，日時に関するデータを取り扱うためのライブラリである。

4 行：makepage_input() 関数の定義開始を宣言している。

7 行：現在時刻の表示に関する処理である。datetime モジュール内にある datetime クラスの now() メソッドを使用し，現在の日付・時刻を所持する datetime オブジェクトを取得し，変数 dt_now に代入している。

```
dt_now = datetime.datetime.now()
date_content = dt_now.strftime('%Y年%m月%d日')
```

8 行：現在日付に書式フォーマットを適用している処理である。datetime オブジェクトの strftime() 関数は，日付・時刻を書式を指定した上で文字列に変換することができる。今回は，変数 dt_now の strftime() 関数に，書式コード「%Y 年 %m 月 %d 日」を与えて文字列に変換し，変数 date_content に代入している。

11-13 行：<select> で用いる <option> を生成している処理である。

```
option_content = ''
for n in range(5):
  option_content += '<option value="' + str(n) + '">○○並</option>'
```

<option> は，「sub_input.html」に直接記述しても構わないが，後々，デー

タベースから取得した値を <option> に利用する予定なので，「input.py」側で生成しておく。

11 行：変数 option_content を初期化している。for 文を用いて「+=」による追記をするため，その処理より前で初期化が必要だからである。

12 行：変数 n と range() 関数を用いた for 文の宣言である。今回は 5 個の選択肢を用意するために「range(5)」と 5 を指定している。

13 行：<option> を for ループ回数分だけ追記している処理である。HTML タグ文字列と Python の文字列結合を利用し，<option> の value 属性に値を埋め込んでいる。変数 n の値は整数型のため，str() 関数を用いて文字列型に変換してから文字列結合している。

```
'<option value="  0000000000  ">○○並</option>'
                      ↓
'<option value="' + str(n) + '">○○並</option>'
```

上記のように，本来 value 属性の値が入るべき箇所（「""（ダブルコーテーション）」で囲まれた箇所）に対し，「'（シングルコーテーション）」で一度文字列を区切り，「+」演算子を用いて str(n) の結果を文字列結合し，再度「'（シングルコーテーション）」で文字列に戻している。Visual Studio Code の文字色に注意し，正確に入力してほしい。

16-17 行：「server.py」と同様に，with 構文と open() 関数を用いて「sub_input.html」ファイルをオープンし，変数 file に読み込んだ内容を格納し，ファイルをクローズしている処理である。

20-23 行：「server.py」と同様に，ファイルオブジェクトの format() メソッドを使用し，埋め込み処理を施した文字列を，変数 html_Text に代入している。

```
html_Text = file.format(
  embed_now_date = date_content ,
  embed_item_list = option_content
)
```

変数 date_content の中身を「{embed_now_date}」部分に，変数 option_content の中身を「{embed_item_list}」に，それぞれ埋め込んでいる。このように，複数の変数値であっても，一度の format() メソッドで指定することが可能である。

25 行：すべての HTML タグ文字列が格納されている変数 html_text の値を，関数 makepage_input() 関数の戻り値として，呼び出し元（今回は server.py）に「return」で戻している。

◆ strftime 関数

datetime オブジェクト . strftime (書式コード)

strftime 関数は，datetime オブジェクトで使用可能な関数である。datetime オブジェクトが保持している日時データに，書式コードを適用し，文字列に変換する。書式コードによっては，実行している環境のロケール(国と言語)に依存するものがある。

◆ strftime 関数の書式コード

書式コード	説明	例
%Y	西暦を 4 桁で表示(0 埋め)	2023
%y	西暦の下 2 桁を表示(0 埋め)	23
%m	月を 2 桁で表示(0 埋め)	08
%d	日を 2 桁で表示(0 埋め)	05
%H	時を 24 時間制の 2 桁で表示(0 埋め)	07
%M	分を 2 桁で表示(0 埋め)	30
%S	秒を 2 桁で表示(0 埋め)	22
%p	AM ／ PM を表す文字列を表示	AM
%a	ロケールに対応した曜日名を短縮形で表示	Sun
%A	ロケールに対応した曜日名を表示	Sunday
%x	ロケールに対応した適切な形式で日付を表示	08/05/23
%X	ロケールに対応した適切な形式で時刻を表示	07:30:22

6 server.py の追記・修正の解説

今回の追記のように，今後「server.py」は，「ジブンアナライズ」の各機能画面間での値のやりとり，各機能画面への遷移等，全体的な処理の取りまとめ役を担う。

2 行：「input.py」にある関数 makepage_input( ) 関数を「server.py」内で使用するために，インポート宣言をしている。

9 行：変数 body_content に，文字列「Python から埋め込み」を代入していた個所を，「''(ブランク)」を代入するように変更する。変数 body_content をあらかじめ初期化しておく意味合いである。

12 行：変数 body_content に，makepage_input( ) 関数の実行結果を代入している。

```
body_content = makepage_input()
```

makepage_input( ) 関数は，「input.py」内に作成した関数であり，先述のように，登録機能画面の HTML 文書を作成し，return で呼び出し元，つまりは，ここに戻す。その結果を，変数 body_content に代入し，以降の処理の流れに乗せることで，「index.html」内の <main> に埋め込み，登録機能画面の完成となる。

登録機能の HTML 文書は，
input.py 内の makepage_input( ) 関数内で，生成するようにしたね。
server.py 内からその関数を呼び出して，最終的に <main> に埋め込む作りだね！

3 フォームからの値を取得する処理の作成

例題 10-4　登録機能画面にある各入力フォームから，「server.py」へ入力された値を受け渡す処理を作成しよう。

1 server.py の追記・修正

1 「Visual Studio Code」上の「jibunAnalyze」フォルダー内の，「cgi-bin」フォルダー内にて「server.py」を開き，次のドキュメントの追記・修正を記述する。

server.py

```
import sys
import cgi
from input import makepage_input

#標準入出力のエンコード指定
sys.stdin.reconfigure(encoding='utf-8')
sys.stdout.reconfigure(encoding='utf-8')

#cgiオブジェクト作成
form   = cgi.FieldStorage()

#パラメータを変数に格納
nowdate      = form.getfirst('now_date', '')
item         = form.getfirst('item_list', '0')
assessment   = form.getfirst('assessment', '0')
comment      = form.getfirst('comment', '')

#<body>内容
body_content = ''

#<body>内容：登録画面
body_content = makepage_input()
body_content += nowdate + '/' + item + '/' + assessment + '/' + comment

#HTMLファイルを開く
with open('index.html', mode='r', encoding='utf-8') as f:
  file = f.read()
```

```
html_text = file.format(content = body_content)
print('Content-Type: text/html')
print()
print(html_text)
```

2 ドキュメントを保存後，「Visual Studio Code」の「ターミナル」を起動し，下記のコマンドでサーバーを起動する。（すでにサーバーが起動していれば省略）

```
PS C:\15S_Python\jibunAnalyze> python -m http.server --cgi 8000
```

3 サーバーが無事に起動したら，「Microsoft Edge」を起動し，下記のアドレスをアドレスバーに入力し，アクセスする。

```
http://localhost:8000/cgi-bin/server.py
```

4 「ジブンアナライズ」の登録画面において，「前日の運動量」「コンディション評価」で好きな値を選択，「コメント」に適当なコメントを入力し終えたら，【登録する】ボタンをクリックし，入力値を送信する。

5 フッターの上部に，デバッグメッセージとして，「値／値…」と表示されているかを確認する。

画面上のパラメータが，
正しく Python 側（server.py）に渡されていることを確認しよう。

 server.py の追記・修正の解説

2 行：標準ライブラリである「cgi」ライブラリをインポートしている。「cgi」は，ゲートウェイインターフェース規格（CGI）に準拠したスクリプトをサポートするライブラリである。

10 行：変数 form に，FieldStorage クラスのオブジェクトを代入している。

```
form  = cgi.FieldStorage()
```

このオブジェクトを利用することにより，ブラウザーから送信されてくるフォームの内容を受け取ることが可能となる。

13-16 行：FieldStorage 型オブジェクトの getfirst( ) メソッドを用いて，各々の変数にフォームからの渡された値を代入している処理である。

```
nowdate     = form.getfirst('now_date', '')
item        = form.getfirst('item_list', '0')
assessment  = form.getfirst('assessment', '0')
comment     = form.getfirst('comment', '')
```

getfirst( ) メソッドは，<form> ～ </form> で囲まれている <input> タグ，<select> タグ，<textarea> タグ等のフォーム要素に指定されている name 属性（名前）のうち，一番最初に見つかった名前に対応した値（value 属性）を受け取ることができる。また，デフォルト値も指定することができる。

13 行：フォーム内で，名前「now_date」が指定されている値を受信し，変数 nowdate に代入している。デフォルト値は，「''」なしである。

14 行：フォーム内で，名前「item_list」が指定されている値を受信し，変数 item に代入している。デフォルト値は，0 である。

15 行：フォーム内で，名前「'assessment'」が指定されている値を受信し，変数 assessment に代入している。デフォルト値は，0 である。

16 行：フォーム内で，名前「comment」が指定されている値を受信し，変数 comment に代入している。デフォルト値は，「''」なしである。

フォームから入力した値を，
Python 側で受け取って，処理できるようになると，
Web アプリケーションっぽく感じるよね！！

4 「ジブンアナライズ」で使うデータベースの作成

例題 10-5 「DB Browser for SQLite」を用いて，「ジブンアナライズ」で使用するデータベースを作成し，必要なレコードを追加しよう。

① テーブルの作成

> DB Browser for SQLite：
> 操作についての詳細は，「9章データベース」も参考にすること。

1 「DB Browser for SQLite」を起動する。

2 【新しいデータベース】をクリックし，「セーブするファイル名を下から選択」ウィンドウにて「Windows (C:)」→「15S_Python」→「jibunAnalyze」まで移動し，「jibun.db」というファイル名で入力後，【保存】をクリックする。

3 「テーブルの定義を編集」において，下記の表を参考に「item テーブル」の内容を編集し，【OK】をクリックする。

> item テーブル：
> 「前日の運動量」に対する名称と値を保持するテーブル。
> item_id ―項目名を一意にするための ID 値
> item_name ―運動量を表現する項目名
> item_value ―項目名に対応する値

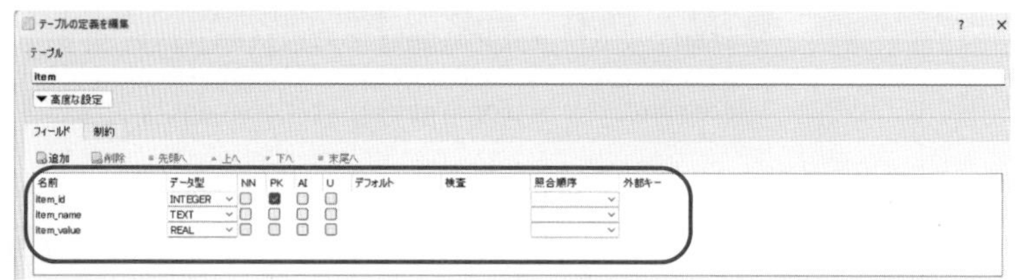

テーブル	item						
名前	データ型	NN	PK	AI	U	…	外部キー
item_id	INTEGER	□	☑	□	□	…	
item_name	TEXT	□	□	□	□	…	
item_value	REAL	□	□	□	□	…	

> REAL：
> 浮動小数点を扱うデータ型のこと。

4 【テーブルを作成】をクリックし，「テーブルの定義を編集」において，下記の表を参考に「record テーブル」の内容を編集し，【OK】をクリックする。

> record テーブル：
> 「登録」機能で送信されたレコードを保持するテーブル。
> id ―記録レコードを一意にするための ID 値
> item_id ―項目名をを一意にするための ID 値
> assessment ―コンディション評価の値
> comment ―コメントの値
> date ―登録された日付
> time ―登録された時刻

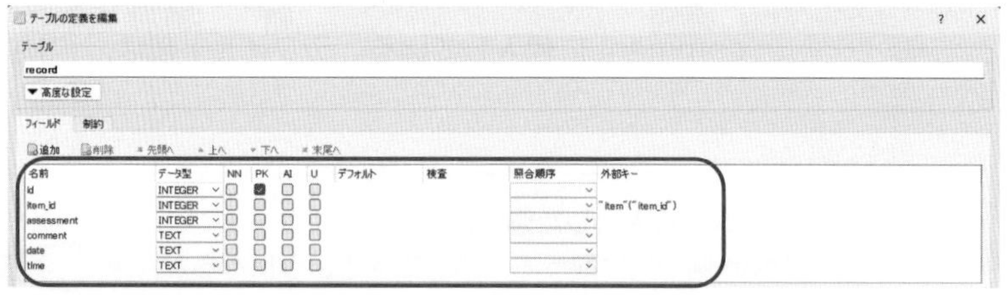

テーブル	record						
名前	データ型	NN	PK	AI	U	…	外部キー
id	INTEGER	□	☑	□	□	…	
item_id	INTEGER	□	□	□	□	…	item テーブル item_id
assessment	INTEGER	□	□	□	□	…	
comment	TEXT	□	□	□	□	…	
date	TEXT	□	□	□	□	…	
time	TEXT	□	□	□	□	…	

> フィールドの各設定について：
NN：Not Null。
☑で Null 値を格納不可のフィールドになる。

PK：Primary Key。
☑でそのフィールドはプライマリキーとなる。この指定は，各テーブル 1 つのみ。

AI：Auto Increment。
☑で自動で番号が割り当てられるフィールドになる。

U：Unique。
☑で値の重複を許さないフィールドになる。

5 【SQL 実行】タブをクリックし，下記の文書（PRAGMA コマンド）を入力後，【すべて／選択した SQL を実行】をクリックする。（外部キー設定の有効化）

```
PRAGMA foreign_keys=true;
```

6 【データ閲覧】タブをクリックし，【テーブル（T）：item】を選択後，下記のようにレコードデータを入力する。
＊「新しいレコードを現在のテーブルに挿入」で，レコード行を追加。

	item_id	item_name	item_value
	フィル…	フィルター	フィルター
1	1	チーター並	120
2	2	ライオン並	80
3	3	チンパンジー並	42
4	4	ゴールデンハムスター並	10

すべての入力を終えたら【変更を書き込み（W）】をクリックし，保存する。

2 テーブルの解説

「ジブンアナライズ」では「item」と「record」の 2 つのテーブルを使用する。

「item」テーブルは，「item_id」を主キーとし，前日の運動量を表現する項目名と，項目に対応する値（今回は動物の平均時速）を取り扱うテーブルである。あまり更新頻度が高くないため，マスターテーブルという扱いである。

「record」テーブルは，「id」を主キーとしたテーブルで，日々入力されたコンディションを登録するために使用するテーブルである。このように，更新頻度が高く，データ蓄積のために使用するテーブルをトランザクションテーブルという。また，「item_id」は，「item」テーブルの「item_id」の外部キーを設定している。SQLite データベースでは，外部キーを設定しただけでは無効なため，PRAGMA コマンド「PRAGMA foreign_keys=true;」を実行し，外部キーの設定を有効にしている。

頻繁に更新される「record テーブル」が，
トランザクションテーブルね！
確かに，記録＝ record は，頻繁に更新されるね。

11章 ジブンアナライズ：登録機能(2)

よし！
次は，登録機能に
データベース処理を追加しよう！

データベースから取得した値を
画面に表示するところから始めて，
その次は，入力された値による更新処理ね！

今後，処理や画面が増えてくることを考えて，
ソースコードのメンテナンス性も意識したほうがいいな。

データベース関連の処理と画面遷移処理を
今回は完成させよう！

1 この章で完成させるもの

「ジブンアナライズ」にデータベースを効率的に利用した処理を追加し，登録機能画面の入力フォームから入力された値で，データベースに登録する処理を追加する。合わせて，各機能ごとに画面遷移する処理を追加する。

2 SQLite データベースの実用（1）

1 セレクトボックスの値をデータベースから取得

例題 11-1

「ジブンアナライズ」の運動量選択セレクトボックスは「〇〇並」というダミーの値にしていた。SQLite データベースを利用し，データベース内から取得した値を利用する処理を作成しよう。

テーブル	item						
名前	データ型	NN	PK	AI	U	省略	外部キー
item_id	INTEGER	□	☑	□	□	…	
item_name	TEXT	□	□	□	□	…	
item_value	REAL	□	□	□	□	…	

前に作成してある item テーブルから
項目名である「Item_name」を取得して，
画面に表示すればいいよね！！

 input.py の追記・修正

1 「Visual Studio Code」上の「jibunAnalyze」フォルダー内の，「cgi-bin」フォルダー内にて「input.py」を開き，次のドキュメントの追記・修正を記述する。

input.py（抜粋）

```
import datetime
import sqlite3

#登録機能画面作成
def makepage_input():
```

```
11:   #<option>内容
12:   option_content = ''
    for n in range(5):
    option_content += '<option value="' + str(n) + '">○○並</
    option>'
13:   with sqlite3.connect('jibun.db') as conn:
14:     sql = 'SELECT item_id, item_name FROM item;'
15:     for res in conn.execute(sql):
16:       option_content += '<option value="' + str(res[0]) + '">'
    + res[1] + '</option>'
17:   conn.close
18:
```

▶ サーバーの停止：
サーバーが起動している間に，ターミナルにて CTRL キー＋ C キーを同時に押すことで，起動中のサーバーを停止することができる。

2 ドキュメントを保存後，「Visual Studio Code」の「ターミナル」を起動し，下記のコマンドでサーバーを起動する。

```
PS C:\15S_Python\jibunAnalyze> python -m http.server --cgi 8000
```

3 サーバーが無事に起動したら，「Microsoft Edge」を起動し，下記のアドレスをアドレスバーに入力し，アクセスする。

```
http://localhost:8000/cgi-bin/server.py
```

4 「ジブンアナライズ」の登録画面において，「前日の運動量」「コンディション評価」で好きな値を選択，「コメント」に適当なコメントを入力し終えたら，**【登録する】**ボタンをクリックし，入力値を送信する。

2 input.py の追記・修正の解説

2 行：標準ライブラリである「sqlite3」ライブラリをインポートしている。このライブラリを用いることで，簡単に SQLite データベースにアクセスすることができる。

13-16 行：with 構文と sqlite3.connect( ) メソッドを用いてデータベースをオープンしている処理である。

```
  with sqlite3.connect('jibun.db') as conn:
    sql = 'SELECT item_id, item_name FROM item;'
    for res in conn.execute(sql):
      option_content += '<option value="' + str(res[0]) + '">'
+ res[1] + '</option>'
  conn.close
```

ファイルのオープン処理と同様に with 構文を用いているが，sqlite3.connect( ) メソッドを with 句で用いた場合は，「データベースのコミット(確定)またはロールバック(破棄)」を自動処理してくれるものである。ファイルのオープンのように，データベースのクローズ処理が自動で行われるわけではない点に注意が必要である。

データベースを扱う処理は，
❶データベースのオープン（with 構文でオープン）

❶ `with sqlite3.connect('jibun.db') as conn:`

❷ SQL 文の準備

❷ `sql = 'SELECT item_id, item_name FROM item;'`

❸ SQL 文の実行

❸ `conn.execute(sql):`

❹データベースのクローズ（with 構文でも必要！）

❹ `conn.close`

…という流れで行われるということを，整理しておこう！

> sqlite3.connect( ) メソッド：引数にデータベースファイルのパスを指定できる。指定したパスにファイルが存在しなければ，データベースファイルが新たに作成される。

13 行：with 構文を用いて sqlite3.connect( ) メソッドを実行し，データベースを表す Connection オブジェクトを作成した上で，データベースをオープンしている。今回は，作成済みの SQLite データベースファイルである「jibun.db」を引数に指定している。また，作成された Connection オブジェクトを as 句を用いて変数 conn で扱えるようにしている。

14 行：変数 sql に，今回実行したい SQL 文を文字列として代入している。

```
sql = 'SELECT item_id, item_name FROM item;'
```

SQL 文は，item テーブルから，「item_id」と「item_name」を抽出するという意味になる。特に where 句による条件を指定していないため，item テーブルにある全レコードが抽出される。

15 行：conn.execute( ) メソッドによりデータベースからレコードを取得し，for 文を用いて 1 レコードずつ <option> タグに埋め込んでいる処理である。

```
for res in conn.execute(sql):
    option_content += '<option value="' + str(res[0]) + '">' +
res[1] + '</option>'
```

Connection オブジェクトである変数 conn は，Cursor オブジェクトとして execute( ) メソッドを使用することができる。これは，指定した SQL 文を実行するメソッドであるため，SQL 文の文字列が格納された変数 sql を引数に指定している。

また，実行結果はリスト形式で返ってくるので，そのリストオブジェクトを for 文に指定することで，1 レコードずつ処理することが可能となる。つまり，for 文が 1 周処理されるごとに，1 レコードを取得し，変数 res にリストオブジェクトとして追加している。

16 行：<option> タグを for ループ回数分だけ変数 option_content に追記している処理である。以前と異なる部分は，ループカウンター n とダミー文字列の部分を変数 res から取得した値に書き換えている点である。

```
'<option value="'+ str(   n   ) + '">        ○○並      </option>'
                                               ↓
'<option value="' + str(res[0]) + '">' + res[1] + '</option>'
```

変数 res のリストには，それぞれ「res [0]」に「item_id」，「res [1]」に「item_name」が格納されているので，それらを取得し，文字列として結合することで，<option> タグとして作成している。

17 行：変数 conn の close( ) メソッドを実行している。データベースのクローズ処理となる。明確にクローズ処理を書かなくても処理は実行されるが，使用を終えたデータベースオブジェクトが無駄にメモリ内に残ることになるので，クローズ処理を正しく実行することが望ましい。

3 データベース処理のクラス化

1 DBAccess クラスの作成

例題 11-2

今後，「ジブンアナライズ」にはデータベースを利用した処理が増えてくることになる。メンテナンス向上と不必要な記述を避けるために，データベース処理を 1 つのクラスとして作成しよう。

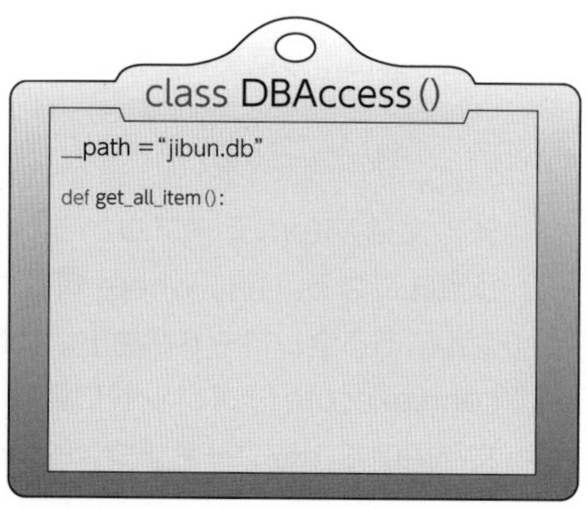
class DBAccess ()
__path = "jibun.db"
def get_all_item ():

データベースに接続する処理は，今後もいろいろな箇所で使うと思う。
だから，わかりやすくするために，
クラスとして 1 か所にまとめておいたほうがよいよね！

① db.py の作成

1 「Visual Studio Code」上の「jibunAnalyze」フォルダー内の，「cgi-bin」フォルダー内に「db.py」という名称でファイルを作成し，次のドキュメントを記述する。

> __path の path の前のアンダーバー（_）は 2 つ記述すること。

db.py

```
01:  import sqlite3
02:
03:  class DBAccess():
04:
05:    __path = 'jibun.db'
06:
07:    #itemからすべてのレコードを取得
08:    @staticmethod
09:    def get_all_item():
10:      result = []
11:      with sqlite3.connect(DBAccess.__path) as conn:
12:        sql =  'SELECT item_id, item_name FROM item;'
13:        result = conn.execute(sql)
14:      conn.close
15:      return result
16:
```

2 ドキュメントを保存する。「db.py」は他のプログラムから利用されるクラスのため，単体での動作確認は行わない。

② db.py の作成の解説

1 行：標準ライブラリである「sqlite3」ライブラリをインポートしている。このライブラリを用いることで，簡単に SQLite データベースにアクセスできる。

3-15 行：クラス「DBAccess」である。この 1 つのクラス内に，データベース接続に関する諸々の処理を追記し，完成させていく。プログラムファイルの至るところでデータベース接続に関する処理を記述してしまうと，データベース変更の際に修正箇所が散見することになるため，メンテナンス性を考慮して 1 つのクラスにまとめる。

5 行：SQLite データベースのファイルパス「jibun.db」を変数 __path に代入している。

```
__path = 'jibun.db'
```

変数名の先頭に 2 つの「_（アンダースコア）」を付けることで，クラス変数として宣言される。クラス変数は，クラスの外からアクセス不可となる。

8-15 行：item テーブルからすべてのレコードを取得する処理を get_all_item ()メソッドとして宣言している。

10 行：取得したレコードデータを代入するための変数 result を初期化している。最終的に，この result を呼び出し元に戻すことになる。

11 行：with 構文を用いて sqlite3.connect()メソッドを実行し，データベースをオープンする処理である。

```
with sqlite3.connect(DBAccess.__path) as conn:
```

もともとの「input.py」と比較すると下記のようになる。

```
sqlite3.connect(   'jibun.db'   )
                       ↓
sqlite3.connect(DBAccess.__path)
```

異なる点は，上記のデータベースファイルへのパスを記述している箇所である。このクラス内で，同じファイルパスを何度も記述することになるため，クラス変数として共通化をしている。

12行：変数sqlに，itemテーブルから全レコードを抽出するためのSQL文を，文字列として代入している。

```
sql =  'SELECT item_id, item_name FROM item;'
```

13行：conn.execute()メソッドによりデータベースからレコードを取得している。実行結果はリスト形式で返ってくるので，そのリストオブジェクトを変数resultにそのまま代入している。

```
result = conn.execute(sql)
```

「input.py」では，for文によりリストオブジェクトから1レコードずつ取得していたが，今回の「db.py」では，呼び出し元に全レコードを戻す構造にするため，ここでは1レコードずつ取り出さない。

14行：変数connのclose()メソッドを実行し，データベースのクローズ処理を行っている。

```
conn.close
```

15行：get_all_item()メソッドの実行結果が代入されている変数resultを，returnで呼び出し元に戻している。

今後，データベースに関わる処理は
すべてDBAccessクラスに追加していけばいいね！

2 DBAccess クラスの利用

例題 11-3

データベース処理を１つのクラスとして作成した「DBAccess」を，「ジブンアナライズ」で実際に利用する。今までの記述を書き換えて，効率的にデータベースを利用できるようにしよう。

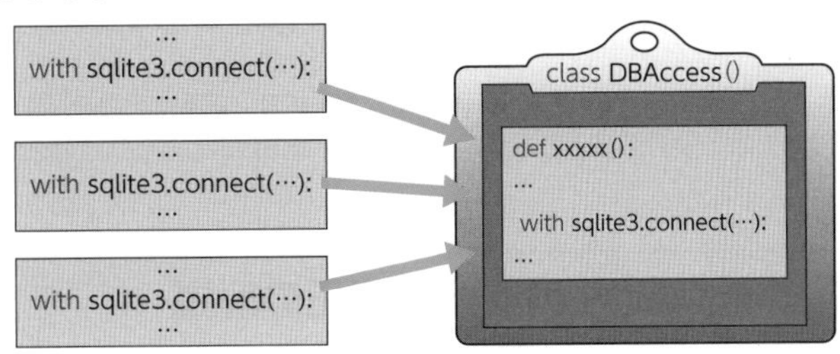

1 input.py の追記・修正

1 「Visual Studio Code」上の「jibunAnalyze」フォルダー内の，「cgi-bin」フォルダー内にて「input.py」を開き，次のドキュメントの追記・修正を記述する。

input.py（抜粋）

```
import datetime
import sqlite3
from db import DBAccess

#登録機能画面作成
def makepage_input():

  # 現在日時
  dt_now = datetime.datetime.now()
  date_content = dt_now.strftime('%Y年%m月%d日')

  #<option>内容
  option_content = ''
with sqlite3.connect('jibun.db') as conn:
    sql = 'SELECT item_id, item_name FROM item;'
    for res in conn.execute(sql):
      option_content += '<option value="' + str(res[0]) + '">'
+ res[1] + '</option>'
  conn.close
  for res in DBAccess.get_all_item():
    option_content += '<option value="' + str(res[0]) + '">' +
res[1] + '</option>'

  #HTMLファイルを開く
  with open('sub_input.html', mode='r', encoding='utf-8') as '"f:
    file = f.read()

```

2 ドキュメントを保存後，「Visual Studio Code」の「ターミナル」を起動し，下記のコマンドでサーバーを起動する。（すでにサーバーが起動していれば省略）

```
PS C:\15S_Python\jibunAnalyze> python -m http.server --cgi 8000
```

3 サーバーが無事に起動したら，「Microsoft Edge」を起動し，下記のアドレスをアドレスバーに入力し，アクセスする。

```
http://localhost:8000/cgi-bin/server.py
```

2 input.py の追記・修正の解説

2 行：標準ライブラリである「sqlite3」ライブラリのインポート記述を削除し，代わりに今回作成した「db.py」から「DBAccess」クラスをインポートしている。

13-14 行：for 文を用いて 1 レコードずつ <option> タグに埋め込んでいる処理である。もともとは，Connection オブジェクトである変数 conn の execute( ) メソッドを使用していたが，その記述の部分を今回作成した DBAccess クラスの get_all_item( ) 関数に書き換えている。

```
for res in    conn.execute(sql):
                    ↓
for res in DBAccess.get_all_item():
```

4 画面遷移の制御

1 機能ごとに異なる画面遷移の制御を作成

例題 11-4 **「ジブンアナライズ」は全部で 4 つの機能を有することになる。今後増えていく画面に対応していくために，スムーズに画面遷移できるような処理を作成しよう。**

server.py の追記・修正

1 「Visual Studio Code」上の「jibunAnalyze」フォルダー内の，「cgi-bin」フォルダー内にて「server.py」を開き，次のドキュメントの追記・修正を記述する。

server.py（抜粋）

```
#cgiオブジェクト作成
form  = cgi.FieldStorage()

#パラメータを変数に格納
func        = form.getfirst('func', '')            #画面遷移用
nowdate     = form.getfirst('now_date', '')
item        = form.getfirst('item_list', '0')
assesment   = form.getfirst('assessment', '0')
comment     = form.getfirst('comment', '')

#<body>内容
body_content = ''

#<body>内容：登録画面
body_content = makepage_input()
body_content += nowdate + '/' + item + '/' + assesment + '/' +
comment
#<body>内容：funcによる分岐
match func:
  case '1':
    #<body>内容：登録画面
    body_content = makepage_input()
  case '2':
    #<body>内容：記録画面
    body_content += '記録画面'
  case '3':
    #<body>内容：分析画面
    body_content += '分析画面'
  case '4':
    #<body>内容：設定画面
    body_content += '設定画面'
  case _:
    body_content += ''

#HTMLファイルを開く
with open('index.html', mode='r', encoding='utf-8') as f:
file = f.read()
```

2 ドキュメントを保存する。「server.py」は単体での動作確認は行わない。

2 index.html の追記・修正

1 「Visual Studio Code」上の「jibunAnalyze」フォルダー内にて「index.html」を開き，次のドキュメントの追記・修正を記述する。

index.html（抜粋）

```
  <header>
    <h1><img src="../images/logo.png" alt="ジブンアナライズ"></h1>
    <nav>
      <ul>
        <li><a href="./server.py?func=1">登録</a></li>
        <li><a href="./server.py?func=2">記録</a></li>
        <li><a href="./server.py?func=3">分析</a></li>
        <li><a href="./server.py?func=4">設定</a></li>
      </ul>
    </nav>
  </header>
```

2 ドキュメントを保存後，「Visual Studio Code」の「ターミナル」を起動し，下記のコマンドでサーバーを起動する。（すでにサーバーが起動していれば省略）

```
PS C:\15S_Python\jibunAnalyze> python -m http.server --cgi 8000
```

3 サーバーが無事に起動したら，「Microsoft Edge」を起動し，下記のアドレスをアドレスバーに入力し，アクセスする。

```
http://localhost:8000/cgi-bin/server.py
```

> ▶ 画面遷移について：
> funcパラメータに何も設定していない場合は，ナビゲーションメニューのみが表示される。

4 ナビゲーションメニューから，それぞれ「登録」「記録」「分析」「設定」のリンク先に正しく遷移するかを確認する。

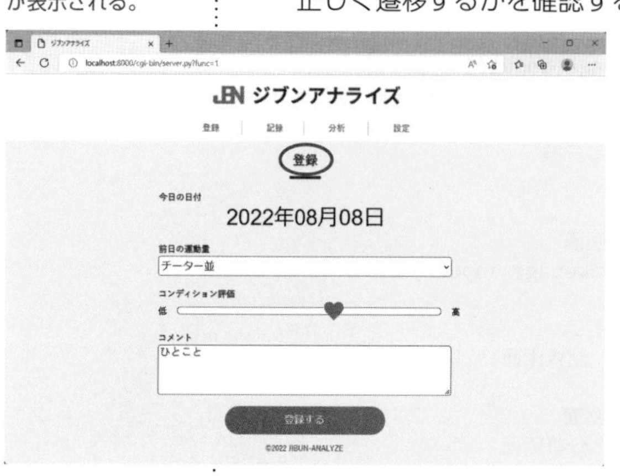

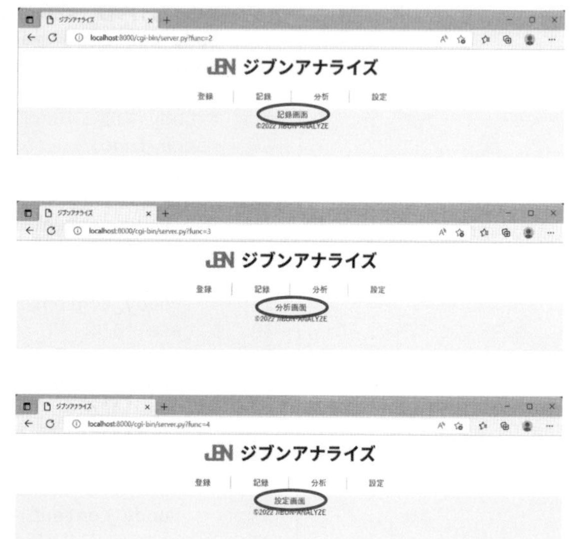

3 server.py の追記・修正の解説

13行：ほかのパラメータと同様に，FieldStorage型オブジェクトのgetfirst()メソッドを用いて，渡されてきた値を変数に代入している。ただし，名前「func」は，フォーム内に存在している項目ではなく，URLに直接付加されたパラメータとして受け取る。

23-37行：match-case構文により，変数funcの値によって処理を分岐している部分である。もともと，登録画面作成のためにmakepage_input()関数を呼び出していた部分を削除し，match-case構文の中の1つの分岐先として記述し直す。

23行：match-case構文の分岐元になる箇所である。変数funcの値により，match以下のcase先に分岐する。

24-35行：変数funcの値が「1」「2」「3」「4」時の分岐先である。それぞれ，登録・記録・分析・設定に該当する各機能に分岐する。また，分岐先「1」の登録機能については，画面作成のためのmakepage_input()関数の呼び出しを行っているが，それ以外の分岐では該当する関数をまだ作成していないため，変数body_contentにダミー文字列を代入している。

36-37 行：変数 func の値が「1」「2」「3」「4」のどれでもないときの分岐先である。変数 body_content に特に代入はしていないので，ナビゲーションメニューのみが表示される。

◆ match-case 構文

match-case 構文は，構造的パターンマッチングによる分岐処理命令である。

```
match 変数名:
  case 変数値1:
    …  # 変数値1に対応する処理
  case 変数値2:
    …  # 変数値2に対応する処理
  case 変数値3 | 変数値4:
    …  # 変数値3または変数値4に対応する処理
   <省略>
  case _:
    …  # 上記分岐に該当しない場合の処理（ワイルドカード）
```

値による分岐に用いる変数を変数名に指定し，変数値と変数名の値が等しければ，処理が分岐される。変数値なので，条件式を設定するわけではない点に注意であるが，データ構造による分岐にも対応しており，シンプルに分岐処理を記述することができる。「|（バーティカルバー）」により，複数の変数値を分岐先としてまとめることもできる。また，変数値を「_（アンダースコア）」とすることで，ワイルドカードとなる。上記の変数値のどれにも当てはまらない場合に，こちらが分岐先となる。ワイルドカードは，必ず最後の case として記述しないとエラーとなる。

他のプログラム言語にある switch-case 構文に似ている。

If 構文でも同様の分岐処理は書けるけど，変数の値によって異なる分岐処理が必要なときは見やすい match-case 構文が便利ね。

④ index.html の解説

15-18 行：ナビゲーションセクション <nav> と，箇条書き <ul> と <li> を用いたリストメニューを指定している。<a> の href 属性で遷移先のページを「""（空欄）」としていた個所を「server.py」を呼び出すように書き換える。

```
./server.py?func=1
```

また，URL の末尾に「? パラメータ名 = パラメータ値」とすることで，URL 呼び出し時にパラメータを渡すことができる。今回はこれを利用して，「server.py」を呼び出す際に対応する機能画面に分岐するよう，パラメータ「func」に各々異なるパラメータ値を設定し，画面遷移を実現している。

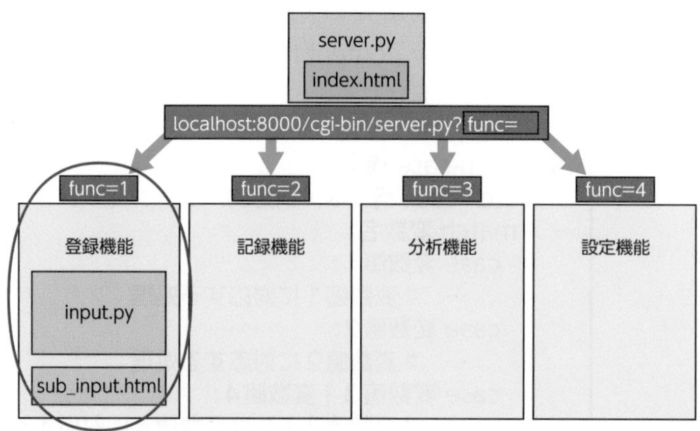

5 SQLite データベースの実用（2）

1 フォーム入力された値による登録処理の作成（1）

例題 11-5　「ジブンアナライズ」の登録機能画面にある「前回の運動量」「コンディション評価」「コメント」を受け取り，データベースに登録する処理を作成するために，DBAccessクラスに新しい処理を追加しよう。

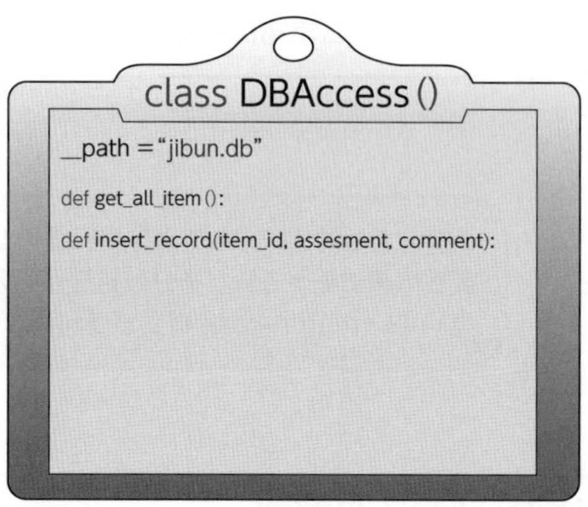

① db.py の追記・修正

1 「Visual Studio Code」上の「jibunAnalyze」フォルダー内の，「cgi-bin」フォルダー内にて「db.py」を開き，次のドキュメントの追記・修正を記述する。

db.py（抜粋）

```
import sqlite3
import datetime

class DBAccess():

    __path = 'jibun.db'

```

```
17:
18:     #recordにレコードを1件登録
19:     @staticmethod
20:     def insert_record(item_id, assessment, comment):
21:       with sqlite3.connect(DBAccess.__path) as conn:
22:
23:         #現在日時の取得
24:         dt_now = datetime.datetime.now()
25:         strDate = str(dt_now.date())
26:         strTime = dt_now.time().strftime('%X')
27:
28:         sql =  ' INSERT INTO record (item_id, assessment, comment, 
   date, time)'
29:         sql += ' VALUES(?, ?, ?, ?, ?);'
30:         values = (item_id, assessment, comment, strDate, strTime)
31:         conn.execute(sql,values)
32:       conn.close
33:
```

▶ SQL文字列：28-29行目のSQL文字列の先頭には半角スペースを入れていることに注意である。

2 ドキュメントを保存する。「db.py」は単体での動作確認は行わない。

recordテーブルにある列を，もう一度確認しておこう！

テーブル	record						
名前	データ型	NN	PK	AI	U	…	外部キー
id	INTEGER	□	☑	□	□	…	
item_id	INTEGER	□	□	□	□	…	item テーブル item_id
assessment	INTEGER	□	□	□	□	…	
comment	TEXT	□	□	□	□	…	
date	TEXT	□	□	□	□	…	
time	TEXT	□	□	□	□	…	

2 db.pyの追記・修正の解説

▶ db.pyへの追記：DBAccessクラス内へのメソッド追加となるため，左インデントの位置には注意が必要である。

2行：日時に関するライブラリ「datetime」をインポートしている。

19-32行：recordテーブルにレコードを1件登録する処理をinsert_record()メソッドとして宣言している部分である

20行：insert_record()メソッドの定義部分である。

```
def insert_record(item_id, assessment, comment):
```

引数として，「item_id」「assessment」「comment」の3種類を呼び元から設定してもらい，受け取ったこの3種をレコードとして登録する。

21行：get_all_item()メソッドと同様に，with構文を用いてデータベースをオープンしている処理である。

24行：現在時刻の表示に関する処理である。「input.py」と同様にdatetimeモジュール内にあるdatetimeクラスのnow()メソッドを使用し，現在の日付・時刻を所持するdatetimeオブジェクトを取得し，変数dt_nowに代入している。今回の現在時刻は，画面に表示するものではなく，データベースに登録された日付と時刻の意味合いで用いるため，データベースに登録する直前に改めて取得している。

25行：datetimeオブジェクトのdate()メソッドを用いて，現在日付を保持するdateオブジェクトを取得している。

```
strDate = str(dt_now.date())
```

str()関数でdateオブジェクトを文字列に変換し，変数strDateに代入している。dateオブジェクトを文字列化すると「YYYY-MM-DD」形式となるため，特別な書式フォーマットを適用していない。

26行：datetimeオブジェクトのtime()メソッドを用いて，現在時刻を保持するdateオブジェクトを取得後，strftime()メソッドで書式フォーマットを適用している。

```
strTime = dt_now.time().strftime('%X')
```

書式フォーマットを適用すると自動的に文字列となるため，文字列として変数strTimeに代入している。

28-29行：SQLのINSERT文を文字列として作成し，変数sqlに代入している部分である。

```
INSERT INTO record (item_id, assessment, comment, date, time)
VALUES (?, ?, ?, ?, ?);
```

上記のSQL文は，recordテーブルの「item_id」，「assessment」，「comment」，「date」，「time」列にレコードを追加するという意味になるが，VALUES句より後ろの値は「?」になっている。このように，VALUES句は後から値を指定するプレースホルダー形式での記述が可能である。

```
INSERT INTO record ( item_id, assessment, comment,    date,       time )
                       ↑          ↑          ↑          ↑          ↑
VALUES             (   ?,         ?,         ?,         ?,         ?  );
                       ↑          ↑          ↑          ↑          ↑
   該当する変数       item_id, assessment, comment,  strDate,   strTime
   想定される値        1,         3,        ひとこと, 2023-08-08, 12:45:11
```

> **番号の自動割当て(オートインクリメント)：**
> 今回のrecordテーブルへのinsert文では「id」列を指定していないが，問題なくレコード追加が可能である。
> これは，プライマリーキー指定されている「id」列は，自動的にオートインクリメント(Auto Increment)指定となり，レコードを追加する度に番号が自動で割り当てられているからである。

> **プレースホルダー形式：**
> 後から挿入される文字や値の代わりに，挿入位置に仮で文字や値を挿入しておく形式のこと。

「指定している列」，「?」，「挿入すべき値」，
の数がすべて一致していなければならないことに注意ね。

> **タプル：**
> 複数のデータを並べたデータ型。

30行：INSERT文のVALUES句に該当する値をタプル型で生成し，変数valuesに代入している。

31 行：conn.execute()メソッドにより SQL 文を実行している。Connection オブジェクトである変数 conn は，Cursor オブジェクトとして execute()メソッドを使用することができるが，その際に，SQL 文字列と同時にタプル型の引数を渡すこともできる。これにより，SQL 文の文字列が格納された変数 sql と，VALUES 句が格納されている変数 values を引数に指定し，プレースホルダー部の「?」に値を設定した形で INSERT 文を実行することができる。

32 行：変数 conn の close()メソッドにより，データベースのクローズ処理をしている。

2 フォーム入力された値による登録処理の作成（2）

例題 11-6 **DBAccess クラスを用いて，「ジブンアナライズ」の登録機能画面にある「前回の運動量」「コンディション評価」「コメント」を受け取り，データベースに登録する処理を作成しよう。**

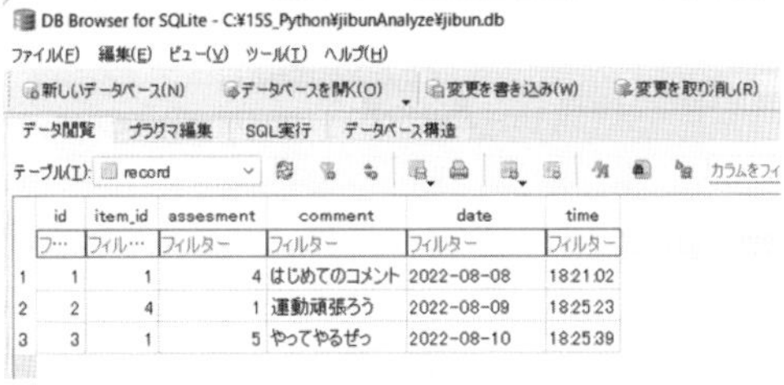

DB Browser for SQLite - C:¥15S_Python¥jibunAnalyze¥jibun.db
ファイル(F) 編集(E) ビュー(V) ツール(T) ヘルプ(H)
新しいデータベース(N)
データベースを開く(O)
変更を書き込み(W)
変更を取り消し(R)
データ閲覧
プラグマ編集
SQL実行
データベース構造
テーブル(T): record
id item_id assesment comment date time
1 1 1 4 はじめてのコメント 2022-08-08 18:21:02
2 2 4 1 運動頑張ろう 2022-08-09 18:25:23
3 3 1 5 やってやるぜっ 2022-08-10 18:25:39

① sub_input.html の追記・修正

1 「Visual Studio Code」上の「jibunAnalyze」フォルダー内にて，「sub_input.html」を開き，次のドキュメントの追記・修正を記述する。

sub_input.html（抜粋）

```
      <form action="./server.py?func=2" method="post">
        <div class="register">
          <p>今日の日付<br>
            <input class="today_date" name="now_date" type="text"
    value="{embed_now_date}" readonly>
          </p>
        </div>
```

2 ドキュメントを保存する。「sub_input.html」は単体での動作確認は行わない。

② server.py の追記・修正

1 「Visual Studio Code」上の「jibunAnalyze」フォルダー内の，「cgi-bin」フォルダー内にて「server.py」を開き，次のドキュメントの追記・修正を記述する。

server.py（抜粋）

```
import sys
import cgi
from input import makepage_input
from db import DBAccess
```

```
#<body>内容
body_content = ''

#<body>内容：funcによる分岐
match func:
  case '1':
    #<body>内容：登録画面
    body_content = makepage_input()
  case '2':
    #<body>内容：記録画面
    if nowdate != '' and item != '0' and assessment != '0':
      DBAccess.insert_record(item, assessment, comment)
      body_content += 'レコード登録完了！'
    body_content += '記録画面'
  case '3':
    #<body>内容：分析画面
    body_content += '分析画面'
```

2 ドキュメントを保存後，「Visual Studio Code」の「ターミナル」を起動し，下記のコマンドでサーバーを起動する。（すでにサーバーが起動していれば省略）

```
PS C:\15S_Python\jibunAnalyze> python -m http.server --cgi 8000
```

3 サーバーが無事に起動したら，「Microsoft Edge」を起動し，下記のアドレスをアドレスバーに入力し，アクセスする。

```
http://localhost:8000/cgi-bin/server.py
```

4 「ジブンアナライズ」の登録画面において，「前日の運動量」「コンディション評価」で好きな値を選択，「コメント」に適当なコメントを入力し終えたら，【登録する】ボタンをクリックし，入力値を送信する。

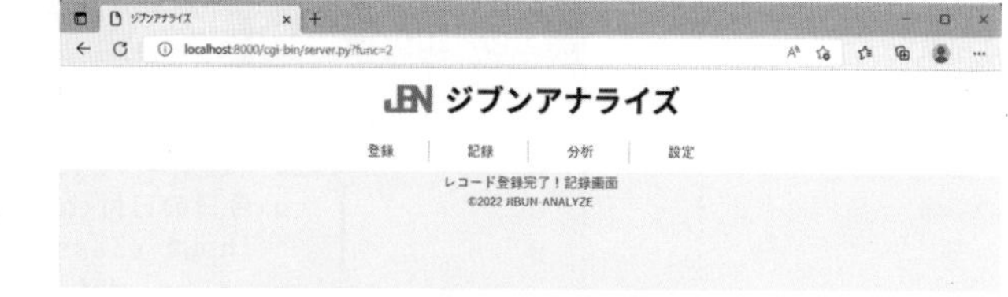

5 「Windows メニュー＞すべてのアプリ＞ DB Browser for SQLite」，または，デスクトップにあるショートカットから「DB Browser for SQLite」を起動する。

6 【データベースを開く】をクリックし，「データベースファイルを選択」画面で「jibunAnalyze」フォルダまで移動し，「jibun.db」を選択後，【開く】をクリックする。

7 【データ閲覧】タブをクリックし，record テーブルを選択し，レコードデータが正しく登録できているかを確認する。

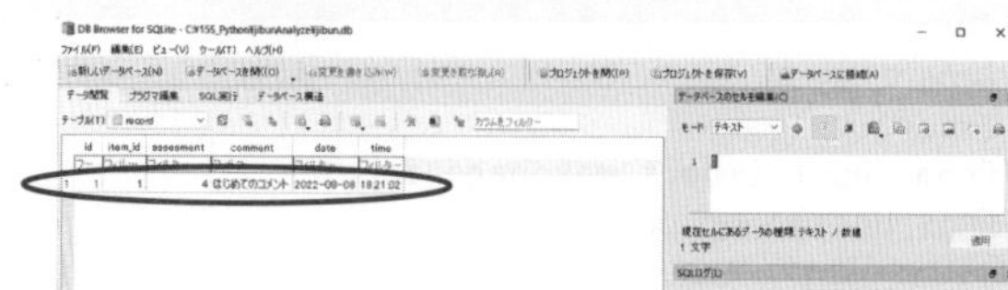

③ sub_input.html の追記・修正の解説

4 行：フォームの送信先を，action 属性「"./server.py"」で指定している箇所に「?func=2」追記をしている。「server.py」側の分岐処理に対応するためである。また, method 属性を「method="get"」から「method="post"」に変更し，不要なパラメータをアドレス部に表示しないようにする。

④ server.py の追記・修正の解説

4 行：「db.py」にあるクラス「DBAccess」を「server.py」内で使用するために，インポート宣言をしている

30-32 行：今回追記した部分である。データベース登録処理を行うべきかどうかを判断し，条件に合致していれば登録処理を行う。

30 行：if 文により，「nowdate」「item」「assessment」の変数の値がそれぞれ「空欄」「0」「0」ではないことを確認している。

```
if nowdate != '' and item != '0' and assessment != '0':
```

これら 3 つの変数は，「server.py」が呼び出された際にパラメータとして変数に格納されるはずである。しかし，「func」以外のパラメータはすべて，登録画面のフォームから送信されることになるため, 登録画面以外から「server.py」が呼び出された場合は，「func」以外のパラメータは受け取ることができず，初期値の「空欄」または「0」が格納されることになる。

データベース登録処理の前に，登録画面の入力フォームから値を正しく受け取れているかどうか，この if 文でチェックするね。

31 行：DBAccess クラスの insert_record( ) 関数を呼び出している。引数に，「item」「assessment」「comment」を渡しており，データベース登録する値として使用している。

32 行：無事にデータベース登録が終了すれば呼び元に戻ってくるので，変数 body_content に「レコード登録完了！」という文字列を代入し，画面上に表示する。

12章 ジブンアナライズ：記録機能

15Step ▷ Python入門

登録機能が完成したから，
次は，記録機能の作成ね！

データベースから取得した値を表形式で
画面に見やすく表示すればいいよね。
HTML の table タグとかかなぁ…。

ん？ データ数が増えたら表もどんどん大きくなっちゃうね。
表示の仕方，工夫しないといけないな。

ページで切り替えられるようにすればいいのかな？
いよいよ，
本格的なアプリケーションに近づいてきているね！

1 この章で完成させるもの

「ジブンアナライズ」に「記録」機能を追加する。これにより，前章で学んだ「登録」と合わせて，登録と記録表示の２つの機能を実装したことになる。少しずつ機能が追加されていき，Web アプリケーションとしての完成度が高まっていくことを実感してほしい。

2 記録表示機能の作成

1 登録されているレコードデータの表示(1)

例題 12-1

SQLite データベースに登録されている record テーブルのデータを「ジブンアナライズ」の記録機能として画面に表示するために，まずは，「db.py」に処理を追加してみよう。

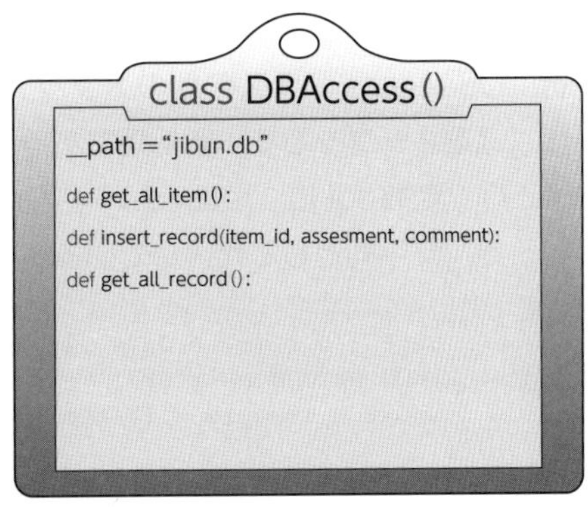

class DBAccess()
__path = "jibun.db"
def get_all_item():
def insert_record(item_id, assesment, comment):
def get_all_record():

① db.py の追記・修正

> db.pyへの追記：
> DBAccessクラス内へのメソッド追加となるため，左インデントの位置には注意が必要である。

> SQL 文字列：
> 39-42 行目の SQL 文字列の先頭には半角スペースを入れていることに注意である。

1 「Visual Studio Code」上の「jibunAnalyze」フォルダー内の，「cgi-bin」フォルダー内にて「db.py」を開き，次のドキュメントの追記・修正を記述する。

db.py（抜粋）

```
01: import sqlite3
02: import datetime
```

```
33:
34:     #recordからすべてのレコードを取得
35:     @staticmethod
36:     def get_all_record():
37:         result = []
38:         with sqlite3.connect(DBAccess.__path) as conn:
39:             sql =  ' SELECT r.time, r.date, i.item_name, r.assessment, r.comment'
40:             sql += ' FROM record r, item i'
41:             sql += ' WHERE r.item_id = i.item_id'
42:             sql += ';'
43:             result = conn.execute(sql)
44:         conn.close
45:         return result
46:
```

2 ドキュメントを保存する。「db.py」は単体での動作確認は行わない。

2 db.py の追記・修正の解説

35-46 行：record テーブルからすべてのレコードを取得する get_all_record() メソッドとして宣言している部分である。

36 行：get_all_record() メソッドの定義部分である。特に，引数は指定していない。

37 行：DBAccess クラスの他のメソッドと同様に，取得したレコードデータを代入するための変数 result の初期化である。最終的には return で呼び元に戻される。

38 行：DBAccess クラスの他のメソッドと同様に，with 構文を用いてデータベースをオープンしている処理である。

39-42 行：変数 sql に，record テーブルから全レコードを抽出するための SQL 文を，文字列として代入している。

SQL 文字列の先頭には，半角スペースがあることに注意！

```
' SELECT r.time, r.date, i.item_name, r.assessment, r.comment'
' FROM record r, item i'
' WHERE r.item_id = i.item_id'
';'
```

FROM 句に record テーブルと item テーブルの 2 種を指定し，それぞれ「r」と「i」という別名を付けている。これは，2 種のテーブルで同じ列名があるため，どちらのテーブルの列名なのかを明確にするためである。また，WHERE 句では，「r.item_id = i.item_id」により，record テーブルと item テーブルを外部キー「item_id」でテーブル結合を行っている。

record テーブルに存在しない「item_name」列を抽出したいので，
「item_id」をキーとして「r.item_id = i.item_id」で，
item テーブルと record テーブルを結合しているね。
テーブル結合は，仮想的なテーブルを作り出していると思えばいいね。

また，最終行の SQL 文終止符「;(セミコロン)」も忘れずに付加している。

43 行：DBAccess クラスの他のメソッドと同様に，conn.execute() メソッドによりデータベースからレコードを取得し，実行結果のリストオブジェクトを変数 result に代入している。

44 行：DBAccess クラスの他のメソッドと同様に，変数 conn の close() メソッドを実行し，データベースのクローズ処理を行っている。

45 行：record テーブルのすべてのレコードが代入されている変数 result を，return 文により get_all_record() メソッドの呼び出し元に戻している。

2 登録されているレコードデータの表示（2）

例題 12-2　SQLite データベースに登録されている record テーブルのデータを「ジブンアナライズ」の記録機能として画面に表示するために，次は，テンプレートファイルである「sub_show.html」と，「show.py」を作成しよう。

登録機能のときは，
input.py の処理の中から sub_input_html を
テンプレートとして使っていたね！
今回も同様に，
Python ファイルと HTML テンプレートを作る感じね！

① sub_show.html の作成

1 「Visual Studio Code」上の「jibunAnalyze」フォルダー内に，「sub_show.html」という名称でファイルを作成し，次のドキュメントを記述する。

sub_show.html

```
<article>
  <h2>記録</h2>
  <div class="record">
    <div class="page">
      {embed_previous_page}
      {embed_next_page}
    </div>
    <table class="table-r" width="100%">
      <thead>
        <tr>
          <th width="18%">登録日時</th>
          <th width="18%">前日の運動量</th>
          <th width="24%">コンディション<br>評価</th>
          <th width="40%">コメント</th>
        </tr>
      </thead>
      <tbody class="input_small">
        {embed_record_list}
      </tbody>
    </table>
  </div>
</article>
```

2 ドキュメントを保存する。「sub_show.html」は「show.py」から読み込むためのテンプレートファイルのため，単体では動作確認は行わない。

② show.py の作成

1. 「Visual Studio Code」上の「jibunAnalyze」フォルダー内の，「cgi-bin」フォルダーに内に「show.py」という名称でファイルを作成し，次のドキュメントを記述する。

show.py

```
from db import DBAccess

#表示機能画面作成
def makepage_show():

  #埋め込み：ページ切替え
  previous_page = ''
  next_page     = ''

  #埋め込み：記録テーブル
  record_list_content = ''
  for res in DBAccess.get_all_record():
    record_list_content += '''
      <tr>
        <td>{0}<br>{1}</td>
        <td>{2}</td>
        <td><input type="range" min="1" max="6" value="{3}" disabled></td>
        <td>{4}</td>
      </tr>
    '''
    record_list_content = record_list_content.format(res[0],res[1], res[2], res[3], res[4])

  #HTMLファイルを開く
  with open('sub_show.html', mode='r', encoding='utf-8') as f:
    file = f.read()

  #<body>内容を出力
  html_text = file.format(
    embed_previous_page = previous_page ,
    embed_next_page = next_page ,
    embed_record_list = record_list_content
  )

  return html_text
```

2. ドキュメントを保存する。「show.py」は「server.py」から呼び出されるプログラムのため，単体では動作確認は行わない。

sub_show.html の解説

「ジブンアナライズ」の記録機能画面を構成する html 文書である。「show.py」からテンプレートファイルとして読み込まれた後，必要な処理を施され，最終的に「server.py」から「index.html」テンプレートファイルと結合して画面に出力される。なお，class 属性に関しては，すべて CSS の適用に関するものなので，解説は割愛する。

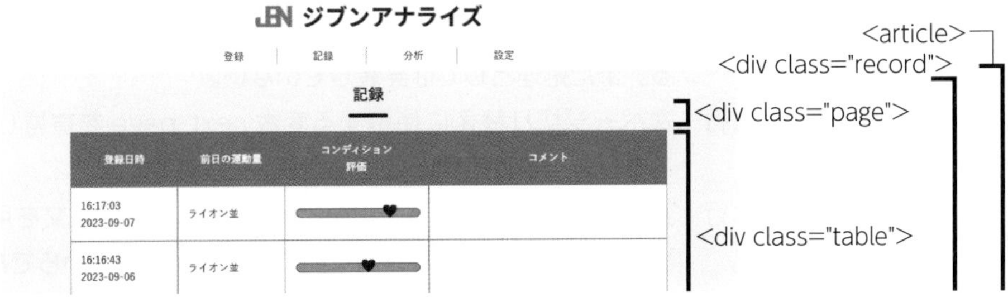

1-22 行：article

テンプレートとして読み込まれ，<main> の内容として「挿入」される，独立した文書であることを宣言している。以下はすべて <article> の中の説明である。

3-21 行：記録機能全体

「記録」機能全体のタグを囲んでいる。CSS 適用のためである。

・<h2> で「記録」という機能名を見出しとして表示する。

4-7 行：ページ切替

ページ切替を表示する部分である。

・{embed_previous_page} の部分に，「show.py」内の処理で，前ページへのリンクを埋め込む。
・{embed_next_page} の部分に，「show.py」内の処理で，次ページへのリンクを埋め込む。

8-20 行：レコードリスト

レコード詳細をリスト表示する部分である。

・<thead>…<th>…を用いて，表テーブルのテーブルヘッダを用いている。
・width 属性で幅を指定し，見た目が崩れない様に調整している。
・{embed_record_list} の部分に，「show.py」内の処理で，1 レコードずつ <tr>…<td>…</td>…</tr> を用いて表テーブルの内容を埋め込んでいく。

④ show.py の解説

「ジブンアナライズ」の記録機能画面を作成する makepage_show( ) 関数を定義している。このプログラム単体では意味をなさず，server.py から makepage_ show ()関数を呼び出すことで，HTML タグを文字列として返す。

1 行：作成した「db.py」から「DBAccess」クラスをインポートしている。

4 行：makepage_show( ) 関数の定義開始を宣言している。

7 行：前ページ切り替えに使用する変数 previous_page を宣言し，初期化している。まだ処理としては実装していない。

8 行：次ページ切り替えに使用する変数 next_page を宣言し，初期化している。こちらも，まだ処理としては実装していない。

11 行：変数 record_list_content を初期化している。for 文を用いて「+=」による追記をするため，その処理より前で初期化が必要だからである

12-20 行：for 文を用いて，<table> で用いる <tr><td>…</td></tr> を生成している処理である。

```
    for res in DBAccess.get_all_record():
```

12 行：DBAccess クラスの get_all_record( ) メソッドを呼び出し，結果として戻されるリストオブジェクトを元に for 文を実行する部分である。1 周ごとに，変数 record_list_content に <tr><td>…</td></tr> を追記代入することで，<table> の中身を作成していく。

```
        record_list_content += '''
          <tr>
               <td>{0}<br>{1}</td>
               <td>{2}</td>
               <td><input type="range" min="1" max="6" value="{3}"
  disabled></td>
               <td>{4}</td>
          </tr>
        '''
```

13-20 行：<tr><td>…</td></tr> の中身を文字列として作成していく処理である。「{ 数字 }」の部分は，この後，format( ) メソッドで値を埋め込んでいく部分であり，下記のような結果例になる。

<tr><td>…</td></tr> が，<table> で作成される表の 1 行分ね。
この行が，レコードデータ数分作成されると，複数行の表として完成するね。

```
          <tr>
               <td>18:21:02<br>2022-08-08</td>
               <td>チーター並</td>
               <td><input type="range" min="1" max="6" value="4"
disabled></td>
               <td>はじめてのコメント</td>
          </tr>
```

21 行：変数 record_list_content に format( ) メソッドで「{ 数字 }」の部分に値を埋め込んでいる処理である。

```
record_list_content = record_list_content.format(res[0]
,res[1],res[2], res[3], res[4])
```

get_all_record( ) メソッドの実行により，変数 res には 1 つ 1 つリストとして record テーブルのレコードが代入されているため，対応する列を指定し，代入することになる。

```
sql =  ' SELECT r.time, r.date, i.item_name, r.assessment, r.
comment'
```

get_all_record( ) メソッドの SQL 文は上記の順番で指定しているため，下記のような関係になる。

r.time (時刻) → 変数 res [0] に代入されている → {0} の位置に埋め込む
r.date (日付) → 変数 res [1] に代入されている → {1} の位置に埋め込む
i.item_name (項目名) → 変数 res [2] に代入されている → {2} の位置に埋め込む
r.assessment (評価) → 変数 res [3] に代入されている → {3} の位置に埋め込む
r.comment (コメント) → 変数 res [4] に代入されている → {4} の位置に埋め込む

データベースから取得したレコードは，
SELECT 文で指定した順番通りに，
変数 res[] に格納されているね。順番に気を付けよう！

24-25 行：with 構文と open 関数を用いて「sub_show.html」ファイルをオープンし，変数 file に読み込んだ内容を格納し，ファイルをクローズしている処理である。

28-32 行：ファイルオブジェクトの format( ) メソッドを使用し，埋め込み処理を施した文字列を，変数 html_text に代入している。

```
html_text = file.format(
  embed_previous_page = previous_page ,
  embed_next_page = next_page ,
  embed_record_list = record_list_content
)
```

変数 previous_page の中身を「{embed_previous_page}」部分に，変数 next_page の中身を「{embed_next_page}」に，変数 record_list_content の中身を「{embed_record_list}」に，それぞれ埋め込んでいる。

34 行：すべての HTML タグ文字列が格納されている変数 html_text の値を，makepage_show( ) 関数の戻り値として，呼び出し元(今回は server.py) に「return」で戻している。

3 登録されているレコードデータの表示(3)

例題 12-3

SQLite データベースに登録されている record テーブルのデータを「ジブンアナライズ」の記録機能として画面に表示するために，いよいよ「server.py」に処理を作成し，レコードデータを表示させてみよう。

1 server.py の追記・修正

1 「Visual Studio Code」上の「jibunAnalyze」フォルダー内の，「cgi-bin」フォルダー内にて「server.py」を開き，次のドキュメントの追記・修正を記述する。

server.py(抜粋)

```
import sys
import cgi
from input import makepage_input
from show import makepage_show
from db import DBAccess

```

```
#<body>内容：funcによる分岐
match func:
  case '1':
    #<body>内容：登録画面
    body_content = makepage_input()
  case '2':
    #<body>内容：記録画面
    if nowdate != '' and item != '0' and assessment != '0':
      DBAccess.insert_record(item, assessment, comment)
      body_content += 'レコード登録完了！'
body_content += '記録画面'
      body_content += make_page_show()
  case '3':
    #<body>内容：分析画面
    body_content += '分析画面'
```

> サーバーの停止：
> サーバーが起動している間に，ターミナルにて CTRL キー＋C キーを同時に押すことで，起動中のサーバーを停止することができる。

2 ドキュメントを保存後，「Visual Studio Code」の「ターミナル」を起動し，下記のコマンドでサーバーを起動する。

```
PS C:\15S_Python\jibunAnalyze> python -m http.server --cgi 8000
```

3 サーバーが無事に起動したら，「Microsoft Edge」を起動し，下記のアドレスをアドレスバーに入力し，アクセスする。

```
http://localhost:8000/cgi-bin/server.py
```

4 「ジブンアナライズ」のナビゲーションメニューから，【記録】をクリックし，レコードリストが正しく画面に表示されるかを確認する。

> レコード登録：
> 10 件以上，レコードを登録しておく。

5 「ジブンアナライズ」の登録画面において，適当に入力をし終えたら，【登録する】ボタンをクリックし，入力値を送信する。その後，画面が自動的に記録画面に遷移し，複数件のレコードリストが正しく画面に表示されるかを確認する。

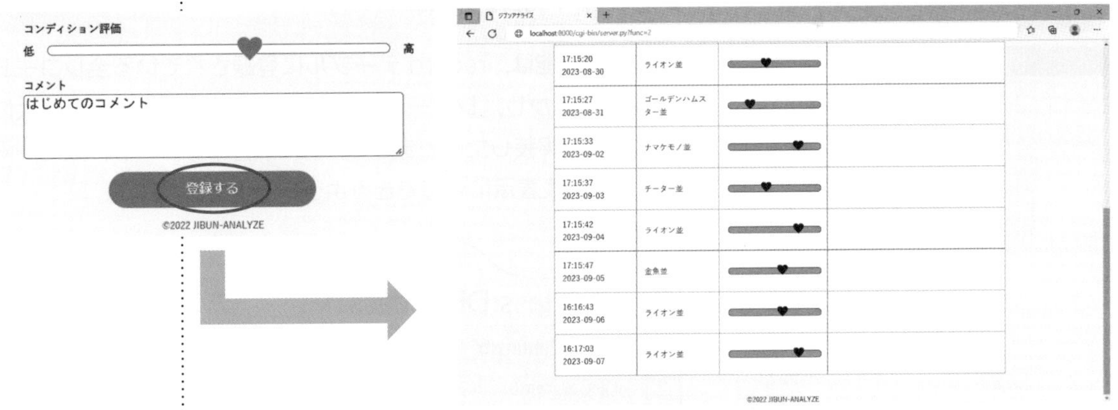

登録機能から送信したデータが，
レコードリストとして綺麗に表示されているね！！
コンディションメーターもいい感じ～！

② server.py の追記・修正の解説

4 行：「show.py」にある makepage_show ( ) 関数を「server.py」内で使用するために，インポート宣言をしている。

34 行：変数 body_content に，ダミー文字列を代入していた部分を削除し，代わりに makepage_show ( ) 関数の呼び出しとしている。

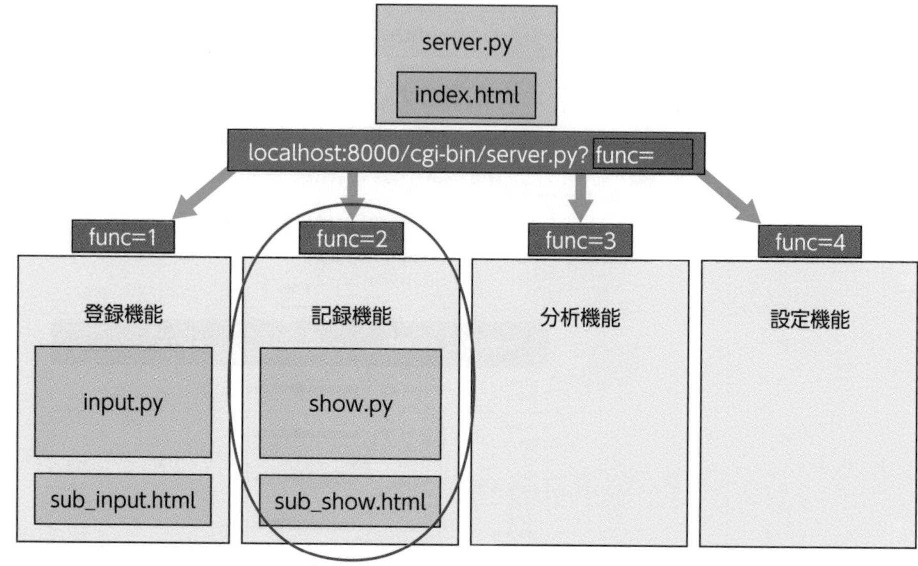

3 記録表示機能にページ切替処理を追加

1 レコードデータ表示件数の制御

例題 12-4

「ジブンアナライズ」の記録機能は，record テーブルに登録されている全レコードを 1 画面にすべて表示する。しかし，レコード件数の増加に伴い，表示量が膨大になるため，ページ切替え表示を実装したい。まずは，「db.py」にレコード件数を制限する処理を追加し，ページ切替え表示に対応できるようにしよう。

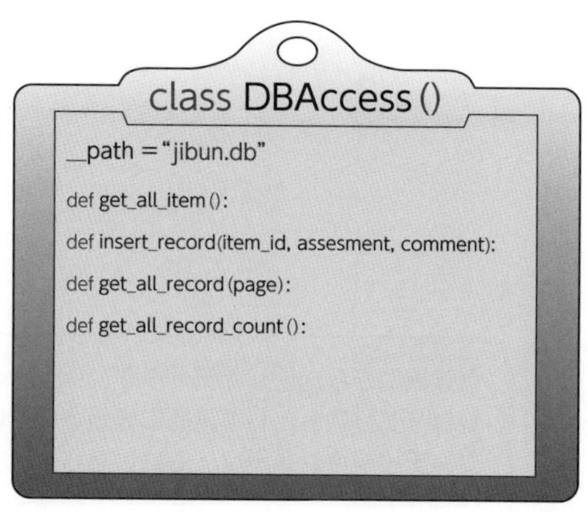

class DBAccess ()
_path = "jibun.db"
def get_all_item ():
def insert_record(item_id, assesment, comment):
def get_all_record (page):
def get_all_record_count ():

① db.py の追記・修正

> db.pyへの追記：
> DBAccessクラス内への関数追加となるため，左インデントの位置には注意が必要である。

1 「Visual Studio Code」上の「jibunAnalyze」フォルダー内の，「cgi-bin」フォルダー内にて「db.py」を開き，次のドキュメントの追記・修正を記述する。

> SQL文字列：
> 41-42行目のSQL文字列の先頭には，半角スペースを入れてあることに注意すること。

db.py（抜粋）

```
34:  #recordからすべてのレコードを取得
35:    @staticmethod
36:    def get_all_record(page):
37:      result = []
38:      rows = 10
39:      start = (int(page) - 1 ) * rows
40:      with sqlite3.connect(DBAccess.__path) as conn:
41:        sql =  ' SELECT r.time, r.date, i.item_name, r.assessment, 
r.comment'
42:        sql += ' FROM record r, item i'
43:        sql += ' WHERE r.item_id = i.item_id'
44:        sql += ' ORDER BY r.date DESC, r.time DESC'     # DESC 降順
45:        sql += ' LIMIT ' + str(start) + ',' + str(rows) # LIMIT 開
始位置, 取得行数
46:        sql += ';'
47:        result = conn.execute(sql)
48:      conn.close
49:      return result
50:
51:  #recordからすべてのレコード件数を取得
52:    @staticmethod
53:    def get_all_record_count():
54:      cnt = 0
55:      with sqlite3.connect(DBAccess.__path) as conn:
56:        sql = " SELECT id FROM record;"
57:        result = conn.execute(sql)
58:        cnt = len(result.fetchall())
59:      conn.close
60:      return cnt
61:
```

2 ドキュメントを保存する。「db.py」は単体での動作確認は行わない。

② db.py の追記・修正の解説

35行：get_all_record()メソッドの定義部に引数「page」を加えて，「get_all_record(page)」としている。

```
def get_all_record(page):
```

呼び出される際に，何ページ目を表示したいのか（＝どの位置のレコードを抽出するのか）を把握するため，引数として現在のページを受け取り，変数pageに代入するように変更した。

38行：変数rowsに1ページあたりの表示レコード数である10を代入している。

39行：変数startにレコード抽出対象外の件数を算出したものを代入している。

```
    start = (int(page)   - 1 ) * rows
            (現在のページ - 1 ) * 10
```

1ページあたり10件表示であれば，上記の式でレコード抽出対象外件数を

計算することができる。

例えば，3ページ目を表示したいのであれば，(3 − 1) *10で20となり，20レコードまでを抽出対象外(飛ばす)として，21番目以降を抽出する。

44行：変数sqlにレコードを日付と時刻の降順にソートするために，ORDER BY句に関する記述を追加している。

```
sql += ' ORDER BY r.date DESC, r.time DESC'     # DESC 降順
```

45行：変数sqlにレコードを部分的に抽出するためのLIMIT句に関する記述を追加している。

```
  sql += ' LIMIT ' + str(start) + ',' + str(rows) # LIMIT 対象外件数, 
取得行数
                LIMIT [対象外件数], [制限する行数]
```

対象外件数は変数offsetに，制限する行数は変数rowsにそれぞれ代入されている。

SQL文のLIMIT句を使えば，
レコードの抽出数を制限できるね。
これを使って1ページあたりの表示件数を10件に調整しよう！

52-60行：recordテーブルからすべてのレコード件数を取得するget_all_record_count()メソッドとして宣言している部分である

53行：get_all_record_count()メソッドの定義部分である。特に，引数は指定していない。

54行：実行結果のレコード件数を代入するための変数cntを0で初期化している。

55行：DBAccessdクラスの他のメソッドと同様に，with構文を用いてデータベースをオープンしている処理である。

56行：変数sqlに，recordテーブルから全レコード件数抽出するためのSQL文を，文字列として代入している。抽出する列は何でも構わないが，プライマリーキーであるid列を指定している。

57行：DBAccessクラスの他のメソッドと同様に，conn.execute()メソッドによりデータベースからレコードを取得し，実行結果のリストオブジェクトを変数resultに代入している。

58行：リストオブジェクトである変数resultのfetchall()メソッドを用いて，全レコードデータを1まとまりとして扱い，その件数をlen()関数を用いてカウントし，変数cntに代入している。

```
    cnt = len(result.fetchall())
```

59行：DBAccessクラスの他のメソッドと同様に，変数connのclose()メソッドを実行し，データベースのクローズ処理を行っている。

60行：レコード件数が代入されている変数cntを，return文によりget_all_record_count()メソッドの呼び出し元に戻している。

2 ページ切替表示処理の実装

例題 12-5 「ジブンアナライズ」の表示機能におけるレコードデータ件数を制御するため，次は，「show.py」と「server.py」処理を追加し，ページ切替えに対応できるようにしよう。

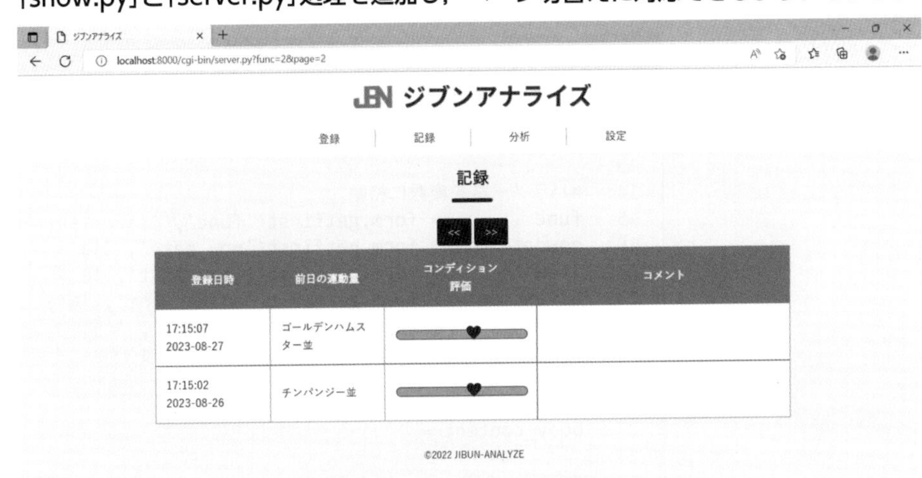

① show.py の追記・修正

1. 「Visual Studio Code」上の「jibunAnalyze」フォルダー内の，「cgi-bin」フォルダー内にて「show.py」を開き，次のドキュメントの追記・修正を記述する。

show.py（抜粋）

```
#表示機能画面作成
def makepage_show(currentpage):

  #ページ番号
  page = int(currentpage)
  #レコード件数
  count = int(DBAccess.get_all_record_count())

  #埋め込み：ページ切替え
  p_page = (str(page - 1) if (page > 1) else '1')
  n_page = (str(page + 1) if (count > page * 10) else str(page))
  page_path = '<a href="./server.py?func=2&page={0}"
class="page_i">{1}</a>'
previous_page = ''
  previous_page = page_path.format(p_page, '&lt;&lt;')
 next_page       = ''
  next_page     = page_path.format(n_page, '&gt;&gt;')

  #埋め込み：記録テーブル
  record_list_content = ''
  for res in DBAccess.get_all_record(page):
    record_list_content += '''

```

2. ドキュメントを保存する。「show.py」は「server.py」から呼び出される関数を定義しているプログラムのため，単体では動作確認は行わない。

② server.py の追記・修正

1 「Visual Studio Code」上の「jibunAnalyze」フォルダー内の，「cgi-bin」フォルダー内にて「server.py」を開き，次のドキュメントの追記・修正を記述する。

server.py(抜粋)

```
#cgiオブジェクト作成
form  = cgi.FieldStorage()

#パラメータを変数に格納
func        = form.getfirst('func', '')          #画面遷移用
nowdate     = form.getfirst('now_date', '')
item        = form.getfirst('item_list', '0')
assessment  = form.getfirst('assessment', '0')
comment     = form.getfirst('comment', '')
currentpage = form.getfirst('page', '1')         #ページ切替え用

#<body>内容
body_content = ''

#<body>内容：funcによる分岐
match func:
  case '1':
    #<body>内容：登録画面
    body_content = makepage_input()
  case '2':
    #<body>内容：記録画面
    if nowdate != '' and item != '0' and assessment != '0':
      DBAccess.insert_record(item, assessment, comment)
      body_content += 'レコード登録完了！'
    body_content += makepage_show(currentpage)
  case '3':
    #<body>内容：分析画面
    body_content += '分析画面'
```

2 ドキュメントを保存後，「Visual Studio Code」の「ターミナル」を起動し，下記のコマンドでサーバーを起動する。(すでにサーバーが起動していれば省略)

```
PS C:\15S_Python\jibunAnalyze> python -m http.server --cgi 8000
```

3 サーバーが無事に起動したら，「Microsoft Edge」を起動し，下記のアドレスをアドレスバーに入力し，アクセスする。

```
http://localhost:8000/cgi-bin/server.py
```

4 「ジブンアナライズ」のナビゲーションメニューから，【記録】をクリックし，レコードリストが正しく表示されるかを確認する。その際，下記のテストケースに従って確認をする。

▶ テストの際に適切なレコードデータが存在しないとき：データベース内のデータを直接編集して必要なデータを作成してもよい。

◆テストケース

※必要ならば，データベースの値を直接変更して確認する。

❶ 1 ページあたりのレコード表示件数
最大で 10 件かを確認するために，10 件以上 record テーブルにデータを登録して確認する。

❷全レコードが 10 件未満のとき（前のページが存在しないとき）の確認
record テーブルのレコード件数が 10 件未満の状態で，「<<」をクリック（前のページを表示しようとする）し，表示が変わらないことを確認する。

❸全レコードが 11 件以上のとき（次のページが存在するとき）の確認
record テーブルのレコード件数が 11 件以上の状態で，「>>」をクリック（次のページを表示しようとする）し，2 ページ目に表示が変わることを確認する。

❹最終ページの確認
最終ページ（record テーブル内のレコード件数 ÷ 10 ページ目）において，「>>」をクリック（次のページを表示しようとする）し，表示が変わらないことを確認する。

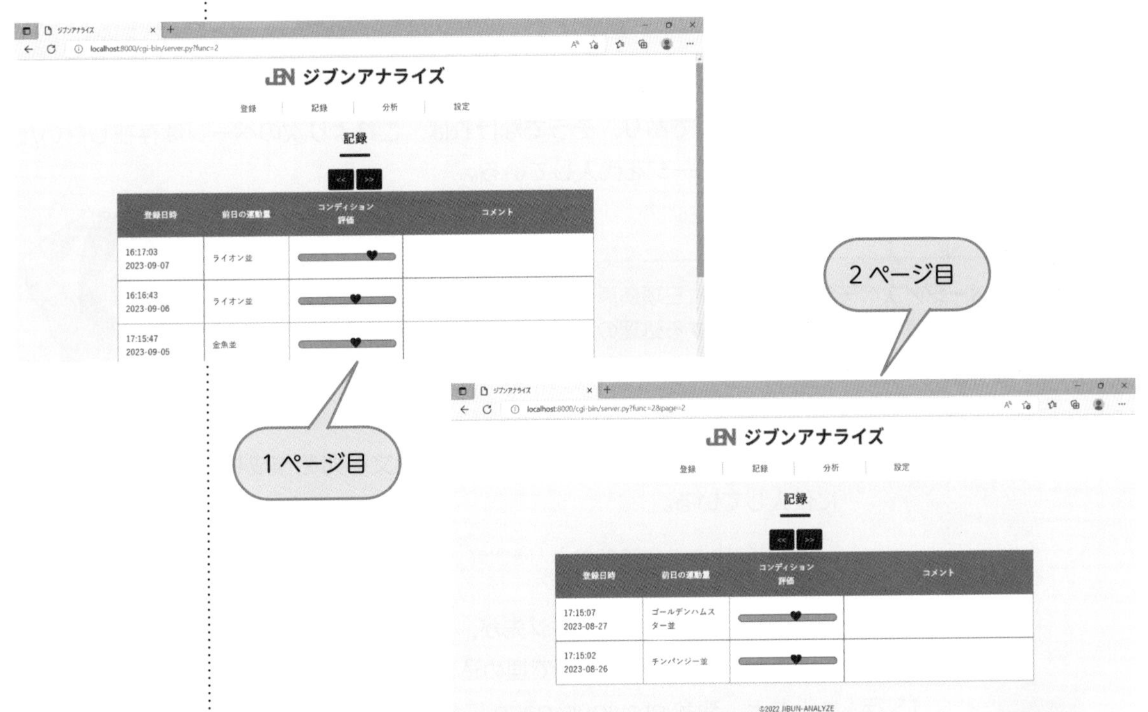

想定している正しい動作はもちろん，
想定外の動きをしてしまうことも考えて，
いろいろと試す（テスト）必要があるね。

③ show.py の追記・修正の解説

4 行：makepage_show()関数の定義部に，get_all_record(page)メソッドと同様に現在ページを受け取るために引数「currentpage」を加えている。

7 行：引数 currentpage の中身を，int()関数で整数に変換し，変数 page に代入している。

9 行：DBAccess クラスに作成した get_all_record_count()メソッドを実行し，レコード件数を取得している。int()関数で整数に変換し，変数 count に代入している。

12 行：現在のページから考えて，１つ前のページを判断し，変数 p_page に代入している。

```
p_page = (str(page - 1) if (page > 1) else '1')
```

現在のページが１より大きければ，現在のページ－１が前のページであり，そうでなければ，これより前のページは存在しないため，１を代入している。

13 行：現在のページから考えて，１つ次のページを判断し，変数 n_page に代入している。

```
n_page = (str(page + 1) if (count > page * 10) else str(page))
```

現在のページ数 * 10 が，レコード件数より大きければ，現在のページ＋１が次のページであり，そうでなければ，これより次のページは存在しないため，現在のページを代入している。

前ページ／次ページの判断処理に三項演算を使っているね。
条件により，代入する値が変化する処理のときに，便利だよね！

14 行：前ページ，または，次ページへのリンク文字列を作成し，変数 page_path に代入している。

```
page_path = '<a href="./server.py?func=2&page={0}" class="page_i">
{1}</a>'
```

「{0}」には遷移すべきページ先が，「{1}」には，リンク文字列「<<」「>>」のいずれかが，この後の処理で埋め込まれることになる。

15 行：もともと，変数 previous_page にダミー文字列として「''(空欄)」を代入していた部分を削除し，前ページへのリンク文字列を代入している。

```
previous_page = ''
  previous_page = page_path.format(p_page, '&lt;&lt;')
```

format()メソッドを用いて，変数 page_path の「{0}」に，前ページにあたる実際のページ数を，「{1}」には特殊文字「<」を用いて文字列「<<」を埋め込んでいる。

16 行：もともと，変数 next_page にダミー文字列として「''(空欄)」を代入していた部分を削除し，次ページへのリンク文字列を代入している。

```
next_page        = ''
  next_page      = page_path.format(n_page, '&gt;&gt;')
```

format( ) メソッドを用いて，変数 page_path の「{0}」に，次ページにあたる実際のページ数を，「{1}」には特殊文字「>」を用いて文字列「>>」を埋め込んでいる。

④ server.py の追記・修正の解説

20 行：画面遷移に用いている URL パラメータ「func」と同様に，FieldStorage 型オブジェクトの getfirst( ) メソッドを用いて，渡されてきた「page」パラメータを受け取り，変数 currentpage に代入している。

35 行：makepage_show( ) 関数に引数を追加したため，呼び出し元でも同様の変更が必要である。現在のページを意味する変数 currentpage を，引数として指定している。

Python と Web の知識，
そして，データベースの機能も組み合わせて，
ページ遷移を実現することができたね！
Web アプリケーションは，いろいろな技術の連携が大切ね。

13章 ジブンアナライズ：分析機能（1）

15Step ▷ Python入門

登録機能，記録機能ときて，
次は，いよいよ分析機能！…一番大変そうね。

まずは，
データベースに登録されているデータを
集計する方法を調べよう！

レコードを全部取り出してから，集計するほうがよいのかなー？
それとも，データベース上で先に集計したほうがよいのかなー？

あ！ SQL に集計関数というのがあるね！
これを使ってデータベースで先に集計しておけば，
Python 側では，表示するだけでいいみたい！ いけるね！

1 この章で完成させるもの

「ジブンアナライズ」の分析機能として，登録されているデータを集計し，わかりやすく画面に表示する処理を作成する。

13章 ジブンアナライズ：分析機能（1）

2 分析機能の作成

1 登録されているレコードデータの集計

例題 13-1

SQLite データベースに登録されている record テーブルのデータを「ジブンアナライズ」の分析機能としてわかりやすく集計し，画面に表示するために，まずは，「db.py」に処理を追加してみよう。

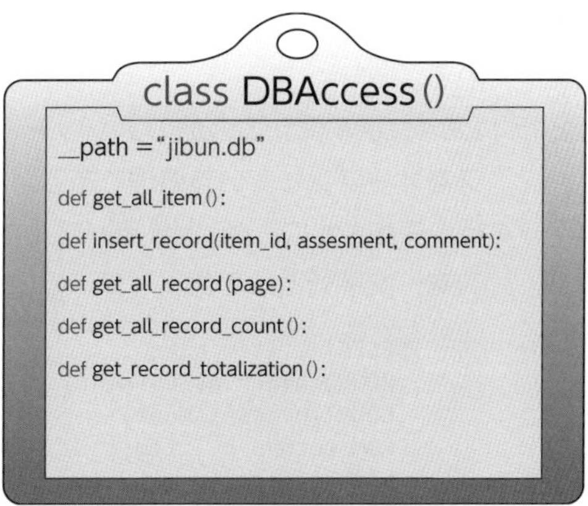

class DBAccess ()
__path = "jibun.db"
def get_all_item():
def insert_record(item_id, assesment, comment):
def get_all_record(page):
def get_all_record_count():
def get_record_totalization():

① db.py の追記・修正

1 「Visual Studio Code」上の「jibunAnalyze」フォルダー内の，「cgi-bin」フォルダー内にて「db.py」を開き，次のドキュメントを末尾に追記する。

> db.py への追記：
> DBAccess クラス内へのメソッド追加となるため，左インデントの位置には注意が必要である。

> SQL 文字列：
> 67-73 行目の SQL 文字列の先頭には半角スペースを入れていることに注意である。

db.py（抜粋）

```
01:  import sqlite3
02:  import datetime
```

```
62:   #recordからすべてのレコードの「評価」を集計して取得
63:   @staticmethod
64:   def get_record_totalization():
65:     result = []
66:     with sqlite3.connect(DBAccess.__path) as conn:
67:       sql =  ' SELECT i.item_name'
68:       sql += ' ,ROUND(AVG(r.assessment) , 2) AS r_avg'
69:       sql += ' ,COUNT(r.assessment)          AS r_cnt'
70:       sql += ' FROM record r, item i'
71:       sql += ' WHERE r.item_id = i.item_id'
72:       sql += ' GROUP BY r.item_id'
73:       sql += ' ORDER BY r_avg DESC'
74:       sql += ';'
75:       result = conn.execute(sql)
76:     conn.close
77:     return result
78:
```

2 ドキュメントを保存する。「db.py」は単体での動作確認は行わない。

② db.py の追記・修正の解説

63-77 行：record テーブルから集計レコードを取得する get_record_totalization ()メソッドとして宣言している部分である。

64 行：get_record_ totalization()メソッドの定義部分である。特に，引数は指定していない。

65 行：DBAccess クラスの他のメソッドと同様に，取得したレコードデータを代入するための変数 result の初期化である。最終的には return で呼び元に戻される。

66 行：DBAccess クラスの他のメソッドと同様に，with 構文を用いてデータベースをオープンしている処理である。

67-74 行：変数 sql に，record テーブルから集計レコードを抽出するための SQL 文を，文字列として代入している。

```
' SELECT i.item_name'
 ,ROUND(AVG(r.assessment) , 2) AS r_avg'
 ,COUNT(r.assessment)          AS r_cnt'
' FROM record r, item i'
' WHERE r.item_id = i.item_id'
' GROUP BY r.item_id'
' ORDER BY r_avg DESC'
';'
```

get_all_record()メソッドと同様に，ここでも FROM 句に record テーブルと item テーブルの 2 種を指定し，それぞれ「r」と「i」という別名を付けている。また，WHERE 句でも同様に，「r.item_id = i.item_id」により，record テーブルと item テーブルを外部キー「item_id」でテーブル結合を行っている。

SELECT 句の 2 行目は，数値関数 ROUND()と集約関数 AVG()が使用されており，その結果を AS 句で「r_avg」という別名を付けている。集約関数とは，複数行の値が GROUP BY 句によってグループ化され，集計結果として単一の値を戻す SQL 関数のことである。

```
GROUP BY r.item_id
```

AVG()関数は，()内の値の平均値を返してくれる。ROUND()関数は，()内の値を四捨五入した値を戻してくれる。引数の「2」は小数第二位までを残すという指定になる。

```
ROUND(AVG(r.assessment) , 2) AS r_avg
```

SELECT 句の 3 行目は，集約関数 COUNT()が使用されており，その結果を AS 句で「r_cnt」という別名を付けている。COUNT()関数は，()内のレコー

GROUP BY 句を使うと，
指定した列の値をキーとしてレコードをグループ化することが可能ね。
そして，グループ化されたレコードは，
集約関数を用いることでグループごとに集計することができるね！

ド数を返してくれる。

```
COUNT(r.assessment) AS r_cnt
```

また，最終行の SQL 文終止符「;(セミコロン)」も付加している。

75 行：DBAccess クラスの他のメソッドと同様に，conn.execute()メソッドによりデータベースからレコードを取得し，実行結果のリストオブジェクトを変数 result に代入している。

76 行：DBAccess クラスの他のメソッドと同様に，変数 conn の close()メソッドを実行し，データベースのクローズ処理を行っている。

77 行：record テーブルのすべてのレコードが代入されている変数 result を，return 文により get_record_totalization()メソッドの呼び出し元に戻している。

◆集約関数と GROUP BY 句によるグループ化について

具体的なサンプル表を用いて，GROUP BY と集約関数について解説する。

id	item_id	assessment	comment	date	time
1	1	6	がんばりました！	2023/8/10	13:40:55
2	1	5	がんばりました！	2023/8/11	11:13:45
3	1	4	がんばりました！	2023/8/12	9:02:12
4	5	2	少しサボってしまった。	2023/8/13	9:04:19
5	5	1	少しサボってしまった。	2023/8/14	7:12:24

❶ item_id によるグループ化

id	item_id	assessment	comment	date	time
1	1	6	がんばりました！	2023/8/10	13:40:55
2		5	がんばりました！	2023/8/11	11:13:45
3		4	がんばりました！	2023/8/12	9:02:12
4	5	2	少しサボってしまった。	2023/8/13	9:04:19
5		1	少しサボってしまった。	2023/8/14	7:12:24

item_id でグループ化すると，上記のように同一の item_id をもつレコードを 1 レコードとして扱おうとする。その場合，item_id 以外の id，assessment，comment，date，time の列の値を扱うことができないため，SQL としてエラーとなってしまう。

❷ item_id によるグループ化後，集約関数 AVG()を assessment 列に適用

id	item_id	assessment	comment	date	time
1	1	(6+5+4)の平均 5.0	がんばりました！	2023/8/10	13:40:55
2			がんばりました！	2023/8/11	11:13:45
3			がんばりました！	2023/8/12	9:02:12
4	5	(2+1)の平均 1.5	少しサボってしまった。	2023/8/13	9:04:19
5			少しサボってしまった。	2023/8/14	7:12:24

item_id でグループ化した上で，assessment 列に対して集約関数 AVG( )を適用すると，上記のように複数行あったレコードが単一のレコードに集約される。それでもなお，item_id と assessment 以外の id，comment，date，time の列の値を扱うことができないため，SQL としてエラーとなってしまう。

❸ item_id によるグループ化後，集約関数 AVG( )を assessment 列に適用し，不要な列を抽出対象外とする。

item_id	AVG(assessment)
1	5.0
5	1.5

item_id でグループ化した上で，assessment 列に対して集約関数 AVG( )を適用し，不要な列を抽出対象外(SELECT 句に含まない)とすると，上記のように複数行あったレコードが単一のレコードに集約され，かつ，集約関数 AVG( )の結果を正しく表示することができる。レコード数を集約する COUNT( )関数も同様に item_id でグループ化することで，同一 item_id のレコードをレコード数として集約し，下記のようにレコード件数を表示することができる。

item_id	AVG(assessment)	COUNT(assessment)
1	5.0	3
5	1.5	2

2 レコード集計データの表示(1)

例題 13-2 SQLite データベースに登録されている record テーブルのデータを「ジブンアナライズ」の分析機能としてわかりやすく集計し，画面に表示するために，次は，テンプレートファイルである「sub_analyze.html」と，「analyze.py」を作成しよう。

データベースで集計したレコードをいよいよ表示してみるね。
今回も Python と
テンプレートファイルの組み合わせから作るね！

① sub_analyze.html の作成

1 「Visual Studio Code」上の「jibunAnalyze」フォルダー内にて，「sub_analyze.html」という名称でファイルを作成し，「次のドキュメントを記述する。

sub_analyze.html

```
<article>
  <h2>分析</h2>
  <div class="analysis">
      <table class="table-f" width="100%">
        <thead>
          <tr>
            <th>前日の運動量</th>
            <th>コンディション評価 平均</th>
            <th>評価個数</th>
          </tr>
        </thead>
        <tbody>
          {embed_total_list}
        </tbody>
      </table>
  </div>
</article>
```

2 ドキュメントを保存する。「sub_show.html」は「show.py」から読み込むためのテンプレートファイルのため，単体では動作確認は行わない。

② analyze.py の作成

1 「Visual Studio Code」上の「jibunAnalyze」フォルダー内の，「cgi-bin」フォルダー内に「analyze.py」という名称でファイルを作成し，「次のドキュメントを記述する。

analyze.py

```
import statistics
from db import DBAccess

#分析機能画面作成
def makepage_analyze():

  #色設定
  POSI_BG_COLOR = '#fff2f2'
  POSI_COLOR    = '#e65050'
  NEGA_BG_COLOR = '#fafafa'
  NEGA_COLOR    = '#3d3838'

  #評価の中央値
  boundary = statistics.median([1,2,3,4,5,6])

  #埋め込み：集計テーブル
  total_list_content = ''
  for res in DBAccess.get_record_totalization():
    # 色変更用変数の設定
    tr_bg_color = POSI_BG_COLOR if res[1] >= boundary else NEGA_BG_COLOR
```

```
    tr_color    = POSI_COLOR    if res[1] >= boundary else NEGA_COLOR

    total_list_content += '''
      <tr style="background-color:{0};color:{1};">
          <td>{2}</td>
          <td class="analysis-r">{3}</td>
          <td class="analysis-r">{4}</td>
      </tr>
    '''
    total_list_content = total_list_content.format(tr_bg_color,tr_color, res[0], res[1], res[2])

  #HTMLファイルを開く
  with open('sub_analyze.html', mode='r', encoding='utf-8') as f:
    file = f.read()

  #<body>内容を出力
  html_Text = file.format(
    embed_total_list = total_list_content
  )

  return html_Text
```

2 ドキュメントを保存する。「analyze.py」は「server.py」から呼び出されるプログラムのため，単体では動作確認は行わない。

3 sub_analyze.html の解説

「ジブンアナライズ」の分析機能画面を構成するHTML文書である。「analyze.py」からテンプレートファイルとして読み込まれた後，必要な処理を施され，最終的に「server.py」から「index.html」テンプレートファイルと結合して画面に出力される。なお，class属性に関しては，すべてCSSの適用に関するものなので，解説は割愛する。

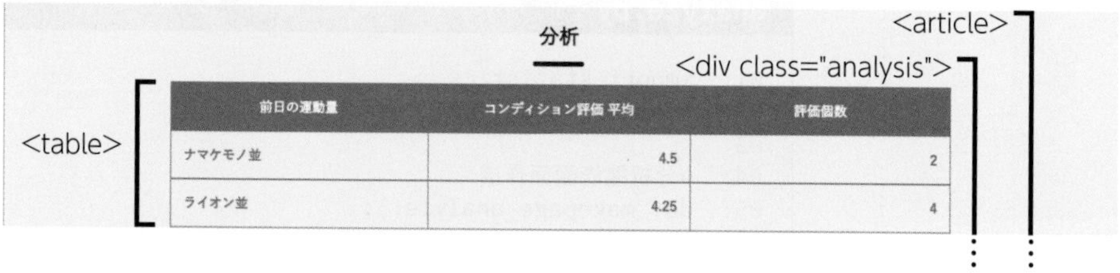

<article>
分析
<div class="analysis">
<table>

前日の運動量	コンディション評価 平均	評価個数
ナマケモノ並	4.5	2
ライオン並	4.25	4

1-17行：article

テンプレートとして読み込まれ，<main>の内容として「挿入」される，独立した文書であることを宣言している。以下はすべて<article>の中の説明である。

・<h2>で「分析」という機能名を見出しとして表示する。

3-16行：分析機能全体

「分析」機能全体のタグを囲んでいる。CSS適用のためである。

4-15行：集計レコードリスト

集計レコードの詳細を表示する部分である。

・<thead>…<th>…を用いて，表テーブルのテーブルヘッダを作成している。
・{embed_total_list} の部分に，「analayze.py」内の処理で，1レコードずつ <tr>…<td>…</td>…</tr> を用いて表テーブルの内容を埋め込んでいく。

4 analyze.py の解説

「ジブンアナライズ」の分析機能画面を作成する makepage_analyze()関数を定義している。このプログラム単体では意味をなさず，server.py から makepage_analyze()関数を呼び出すことで，HTML タグを文字列として返す。

1 行：標準ライブラリである「statistics」ライブラリをインポートしている。「statistics」は，データを数学的に統計計算するための関数を扱うためのライブラリである。

2 行：作成した「db.py」から「DBAccess」クラスをインポートしている。

5 行：makepage_analyze()関数の定義開始を宣言している。

8-11 行：色指定に関する色コード文字列を，各々の変数に代入している。各変数の色を何に用いるかについて，下記にソースコメントで表す。

```
POSI_BG_COLOR = '#fff2f2'  #ポジティブ判定時，背景色
POSI_COLOR    = '#e65050'  #ポジティブ判定時，文字色
NEGA_BG_COLOR = '#fafafa'  #ネガティブ判定時，背景色
NEGA_COLOR    = '#3d3838'  #ネガティブ判定時，文字色
```

> 中央値：データを小さい順に並べたデータのちょうど中央にあるデータのこと。

14 行：「コンディション評価」の値の中央値を求め，変数 boundary に代入している。

```
boundary = statistics.median([1,2,3,4,5,6])
```

statistics モジュールの median()関数に，コンディション評価値として入力可能な 1 ～6までの数値を引数として設定することで，自動的に小さい順に並べ替えた上でコンディション評価の中央値である「3.5」を算出してくれる。その結果を，変数 boundary に代入している。

17 行：変数 total_list_content を初期化している。for 文を用いて「+=」による追記をするため，その処理より前で初期化が必要だからである

18-30 行：for 文を用いて，<table> で用いる <tr><td>…</td></tr> を生成している処理である。

```
for res in DBAccess.get_record_totalization():
```

18 行：DBAccess クラスの get_record_totalization()メソッドを呼び出し，結果として戻されるリストオブジェクトを元に for 文を実行する部分である。1 周ごとに，1レコードが変数 res に格納されていき，それを利用して変数 total_list_content に <tr><td>…</td></tr> を追記代入することで，<table> の中身を作成していく。

20 行：背景色がポジティブ／ネガティブのどちらの色コードを使用するかについて判断し，変数 tr_bg_color に代入している。

```
Tr_bg_color = POSI_BG_COLOR if res[1] >= boundary else NEGA_BG_
COLOR
```

三項演算子により，評価値が格納されている変数res[1]の値が，変数boundary(中央値)以上であれば変数POST_BG_COLOR(ポジティブ背景色)を代入し，そうでなければ，変数NEGA_BG_COLOR(ネガティブ背景色)を代入している。

中央値を上回るか？ 下回るか？ によって，
テーブル行の色を変更するために，
取得したレコード1件ごとに，
中央値とのif構文による判断が必要になるね。

21行：文字色がポジティブ／ネガティブのどちらの色コードを使用するかについて判断し，変数tr_colorに代入している。

```
tr_color   = POSI_COLOR    if res[1] >= boundary else NEGA_COLOR
```

三項演算子により，評価値が格納されている変数res[1]の値が，変数boundary(中央値)以上であれば変数POST_COLOR(ポジティブ文字色)を代入し，そうでなければ，変数NEGA_COLOR(ネガティブ文字色)を代入している。

23-29行：<tr><td>…</td></tr>の中身を文字列として作成していく処理である。

```
    total_list_content += '''
      <tr style="background-color:{0};color:{1};">
          <td>{2}</td>
          <td class="analysis-r">{3}</td>
          <td class="analysis-r">{4}</td>
      </tr>
```

「{ 数字 }」の部分は，この後，format()メソッドで値を埋め込んでいく部分であり，出力されたHTMLは下記のようになる。

```
<tr style="background-color:#fff2f2;color:#e65050;">
  <td>チーター並</td>
  <td class="analysis-r">4.0</td>
  <td class="analysis-r">2</td>
</tr>
```

上記のような<tr><td>…</td></tr>が，<table>で作成される表の1行となり，この行がレコードデータの数だけ作成され，表として完成する。

30行：変数total_list_contentにformat()メソッドで「{ 数字 }」の部分に値を埋め込んでいる処理である。

```
total_list_content = total_list_content.format(tr_bg_color ,tr_
color, res[0], res[1], res[2])
```

get_record_ totalization()メソッドの実行により，変数resには1つ1つリストとしてrecordテーブルの集計レコードが代入されているため，対応する列を指定し，代入することになる。

get_record_totalization()メソッドの SQL 文は上記の順番で指定しているため，下記のような関係になる。

```
sql =  " SELECT i.item_name"
sql += " ,ROUND(AVG(r.assessment) , 2) AS r_avg"
sql += " ,COUNT(r.assessment)          AS r_cnt"
```

背景色	→ 変数 tr_bg_color に代入されている	→ {0} の位置に埋め込む
文字色	→ 変数 tr_color に代入されている	→ {1} の位置に埋め込む
i.item_name(項目名)	→ 変数 res[0] に代入されている	→ {2} の位置に埋め込む
r_avg(評価値の平均)	→ 変数 res[1] に代入されている	→ {3} の位置に埋め込む
r_cnt(レコードの数)	→ 変数 res[2] に代入されている	→ {4} の位置に埋め込む

33-34 行：with 構文と open()関数を用いて「sub_analyze.html」ファイルをオープンし，変数 file に読み込んだ内容を格納し，ファイルをクローズしている処理である。

37-39 行：ファイルオブジェクトの format()メソッドを使用し，埋め込み処理を施した文字列を，変数 html_Text に代入している。変数 total_list_content の中身を「{embed_total_list}」部分に埋め込んでいる。

3 レコード集計データの表示(2)

例題 13-3 **SQLite データベースに登録されている record テーブルのデータを「ジブンアナライズ」の分析機能としてわかりやすく集計し，画面に表示するために，「server.py」に処理を作成し，レコードデータの集計を表示させてみよう。**

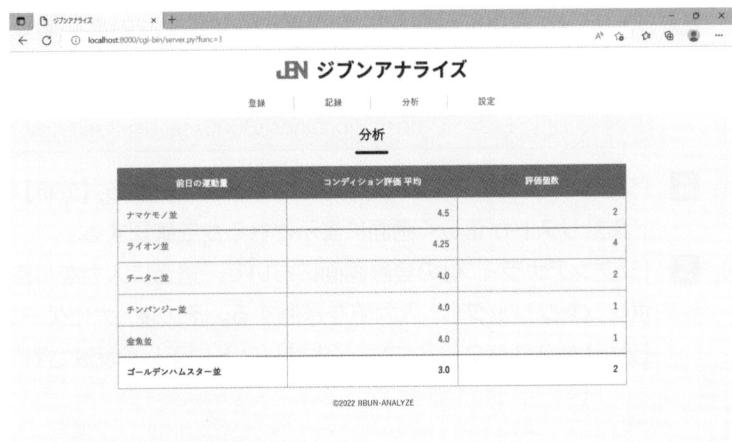

1 server.py の追記・修正

1 「Visual Studio Code」上の「jibunAnalyze」フォルダー内の，「cgi-bin」フォルダー内にて「server.py」を開き，次のドキュメントの追記・修正を記述する。

server.py（抜粋）

```
import sys
import cgi
from input import makepage_input
from show import makepage_show
from analyze import makepage_analyze
from db import DBAccess

```

```
#<body>内容：funcによる分岐
match func:
  case '1':
    #<body>内容：登録画面
    body_content = makepage_input()
  case '2':
    #<body>内容：記録画面
    if nowdate != '' and item != '0' and assesment != '0':
      DBAccess.insert_record(item, assesment, comment)
      body_content += 'レコード登録完了！'
      body_content += makepage_show(currentpage)
  case '3':
    #<body>内容：分析画面
body_content += '分析画面'
    body_content += makepage_analyze()
  case '4':
    #<body>内容：設定画面
    body_content += '設定画面'
```

2 ドキュメントを保存後，「Visual Studio Code」の「ターミナル」を起動し，下記のコマンドでサーバーを起動する。

```
PS C:\15S_Python\jibunAnalyze> python -m http.server --cgi 8000
```

3 サーバーが無事に起動したら，「Microsoft Edge」を起動し，下記のアドレスをアドレスバーに入力し，アクセスする。

http://localhost:8000/cgi-bin/server.py

> サーバーの停止：
> サーバーが起動している間に，ターミナルにてCTRLキー＋Cキーを同時に押すことで，起動中のサーバーを停止することができる。

4 「ジブンアナライズ」のナビゲーションメニューから，【分析】をクリックし，レコード集計リストが正しく画面に表示されるかを確認する。

5 「ジブンアナライズ」の登録画面において，適当に入力をし終えたら，【登録する】ボタンをクリックし，入力値を送信する。その後，ナビゲーションメニューから，【分析】をクリックし，レコード集計リストに正しく反映されているかを確認する。

◆テストケース

❶評価個数の確認

レコード登録時に，項目ごとの評価個数が正しく増加するかを確認する。

❷評価平均の確認

レコード登録時に，項目ごとの評価平均値が正しく変更されるかを確認する。

❸ポジティブ表示の確認（1）

評価平均値が中央値(3.5)を上回る際，正しくポジティブ表示になるかを確認する。

❹ポジティブ表示の確認（2）

評価平均値と中央値(3.5)が同じ値の際，正しくポジティブ表示になるかを確認する。

❺ネガティブ表示の確認

評価平均値が中央値(3.5)を下回る際，正しくネガティブ表示になるかを確認する。

※評価コンディションは1～6までの6段階のため，すべての評価コンディションを1つずつ登録すると，評価平均はちょうど3.5となる。

$$(6+5+4+3+2+1) \div 6 = 3.5$$

ここで次に，3.5を下回る評価(1～3)を登録すると，評価平均は3.5を下回る＝ネガティブ評価に変わる。

2 server.py の追記・修正の解説

5 行：「analyze.py」にある makepage_analyze() 関数を「server.py」内で使用するために，インポート宣言をしている。

39 行：変数 body_content に，ダミー文字列を代入していた部分を削除し，代わりに makepage_analyze() 関数の呼び出しとしている。

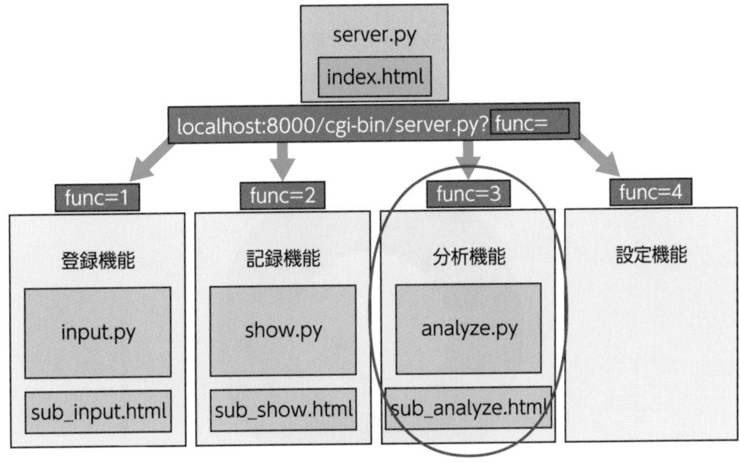

14章 ジブンアナライズ：分析機能（2）

15Step ▷ Python入門

なんとか，分析機能の集計部分ができたね。
次はグラフ表示の部分ね！

グラフ作成に必要なデータは，
集計表のデータと同じだから，
データベースからレコードを取り出し直す必要はなさそうね。

そもそも，HTML でグラフを表示するタグは…ないみたい。
だから，
すでにあるデータを元に，グラフを表示する方法の調査が必要ね！

Web アプリケーションなら JavaScript とかかな？
Python でデータベースの処理をして
画面は JavaScript を利用！ いよいよ，本格的になってくるね♪

1 この章で完成させるもの

「ジブンアナライズ」の分析機能として，登録されているデータを集計したものを，わかりやすくグラフとして画面に表示する処理を作成する。

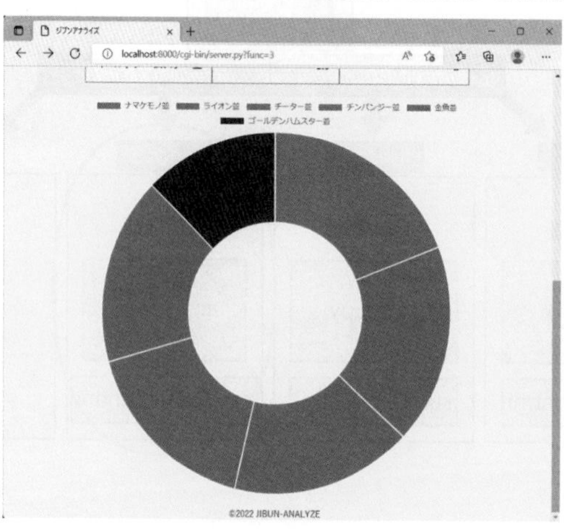

2 JavaScript ライブラリの利用

1 JavaScript について

> RIA とは：Webアプリケーションとしての利点を活かしながらも，デスクトップアプリケーションのようなユーザビリティの高さを実現したWebアプリケーションのこと。

> ライブラリとは：メソッドや関数など，プログラムとして完成している再利用可能な部品がひとまとまりに準備されているもの。

Google 社が JavaScript を利用したリッチインターネットアプリケーション(RIA)である「GoogleMap」を 2005 年に公開すると，そこから次々と JavaScript を利用した RIA が世の中に増えていった。翌年，JavaScript のライブラリである「jQuery」が登場し，事実上の業界標準として普及した後は，世の中の Web サイトや Web サービスは，RIA が主流となっていった。その後も，次々と有用なライブラリが登場し，今や JavaScript は Web フロント開発の世界標準となっている。

JavaScript は，Java や PHP，Python 等の他のプログラミング言語と組み合わせて利用可能である。また，フロント開発だけではなく，ゲーム開発やサーバーサイド開発にも利用されており，スマートフォンや PC，ゲームデバイス等のマルチプラットフォームにも対応していることから，圧倒的に汎用性が高い言語だといえる。Python 同様，ライブラリやフレームワークも非常に充実しており，開発の裾野も広い。

今回は，「ジブンアナライズ」の分析機能において，動的なグラフ表示を実現するために，JavaScript ライブラリを利用する。

2 JavaScript ライブラリ「Chart.js」

「Chart.js」とは

棒グラフや折れ線グラフ，円(ドーナツ)グラフやレーダーチャートといった，グラフやチャートをビジュアルできれいに描画することが可能な，JavaScript のグラフ作成ライブラリである。2013 年にロンドンの Web 開発者によって作成され，現在は専用のコミュニティによって維持されている。また，MIT ライセンスに従い，商用・私用を問わず無償で利用することが可能である。

2 「Chart.js」公式サイト

> Chart.js 公式サイトの情報は 2022 年 10 月現在のものである。

公式サイト(https://www.chartjs.org/)では，使い方やサンプル等について確認することができる。ダウンロードについてもこちらのサイト経由で，該当ページをたどることが可能である。

3 CDN による「Chart.js」の利用

今回は，「Chart.js」の公式サイトより，ファイルをダウンロードするのではなく，CDN を用いて「Chart.js」を利用する。

①公式サイト(https://www.chartjs.org/)より，【Documentation】クリック。

②Home(https://www.chartjs.org/docs/latest/)より，左サイドバー【Getting Started】>【Installation】クリックでCDNJSページへ進む。
CDNJSコーナーに書かれているURLをクリックし，CDNJSページへ進む。
(https://cdnjs.com/libraries/Chart.js)

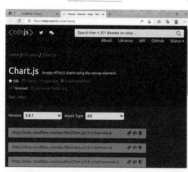

③CDNJSページには，「Chart.js」の最新バージョン一覧が表示されているうち，URLの末尾が「**/chart.min.js**」であるものを探す。
※このURLを必要な箇所に貼り付けることで，CDNとして利用可能となる。

> CDN：
> コンテンツデリバリネットワークの略。インターネット経由でファイルを配信する仕組みのことである。ファイルをダウンロードする必要がないが，利用するためにサーバーにアクセスするため，オフライン環境で利用することができない。

> Chart.jsのバージョン：
> 執筆時点(2022年10月)の最新バージョンは，3.9.1である。

3 Chart.jsによるグラフ表示

1 Chart.jsでグラフを表示する

例題 14-1　「ジブンアナライズ」の分析機能として集計グラフを作成する前に，まずは，「Chart.js」を用いたグラフ作成処理を試してみよう。

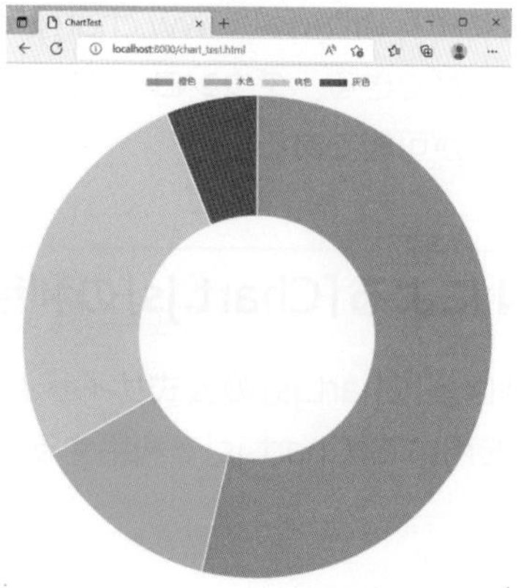

❶ chart_test.html の作成

1 「Visual Studio Code」上の「jibunAnalyze」フォルダー内に，「chart_test.html」という名称でファイルを作成し，次のドキュメントを記述する。

chart_test.html

```
<!DOCTYPE html>
<html>
<head>
  <meta charset="utf-8">
  <title>ChartTest</title>
  <script src="https://cdnjs.cloudflare.com/ajax/libs/Chart.js/3.9.1/chart.min.js">
  </script>
</head>
<body>
  <canvas id="myChart" width="100" height="100"></canvas>
  <script>
    var datasets = [
      {
        data: [102,25,51,12,] ,
        backgroundColor: ["Orange", "SkyBlue", "Pink", "grey"] ,
      }
    ];

    var config = {
        type: "doughnut" ,
        data: { labels: ["橙色" ,"水色", "桃色", "灰色"] , datasets: datasets }
    };

    var ctx = document.getElementById("myChart");
    var myChart = new Chart( ctx, config );
  </script>
</body>
</html>
```

2 ドキュメントを保存後，「Visual Studio Code」の「ターミナル」を起動し，下記のコマンドでサーバーを起動する。

> サーバーの停止：
> サーバーが起動している間に，ターミナルにて CTRL キー＋C キーを同時に押すことで，起動中のサーバーを停止することができる。

```
PS C:\15S_Python\jibunAnalyze> python -m http.server --cgi 8000
```

3 サーバーが無事に起動したら，「Microsoft Edge」を起動し，下記のアドレスをアドレスバーに入力し，アクセスする。

```
http://localhost:8000/chart_test.tml
```

❷ chart_test.html の解説

「Chart.js」でグラフを表示する確認のために作成した HTML 文書である。値や設定方法について，確認をしてほしい。また，今回入力した JavaScript が文法構成上「{}」を使用しており，Python の format()メソッドで「{}」箇所に値を埋め込もうとすると，JavaScript 部分の「{}」を誤って認識してしまうため，JavaScript 箇所を Python 側から記述しなければならない点も，理解しておいてほしい。

6行：「Chart.js」ライブラリへのリンクパスである。src プロパティに，URL パスまたはファイルパスを指定する。

10行：<canvas> は，グラフが実際に表示される箇所である。id プロパティに「myChart」を指定している。width プロパティと height プロパティは，大きさの値ではなくグラフの幅と高さの比率となる。

11-26行：JavaScript で「Chart.js」を利用しグラフを作成している部分である。

12-17行：グラフを構成する要素として，変数 datasets を設定している。type（グラフ種類）と data（ラベル）について，「,（カンマ）」区切りで複数設定が可能である。「[ ]」と「{ }」の対応と数に注意が必要である。

19-22行：グラフの設定要素として，変数 config を設定している。data に labels（凡例ラベル）と datasets（対象となるデータ元）を設定している。「[ ]」と「{ }」の対応と数に注意が必要である。

24行：id プロパティに「myChart」が指定されている <canvas> を，データオブジェクト要素として変数 ctx に代入している。

25行：引数に，変数 ctx と変数 config を指定し，「Chart.js」を用いて，グラフを作成している。

4 集計グラフ作成のための準備

1 Chart.js の利用準備

例題 14-2

「ジブンアナライズ」の分析機能として，登録されているデータを集計したものを，わかりやすくグラフとして画面に表示するために，まずは，画面表示周辺となる各ファイルに，必要な処理を追加してみよう。

さっき作成した「chart_test.html」と同じように，「ジブンアナライズ」にもグラフ作成に必要な記述を追加していくね！

① index.html への追記・修正

1. 「Visual Studio Code」上の「jibunAnalyze」フォルダー内にて，「index.html」を開き，次のドキュメントの追記・修正を記述する。

index.html（抜粋）

```
  <title>ジブンアナライズ</title>
  <link rel="stylesheet" type="text/css" href="../css/style.css">
  <script src="https://cdnjs.cloudflare.com/ajax/libs/Chart.
js/3.9.1/chart.min.js">
  </script>
</head>
```

2. ドキュメントを保存する。「index.html」は単体での動作確認は行わない。

② sub_analyze.html への追記・修正

1 「Visual Studio Code」上の「jibunAnalyze」フォルダー内にて，「sub_analyze.html」を開き，次のドキュメントの追記・修正を記述する。

sub_analyze.html(抜粋)

```
  </div>
  <div class="analysis">
    <canvas id="myChart" width="100" height="100"></canvas>
    <script>
      {embed_chart_script_01}
      {embed_chart_script_02}
      {embed_chart_script_03}
    </script>
  </div>
</article>

```

2 ドキュメントを保存する。「sub_analyze.html」は単体での動作確認は行わない。

③ analyze.py への追記・修正

1 「Visual Studio Code」上の「jibunAnalyze」フォルダー内の，「cgi-bin」フォルダー内にて「analyze.py」を開き，次のドキュメントの追記・修正を記述する。

入力が結構大変な箇所だから，
まずは，集計グラフの表示に必要な箇所だけ追記していくよ。

analyze.py(抜粋)

```

#埋め込み：集計テーブル
total_list_content = ''
for res in DBAccess.get_record_totalization():
  # 色変更用変数の設定
  tr_bg_color = POSI_BG_COLOR if res[1] >= boundary else NEGA_BG_COLOR
  tr_color    = POSI_COLOR    if res[1] >= boundary else NEGA_COLOR

  total_list_content += '''
    <tr style="background-color:{0};color:{1};">
      <td>{2}</td>
      <td class="analysis-r">{3}</td>
      <td class="analysis-r">{4}</td>
    </tr>
  '''
  total_list_content = total_list_content.format(tr_bg_color,tr_color, res[0], res[1], res[2])

#埋め込み：集計グラフ
chart_datasets = ''
chart_config = ''
chart_doughnut = ''
```

```
#HTMLファイルを開く
with open('sub_analyze.html', mode='r', encoding='utf-8') as f:
  file = f.read()

#<body>内容を出力
html_Text = file.format(
  embed_total_list = total_list_content,
  embed_chart_script_01 = chart_datasets,
  embed_chart_script_02 = chart_config,
  embed_chart_script_03 = chart_doughnut
)

return html_Text
```

2 ドキュメントを保存後，「Visual Studio Code」の「ターミナル」を起動し，下記のコマンドでサーバーを起動する。（すでにサーバーが起動していれば省略）

```
PS C:\15S_Python\jibunAnalyze> python -m http.server --cgi 8000
```

3 サーバーが無事に起動したら，「Microsoft Edge」を起動し，下記のアドレスをアドレスバーに入力し，アクセスする。

```
http://localhost:8000/cgi-bin/server.py
```

4 「ジブンアナライズ」のナビゲーションメニューから，【分析】をクリックし，レコード集計リストが今までと同様に正しく画面に表示されるかを確認する。
（グラフはまだ実装していないので表示されなくてよい）

4 index.html への追記・修正の解説

8行：「Chart.js」ライブラリへのリンクパスである。src プロパティに，URL パスまたはファイルパスを指定する。

5 sub_analyze.html への追記・修正の解説

17-24 行：CSS 適用のため，<div> で囲んでいる。

18 行：「chart_test.html」と同様に，id プロパティに「myChart」を指定した <canvas> を記述している。

```
<script>
  {embed_chart_script_01}
  {embed_chart_script_02}
  {embed_chart_script_03}
</script>
```

19-23 行：「chart _test.html」で確認したように，<script> で「Chart.js」を利用した処理を記述する。今回は，Python 側から記述をわかりやすく 3 分割して埋め込むため，{embed_chart_script_01}，{embed_chart_script_02}，{embed_chart_script_03} と，3 つ埋め込み先を用意しておく。

グラフ作成の JavaScript 記述が長くなってしまうので，
3 つに分割してそれぞれ埋め込んでいくのね。

❻ analyze.py への追記・修正の解説

33 行： 変数 chart_dataset を初期化している。この変数には，JavaScript 処理を 3 分割したうち，datasets-data と datasets-backgroundColor に該当する記述を格納する部分である。

34 行： 変数 chart_config を初期化している。この変数には，JavaScript 処理を 3 分割したうち，config に該当する記述を格納する部分である。

35 行： 変数 chart_doughnut を初期化している。この変数には，JavaScript 処理を 3 分割したうち，データオブジェクトの指定と実際のグラフ作成に該当する記述を格納する部分である。

42-47 行：ファイルオブジェクトの format() メソッドを使用し，埋め込み処理を施した文字列を，変数 html_Text に代入している。各々の変数と埋め込み内容の対応は，下記の通りである。

変数 chart_dataset の中身　→ {embed_chart_script_01} 箇所に
変数 chart_config の中身　→ {embed_chart_script_02} 箇所に
変数 chart_doughnut の中身 → {embed_chart_script_03} 箇所に

また，Chart.js の動作確認として作成した「chart_test.html」で説明すると，次のようになる。

参考：chart_test.html（グラフ作成部のみ抜粋）

```
<script>
    var datasets = [
        {
            data: [102,25,51,12,] ,
            backgroundColor: ["Orange", "SkyBlue", "Pink", …
        }
    ];

    var config = {
        type: "doughnut" ,
        data: { labels: ["橙色" ,"水色", "桃色", "灰色",] , …
    };

    var ctx = document.getElementById("myChart");
    var myChart = new Chart( ctx, config );
</script>
```

embed_chart_script_01（12～17行）
embed_chart_script_02（19～22行）
embed_chart_script_03（24～25行）

た，確かに，これは分割しておいて正解ね…
意味のあるブロックで分割してあるから，
少しはわかりやすくなったはず！！

5　集計グラフの作成

1　集計グラフに関する処理の作成

例題 14-3　「ジブンアナライズ」の分析機能として，登録されているデータを集計したものを，わかりやすくグラフとして画面に表示するために，「analyze.py」に必要な処理を追加してみよう。

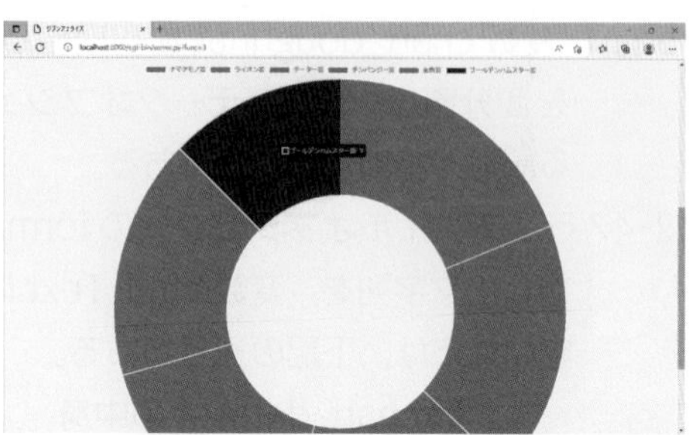

① analyze.py への追記・修正

1 「Visual Studio Code」上の「jibunAnalyze」フォルダー内の，「cgi-bin」フォルダー内にて「analyze.py」を開き，次のドキュメントの追記・修正を記述する。

analyze.py（抜粋）

```

      #評価の中央値
      boundary = statistics.median([1,2,3,4,5,6])

    #グラフ表示用
    item_list = []
    assessment_list = []

    #埋め込み：集計テーブル
    total_list_content = ''
    for res in DBAccess.get_record_totalization():
      # 色変更用変数の設定
      tr_bg_color = POSI_BG_COLOR if res[1] >= boundary else NEGA_BG_COLOR
      tr_color    = POSI_COLOR    if res[1] >= boundary else NEGA_COLOR

      # グラフ表示用に配列に格納しておく
      item_list.append(res[0])
      assessment_list.append(res[1])

      total_list_content += '''
        <tr style="background-color:{0};color:{1};">
            <td>{2}</td>
            <td class="analysis-r">{3}</td>
            <td class="analysis-r">{4}</td>
        </tr>
      '''
      total_list_content = total_list_content.format(tr_bg_color,tr_color, res[0], res[1], res[2])

```

```
  #埋め込み：集計グラフ
  chart_datasets = ''
  chart_config = ''
  chart_doughnut = ''

  #埋め込み：datasets-data
  chart_datasets = 'var datasets = [ { data: ['
  for assessment in assessment_list:
    chart_datasets += str(assessment) + ','
  chart_datasets += '], backgroundColor: [] } ]'

  #埋め込み：datasets-backgroundColor
  chart_datasets += '''
      for (var i = 0; i < datasets[0].data.length; i++) {
          if (datasets[0].data[i] > ''' + str(boundary)  + '''){
              datasets[0].backgroundColor[i] = " ''' + POSI_COLOR  + ''' " // ポジティブ
          } else {
              datasets[0].backgroundColor[i] = " ''' + NEGA_COLOR  + ''' " // ネガティブ
          }
      }
  '''

  #埋め込み：config
  chart_config += 'var config = { type: "doughnut" , data: { labels: [ '
  for item in item_list:
    chart_config += '"' + str(item) + '" ,'
  chart_config += '] , datasets: datasets } } '

  #埋め込み：円グラフ(ドーナッツ型)
  chart_doughnut += 'var ctx = document.getElementById("myChart");'
  chart_doughnut += 'var myChart = new Chart( ctx, config );'

  #HTMLファイルを開く
  with open('sub_analyze.html', mode='r', encoding='utf-8') as f:
    file = f.read()

  #<body>内容を出力
  html_Text = file.format(
    embed_total_list = total_list_content,
    embed_chart_script_01 = chart_datasets,
    embed_chart_script_02 = chart_config,
    embed_chart_script_03 = chart_doughnut
  )

  return html_Text

```

Pythonのコードと JavaScriptのコードが混在するから
「カッコ{}，[]，()」
「'(シングルクォーテーション)」
「"(ダブルクォーテーション)」
の位置と数にしっかり注意しながら入力しよう！！

2 ドキュメントを保存後，「Visual Studio Code」の「ターミナル」を起動し，下記のコマンドでサーバーを起動する。（すでにサーバーが起動していれば省略）

```
PS C:\15S_Python\jibunAnalyze> python -m http.server --cgi 8000
```

3 サーバーが無事に起動したら，「Microsoft Edge」を起動し，下記のアドレスをアドレスバーに入力し，アクセスする。

```
http://localhost:8000/cgii-bin/server.py
```

4 「ジブンアナライズ」のナビゲーションメニューから，【分析】をクリックし，画面を下にスクロールした際に，レコード集計グラフが正しく画面に表示されるかを確認する。

もし，正しく表示されない場合は，【右クリックメニュー】→【ページのソースを表示】をクリックし，Python で作成された HTML 文書内の JavaScript 箇所について，よく確認する。

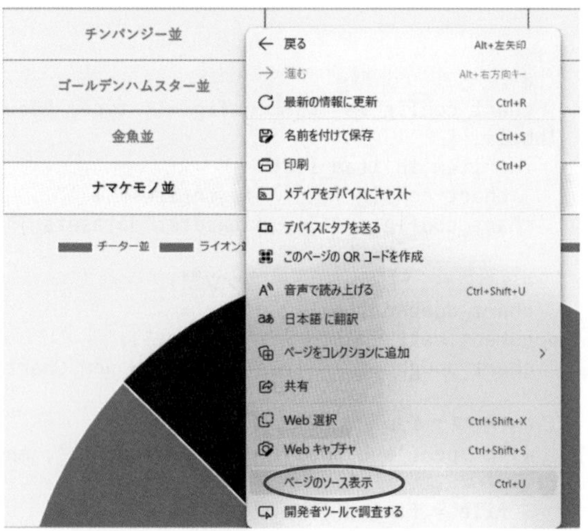

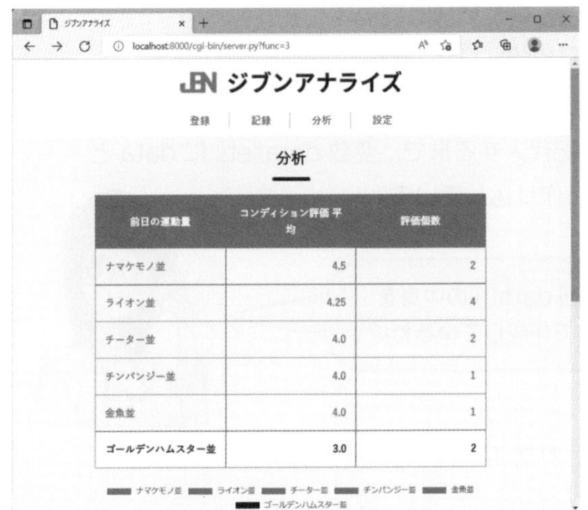

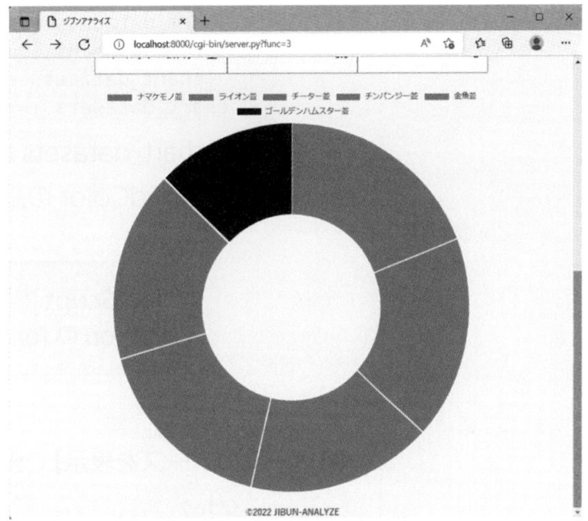

2 analyze.py への追記・修正の解説

17-18 行：変数 item_list と，変数 assesment_list をそれぞれ配列で初期化している。

```
item_list = []
assessment_list = []
```

これらの配列は，グラフ作成時の凡例ラベル（項目名）と，評価値で使用するものである。いずれの値も，この後の集計テーブル作成時に DBAccess クラスの get_record_totalization()メソッドを呼び出し，データベースから取得することになるため，処理前のこのタイミングで初期化が必要となる。

28-29 行：get_record_totalization()メソッドを呼び出し，結果として戻されるリストオブジェクトを元に for 文を実行する部分への追記である。

```
for res in DBAccess.get_record_totalization():
  # 色変更用変数の設定
  tr_bg_color = POSI_BG_COLOR if res[1] >= boundary …
  tr_color    = POSI_COLOR    if res[1] >= boundary …

  # グラフ表示用に配列に格納しておく
  item_list.append(res[0])
  assessment_list.append(res[1])
```

1 周ごとに，1 レコードが変数 res に格納されているので，項目名と評価値を，それぞれ配列に格納しておく。

項目名 → 変数 res[0] に代入されている → 配列 item_list に追加
評価値 → 変数 res[1] に代入されている → 配列 assessment_list に追加

グラフ作成時に，get_record_totalization()メソッドを再度呼び出すのは非効率であるため，このタイミングでグラフ表示用配列として作成しておく。

46-49 行：JavaScript 部分における，変数 datasets の data 部の記述を行っている箇所である。

```
chart_datasets = 'var datasets = [ { data: ['
for assessment in assessment_list:
  chart_datasets += str(assessment) + ','
chart_datasets += '], backgroundColor: [] } ]'
```

変数 chart_datasets に追記代入する形で，変数 datasets に data と backgroudColor の設定を作り込んでいる。

JavaScript での配列 data[ ] の中身を
Python の for 構文で作成しているね。

●【ページのソースを表示】で出力された JavaScript 箇所の例

```
</div>
<div class="analysis">
    <canvas id="myChart" width="100" height="100"></canvas>
    <script>
        var datasets = [ { data: [4.5,4.0,4.0,4.0,4.0,3.0,], backgroundColor: [] } ]
  for (var i = 0; i < datasets[0].data.length; i++) {
      if (datasets[0].data[i] > 3.5){
          datasets[0].backgroundColor[i] = " #e65050 " // ポジティブ
      } else {
          datasets[0].backgroundColor[i] = " #3d3838 " // ネガティブ
      }
  }
```

最終的には，上記のような形で出力されることを想定している。このうち，data については，先ほどグラフ表示用に評価値を格納しておいた変数 assesment_list と for 文を利用し，１つずつ値を取得したものを「data:[ ]」内にカンマ区切りで追記していく。また，「backgroundColor: [ ]」と背景色の配列に中身を記述していないのは，この後の処理で後から追記するからである。

```
var datasets = [
    {
      data: [4.5,4.0,4.0,4.0,4.0,3.0,]
    , backgroundColor: []
    }
]

    *出力されたJavaScript箇所の例
```

52-60 行：JavaScript 部分における，変数 datasets の backgroundColor 部の記述を行っている箇所である。

```
chart_datasets += '''
    for (var i = 0; i < datasets[0].data.length; i++) {
        if (datasets[0].data[i] > ''' + str(boundary)  + '''){
            datasets[0].backgroundColor[i] = " ''' + POSI_COLOR
+ ''' " // ポジティブ
        } else {
            datasets[0].backgroundColor[i] = " ''' + NEGA_COLOR
+ ''' " // ネガティブ
        }
    }
'''
```

JavaScript 側の for 文に対して，Python から処理を追記し，最終的な for 文は JavaScript 側で完成する点に注意である。

```
for (var i = 0; i < datasets[0].data.length; i++) {
  if (datasets[0].data[i] > 3.5){
    datasets[0].backgroundColor[i] = " #e65050 " // ポジティブ
  } else {
    datasets[0].backgroundColor[i] = " #3d3838 " // ネガティブ
  }
}
    ＊出力されたJavaScript箇所の例
```

変数 datasets の data と backgroundColor は，各々の値に対して背景色を指定するため，JavaScript 側の for 文で繰り返す回数を「datasets[0].data.length = data の値の個数分」としている。この for 文の中で，中央値が格納されている変数 boundary と比較し，中央値以上であればポジティブ色（変数 POSI_COLOR）を backgroundColor に設定する。中央値未満であれば，ネガティブ色（変数 NEGA_COLOR）を設定する。こうして完成した JavaScript としての for 文を，Python 側の変数 chart_datasets に追記代入している。

今度は，JavaScript の for 構文を，Python 側から完成させている感じね。グラフは JavaScript で描くことになるから，中央値によって色を変化させるために，JavaScript 側のコードを変化させる必要があるのね。

63-66 行：JavaScript 部分における，変数 config の記述を行っている箇所である。

```
chart_config += 'var config = { type: "doughnut" , data: { labels: [ '
for item in item_list:
chart_config += '"' + str(item) + '" ,'
chart_config += '] , datasets: datasets } } '
```

●【ページのソースを表示】で出力された JavaScript 箇所の例

```
      } else {
        datasets[0].backgroundColor[i] = " #3d3838 " // ネガティブ
      }
   }

      var config = { type: "doughnut" , data: { labels: [ "チーター並" ,"ライオン並" ,"チンパンジー並" ,'
      var ctx = document.getElementById("myChart");var myChart = new Chart( ctx, config );
    </script>
  </div>
```

ここでは見えないが，以下のテキストが入ってくる。

```
"ゴールデンハムスター並" ,"金魚並" ,"ナマケモノ並" ,] , datasets: datasets } }
```

14 章 ジブンアナライズ：分析機能（2）

```
var config = {


    type: "doughnut" ,
    data: {
         labels: [
            "ナマケモノ並" ,
            "チーター並" ,
            "ライオン並" ,
            "チンパンジー並" ,
          "金魚並" ,
            "ゴールデンハムスター並" ,
        ]
        , datasets: datasets
    }
}
    *出力されたJavaScript箇所の例
```

最終的には，上記のような形で出力されることを想定している。[ ]や{ }の対応に注意するために，上記の縦位置を参考にしてほしい。このうち，labels については，先ほどグラフ表示用に項目値を格納しておいた変数 item_list と for 文を利用し，１つずつ値を取得したものを「labels:[ ]」内にカンマ区切りで追記していく。こうして完成した変数 config に関する記述は，Python 側の変数 chart_config に追記代入される。

69-70 行：JavaScript 部分における，データオブジェクトの指定と実際のグラフ作成に該当する記述を行っている箇所である。

```
  chart_doughnut += 'var ctx = document.getElementById
("myChart");'
  chart_doughnut += 'var myChart = new Chart( ctx, config );'
```

JavaScript の変数 config を指定して，「Chart.js」を用いたグラフ作成を呼び出している。そうした処理の記述は，Python 側の変数 chart_doughnut に追記代入され，完成である。

❶ グラフの元データと色情報を作成し，変数 chart_datasets に格納。
❷ ❶を用いた datasets とグラフ種類やラベル名の情報を合わせて，変数 chart_config 格納。
❸ 最後に❷を利用して最終的なグラフ作成処理を作成し，変数 chart_doughnut に格納。
JavaScript の３分割が，だいぶ整理できたかな。

フロントエンドとバックエンド

Web サービスや Web アプリケーションの開発は，大きく分けてフロントエンドとバックエンドの 2 つの種類に分けることができる。

・フロントエンド

Web サービスや Web アプリケーションにおいて，利用者であるユーザーの目に直接触れる部分の開発を指す。具体的には，文字の入力やボタンをクリックする部分であり，Web ブラウザ側でプログラムを実行することになる。クライアントサイドとも呼ばれる。

HTML や CSS，プログラム言語でいうと JavaScript が担当する領域である。

・バックエンド

Web サーバーやデータベース等の，ユーザーの目に直接見えない部分の開発を指す。具体的には，ユーザーが入力したデータの処理や，データベースへの登録，検索結果の出力等の部分である。

プログラム言語でいうと，Python や Java，PHP が担当する領域である。

今回の「ジブンアナライズ」におけるグラフ作成では，グラフ描画処理がフロントエンド（クライアントのブラウザ側）の処理であるため，バックエンドである Python 側から，フロントエンド側の JavaScript コードを作り込んでいる。

15 章 ジブンアナライズ：設定機能／発展可能性

15Step ▷ Python入門

残す機能は，あと1つ！「設定機能」だけね。
いろいろ作成してきたけれど…ようやくここまで来た感じね！

これは，登録されたデータをすべて削除する機能…だから，
データベースのレコードを，
SQL文ですべてDELETE(削除)すればいいよね。

とりあえず，削除しか考えていなかったけれど，
設定機能に，もっと他の機能を追加できるかもしれないな…

Pythonの外部ライブラリとか，他の使い方も調査して，
何ができるか？をもっといろいろ知っておこうっ！！

1 この章で完成させるもの

「ジブンアナライズ」に「設定」機能を追加し，登録されているデータを削除可能とする。

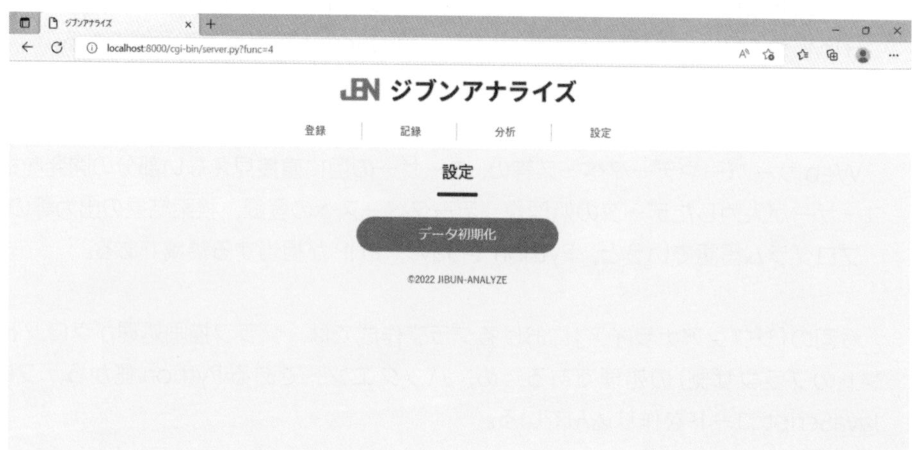

2 設定機能の作成

レコードデータを削除する処理の実装(1)

例題 15-1

「ジブンアナライズ」の登録機能により，日々登録されたレコードを消去したいタイミングもあるはずである。「ジブンアナライズ」の設定機能としてそうした機能を実現するために，まずは，「db.py」に処理を追加しよう。

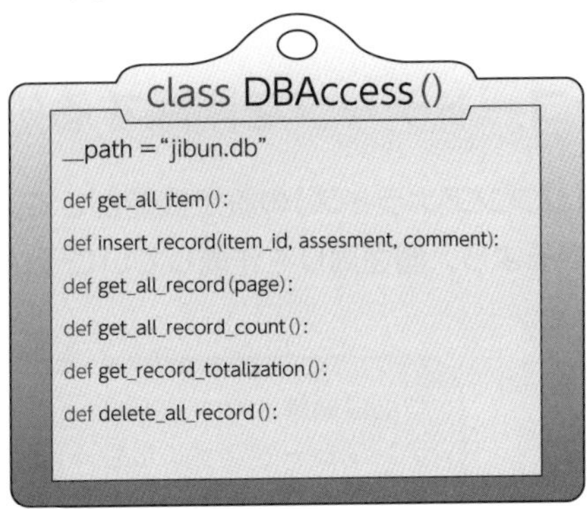
class DBAccess()
__path = "jibun.db"
def get_all_item():
def insert_record(item_id, assesment, comment):
def get_all_record(page):
def get_all_record_count():
def get_record_totalization():
def delete_all_record():

① db.py の追記・修正

> db.pyへの追記：
> DBAccessクラス内へのメソッド追加となるため，左インデントの位置には注意が必要である。

1 「Visual Studio Code」上の「jibunAnalyze」フォルダー内の，「cgi-bin」フォルダー内にて「db.py」を開き，次のドキュメントを末尾に追記する。

db.py（抜粋）

```
01: import sqlite3
02: import datetime
```

```
79:     #recordからすべてのレコードを削除
80:     @staticmethod
81:     def delete_all_record():
82:       with sqlite3.connect(DBAccess.__path) as conn:
83:         sql =  ' DELETE FROM record;'
84:         conn.execute(sql)
85:       conn.close
86:       return
87:
```

2 ドキュメントを保存する。「db.py」は単体での動作確認は行わない。

② db.py の追記・修正の解説

80-86 行：record テーブルからすべてのレコードを削除する delete_all_record() メソッドとして宣言している部分である。

81 行：delete_all_record() メソッドの定義部分である。

82 行：DBAccess クラスの他のメソッドと同様に，with 構文を用いてデータベースをオープンしている処理である。

83 行：変数 sql に，record テーブルから全レコードを削除するための SQL 文を，文字列として代入している。
84 行：DBAccess クラスの他のメソッドと同様に，conn.execute( ) メソッドにより SQL 文を実行している。
85 行：DBAccess クラスの他のメソッドと同様に，変数 conn の close( ) メソッドを実行し，データベースのクローズ処理を行っている。
86 行：return 文により，delete_all_record( ) メソッドの呼び出し元に戻している。

2 レコードデータを削除する処理の実装(2)

例題 15-2　「ジブンアナライズ」の設定機能として，record テーブルのレコードデータを削除できるよう，画面周りを作成していこう。

今回は簡単！
テンプレートファイルも 4 回目だから
もう，慣れてきたよね！

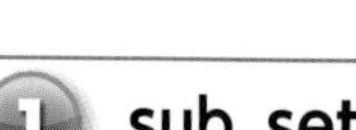

1 sub_setting.html の作成

1 「Visual Studio Code」上の「jibunAnalyze」フォルダー内に，「sub_setting.html」という名称でファイルを作成し，次のドキュメントを記述する。

sub_setting.html

```
<article>
  <h2>設定</h2>
  <div class="setting">
    <script type="text/javascript">
      function resetdata() {
        if (window.confirm('すべてのレコードデータを削除します。よろしいですか？')) {
          location.href = './server.py?func=DEL';
        }
      }
    </script>
    <button class="button" onclick="resetdata();">レコードデータ初期化</button>
  </div>
</article>
```

2 ドキュメントを保存する。「sub_setting.html」は「setting.py」から読み込むためのテンプレートファイルのため，単体では動作確認は行わない。

2 setting.py の作成

1 「Visual Studio Code」上の「jibunAnalyze」フォルダー内の，「cgi-bin」フォルダー内に「setting.py」という名称でファイルを作成し，次のように記述する。

setting.py

```
#登録機能画面作成
def makepage_setting():

  #HTMLファイルを開く
  with open('sub_setting.html', mode='r', encoding='utf-8') as f:
    file = f.read()

  #<body>内容を出力
  html_text = file

  return html_text
```

2 ドキュメントを保存する。「setting.py」は「server.py」から呼び出されるプログラムのため，単体では動作確認は行わない。

3 server.py の追記・修正

1 「Visual Studio Code」上の「jibunAnalyze」フォルダー内の，「cgi-bin」フォルダー内にて「server.py」を開き，次のドキュメントの追記・修正を記述する。

server.py(抜粋)

```
import sys
import cgi
from input import makepage_input
from show import makepage_show
from analyze import makepage_analyze
from setting import makepage_setting
from db import DBAccess
```

```
#<body>内容：funcによる分岐
match func:
  case '1':
    #<body>内容：登録画面
    body_content = makepage_input()
  case '2':
    #<body>内容：記録画面
    if nowdate != '' and item != '0' and assessment != '0':
      DBAccess.insert_record(item, assessment, comment)
      body_content += 'レコード登録完了！'
      body_content += makepage_show(currentpage)
  case '3':
    #<body>内容：分析画面
    body_content += makepage_analyze()
  case '4':
    #<body>内容：設定画面
body_content += '設定画面'
    body_content += makepage_setting()
  case 'DEL':
    DBAccess.delete_all_record()
    body_content += 'レコード削除完了！'
  case _:
    body_content += ''

#HTMLファイルを開く
with open('index.html', mode='r', encoding='utf-8') as f:
  file = f.read()
```

> サーバーの停止：
サーバーが起動している間に，ターミナルにてCTRLキー＋Cキーを同時に押すことで，起動中のサーバーを停止することができる。

2 ドキュメントを保存後，「Visual Studio Code」の「ターミナル」を起動し，下記のコマンドでサーバーを起動する。

```
PS C:\15S_Python\jibunAnalyze> python -m http.server --cgi 8000
```

3 サーバーが無事に起動したら，「Microsoft Edge」を起動し，下記のアドレスをアドレスバーに入力し，アクセスする。

```
http://localhost:8000/cgi-bin/server.py
```

4 「ジブンアナライズ」のナビゲーションメニューから，【設定】>【レコードデータ初期化】とクリックする。「すべてのレコードデータを削除します。よろしいですか？」と聞かれたら【OK】をクリックし，画面の表示を確認する。
合わせて，ナビゲーションメニューから【記録】をクリックし，何もレコードが表示されないことを確認する。

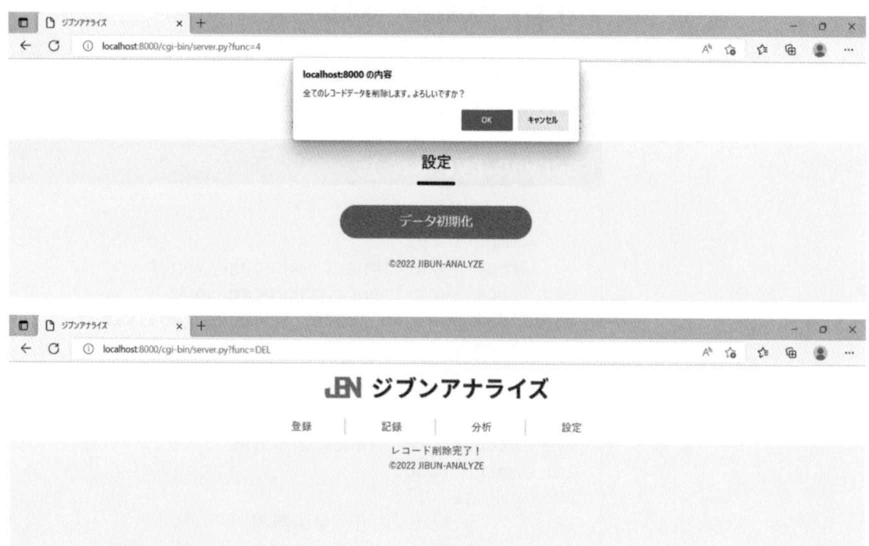

4 sub_setting.html の解説

「ジブンアナライズ」の設定機能画面を構成するHTML文書である。「setting.py」からテンプレートファイルとして読み込まれた後，最終的に「server.py」から「index.html」テンプレートファイルと結合して画面に出力される。なお，class属性に関しては，すべてCSSの適用に関するものなので，解説は割愛する。

1-13行：article

テンプレートとして読み込まれ，<main>の内容として「挿入」される，独立した文書であることを宣言している。

・<h2>で「設定」という機能名を見出しとして表示する。

3-12行：設定機能全体

「設定」機能全体のタグを囲んでいる。CSS適用のためである。

・<script>の箇所で，JavaScriptによりresetdata()関数を定義している。
・モーダルウィンドウ表示後，「OK」クリック時には，「/cgi-bin/server.py?func=DEL」のURLに自動的に遷移する。
・「func = DEL」をパラメーターとして渡すことで，削除処理を実行する。
・<button>クリック時にJavaScriptのresetdata()関数を呼び出す。

5 setting.pyの解説

「ジブンアナライズ」の設定機能画面を作成するmakepage_setting()関数を定義している。今回は，データレコード削除の機能のみを作成しており，また，処理の大半をDBAccessクラスに任せているため，テンプレートの読み込みとHTML出力程度しか行っていない。今後，必要に応じて独自の設定処理を検討してほしい。

2行：makepage_setting()関数の定義開始を宣言している。

5-6行：with構文とopen()関数を用いて「sub_setting.html」ファイルをオープンし，変数fileに読み込んだ内容を格納し，ファイルをクローズしている処理である。

9行：他機能の処理では，ファイルオブジェクトのformat()メソッドを使用し，埋め込み処理を施した文字列を，変数html_textに代入している部分であるが，makepage_setting()関数においては，特に埋め込む文字列がないため，読み込んだファイル内容をそのまま変数html_textに代入している。

11行：すべてのHTMLタグ文字列が格納されている変数html_textの値を，makepage_setting()関数の戻り値として，呼び出し元（今回はserver.py）に「return」で戻している。

server.py の追記・修正の解説

6 行：「setting.py」にある makepage_setting()関数を「server.py」内で使用するために，インポート宣言をしている。

43 行：変数 body_content に，ダミー文字列を代入していた部分を削除し，代わりに makepage_setting()関数の呼び出しとしている。

44-46 行：match-case 構文に，新たに分岐先を追加している。変数「func」の値が「DEL」時に，DBAccess クラスの delete_all_record()メソッドを呼び出し，レコードデータの削除を行う。

```
'./server.py?func=DEL'
```

「func=DEL」は，上述のように「sub_setting.html」内の JavaScript 内に記述している。

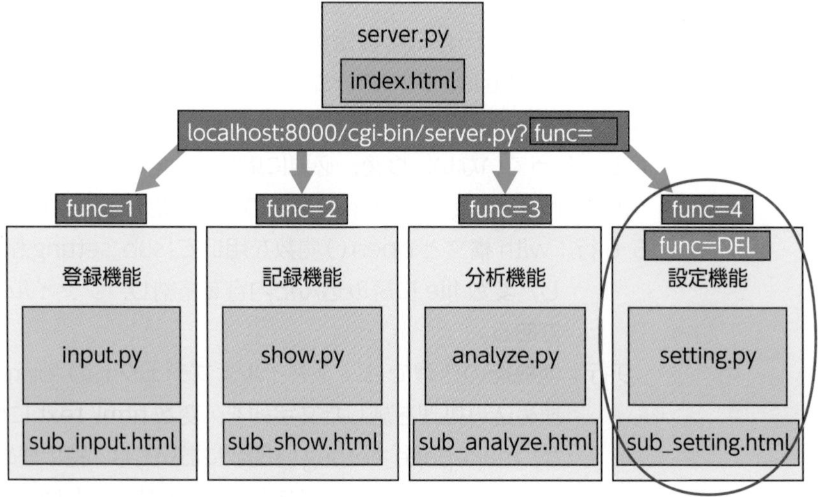

15章 ジブンアナライズ：設定機能／発展可能性

3 今後の発展可能性

「ジブンアナライズ」の作成が一段落したところで，Python を用いてさらに発展したモノ作りに挑戦するために，もう少し Python そのものの環境や外部ライブラリについて，理解を深めていこう。

自分の Python 環境を知る

① パッケージ管理「pip」

Python のパッケージ管理を担う PIP (Package Installer for Python：ピップ) は，Python 3.4 以降に標準で付属されているユーティリティツールである。「pip」コマンドを使用することで，Python の多様な外部ライブラリパッケージのインストールやアンインストール，すでにインストールされているパッケージを調べることができる。

② インストール：pip install

> コマンド実行位置：「ジブンアナライズ」では C:\15S_Python\jibunAnalyze> の位置から実行していたが，今節では「jibunAnalyze」フォルダーから実行する必要はないため，「enshu」フォルダーに実行フォルダーを戻しておく。

1. 「Visual Studio Code」上での実行フォルダーを「jibunAnalyze」から「enshu」に再び変更しておく。

> **Visual Studio Code**を起動し，
> **【メニュー】**から「ファイル」→「フォルダーを開く」を選択，
> フォルダー指定のウィンドウにて「**Windows(C:)**」→「**15S_Python**」→「**enshu**」を指定する。

2. 「Visual Studio Code」の「ターミナル」を起動し，下記のコマンドで指定したパッケージをインストールすることができる。

```
PS C:\15S_Python\enshu> pip install パッケージ名称
```

3. 「Visual Studio Code」の「ターミナル」を起動し，下記のコマンドで指定した小見インストール済みのパッケージのバージョンをアップデートすることができる。

```
PS C:\15S_Python\enshu> pip install –upgrade パッケージ名称
```

③ アンインストール：pip uninstall

1. 「Visual Studio Code」の「ターミナル」を起動し，下記のコマンドで指定したパッケージをアンインストールすることができる。

```
PS C:\15S_Python\enshu> pip uninstall パッケージ名称
```

4 インストール済ライブラリの確認：pip list

1 「Visual Studio Code」の「ターミナル」を起動し，下記のコマンドですでにインストール済パッケージの一覧を表示することができる。

```
PS C:\15S_Python\enshu> pip list
```

5 ライブラリの詳細を確認：pip show

1 「Visual Studio Code」の「ターミナル」を起動し，下記のコマンドで指定したパッケージがインストールされているか，インストールされている場合はどのようなライブラリなのかを表示することができる。

```
PS C:\15S_Python\enshu> pip show パッケージ名称
```

2 サードパーティ製パッケージ

1 PyPI で探す

> サードパーティソフトウェア：公式ではなく，第三者が作成したソフトウェアのこと。Pythonでは，標準でインストールされないものは，サードパーティ製といえる。

PyPI（The Python Package Index：パイピーアイ）は，Python サードパーティソフトウェアの保管場所である。カタログ用途として，ブラウザーから PyPI（https://pypi.org/）にアクセスし，キーワードやプロジェクト単位で，ライブラリパッケージを検索することができる。

https://pypi.org/

なお，「pip」コマンドでインストール可能なパッケージは，この PyPI に登録されているパッケージである。

3 便利な外部ライブラリを知る

1 グラフ化に便利な「matplotlib」

データをグラフ化するのに便利な外部ライブラリである。線グラフや棒グラフ，円グラフやヒストグラム，散布図等，様々な種類のグラフに対応している。また，グラフにタイトル・軸名・凡例等を付加し，線の色や線種も設定可能である。標準ライブラリである「math」や，科学技術計算等で使われる外部ライブラリ「numpy」との親和性も高い。

今回は，「numpy」と「matplotlib」を利用して，散布図の表示をやってみよう。

1 「Visual Studio Code」の「ターミナル」を起動し，下記のコマンドで「numpy」パッケージと「matplotlib」パッケージをインストールすることができる。

```
PS C:\15S_Python\enshu> pip install numpy
```

```
PS C:\15S_Python\enshu> pip install matplotlib
```

2 「Visual Studio Code」上の「enshu」フォルダー内にて，「Sample15-01.py」という名称でファイルを作成し，次のドキュメントを記述する。

Sample15-01.py

```
import numpy as np
import matplotlib.pyplot as plt

#乱数を256個ずつ生成
x = np.random.randn(256)
y = np.random.randn(256)
#散布図を生成
plt.scatter(x,y)
#グリッドを表示
plt.grid()
#散布図を表示
plt.show()
```

3 ドキュメントを保存後，「Visual Studio Code」の「ターミナル」を起動し，下記のコマンドでプログラムを実行する。

```
PS C:\15S_Python\enshu> python Sample15-01.py
```

> 別ウィンドウ：Sample15-01.pyの実行結果は，別ウィンドウに表示される。そのため，終了の際は，グラフが表示されているウィンドウを「×」で閉じる必要がある。

実行結果例

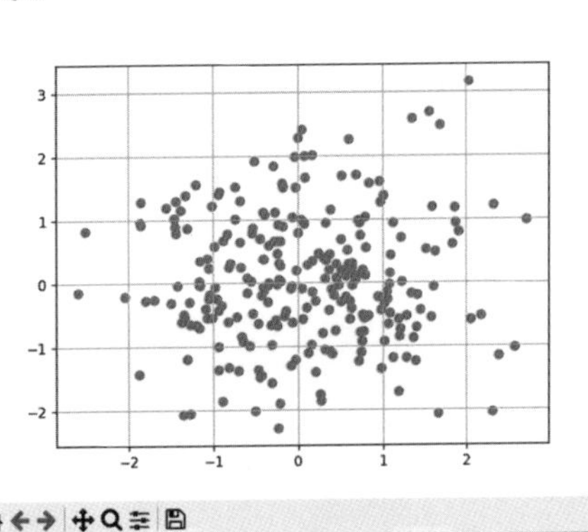

2 Excelを操作する「openpyxl」

Excelファイルを Python から操作することができる外部ライブラリである。Excelファイルのシートやセルからデータや値を取り出すことができる。また，セルにデータを挿入することもできる。Excelを仕事で使用する上で，時には，繰り返し同じ操作が必要となる場合がある。そうした際，「openpyxl」を用いて操作をあらかじめプログラミングしておくことで，業務の自動化や効率化につなげることができる。

今回は，「openpyxl」を利用して，Excelの特定セルへの文字列挿入をやってみよう。

1 「Visual Studio Code」の「ターミナル」を起動し，下記のコマンドで「openpyxl」パッケージをインストールすることができる。

```
PS C:\15S_Python\enshu> pip install openpyxl
```

2 「Visual Studio Code」上の「enshu」フォルダー内にて，「Sample15-02.py」という名称でファイルを作成し，次のドキュメントを記述する。

Sample15-02.py

```
import openpyxl
#ワークブックを開き,新規／上書き保存
wb = openpyxl.Workbook()
wb.save('openpyxl_Test.xlsx')
#ワークシートを指定
ws = wb['Sheet']
#セル指定し,値を挿入
rng1 = ws['A1']
rng1.value = 'Pythonから'
rng2 = ws.cell(2, 2, 'EXCEL操作！')
#ワークブックを保存
wb.save("openpyxl_Test.xlsx")
```

3 ドキュメントを保存後，「Visual Studio Code」の「ターミナル」を起動し，下記のコマンドでプログラムを実行する。「enshu」フォルダー内に「openpyxl_Test.xlsx」というファイルが作成され，A1 セルと B2 セルに文字列が挿入されていることを確認する。

```
PS C:\15S_Python\enshu> python Sample15-02.py
```

> PermissionError：Openpyxl_Test.xlsx ファイルを Excel で開いている状態で実行すると，エラーとなるので注意。

実行結果例

openpyxl_Test.xlsx

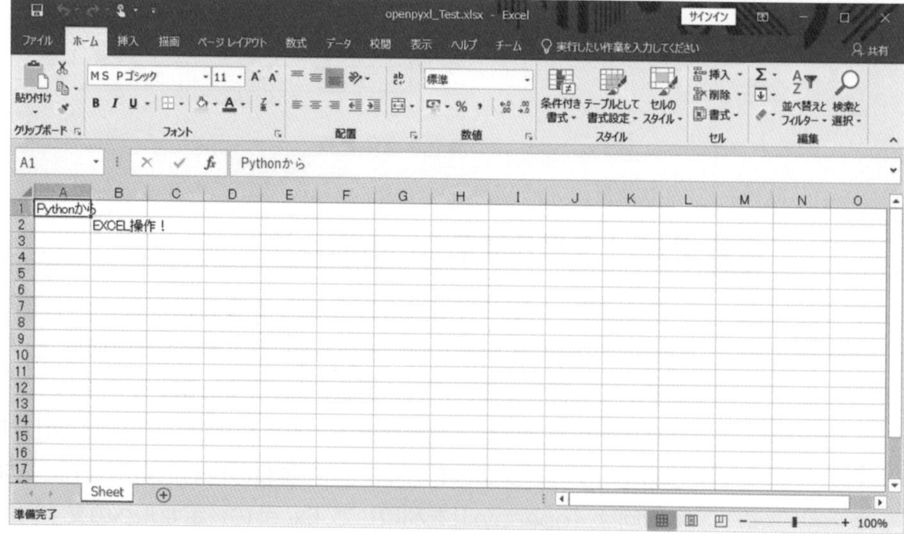

ジブンアナライズ：おわり

とりあえず，
自分で描いていたアプリケーションを
完成させることができた！

Pythonでは今回使わなかった
外部ライブラリが
とても充実していることも
知ることができたね！

詳細なグラフの作成とか，
他のアプリケーションとの連携とか，
より複雑なものを作ることができそうだよねー。

データベースの使い方も理解したし，
もっといろいろなデータを登録できるようにすると，
分析もより高度になっていくね！
外部公開可能なWebサーバーも用意して，
スマートフォンから利用できるようにもしたいし…

どんどん欲張り…

Pythonでやってみたいことは，
まだまだたくさんあるなー！

知らないことも多いけれど，
もっといろいろ勉強して，
自分の作りたいものを考え出して，
どんどん挑戦していこうーっと！

●本書の関連データが弊社 Web サイトからダウンロードできます。
「15 ステップで学ぶ　Python 入門」のページをご確認ください。
https://www.jikkyo.co.jp/
提供データ：例題・実習データ

■執筆

大川　晃一（おおかわ　こういち）　日本電子専門学校

小澤　慎太郎（おざわ　しんたろう）　中央情報大学校／DX デザイン研究所

■協力・イラスト

篠﨑　恵里（しのざき　えり）

本書は 2022 年 9 月の状態にて作成しております。お使いの環境によっては掲載されている画面などが異なる場合があるかもしれませんが，あしからずご了承ください。

本書に関するお問い合わせに関して

●正誤に関するご質問は、下記いずれかの方法にてお寄せ下さい。
・弊社 Web サイトの「お問い合わせフォーム」への入力。
https://www.jikkyo.co.jp/contact/application.html
・「書名・該当ページ・ご指摘内容・住所・メールアドレス」を明記の上、FAX・郵送等、書面での送付。
FAX：03-3238-7717

●下記についてあらかじめご了承ください。
・正誤以外の本書の記述の範囲を超えるご質問にはお答えいたしかねます。
・Web ブラウザーやテキストエディタなどのソフトウェアの機能や操作方法に関するご質問にはお答えいたしかねます。
・お電話によるお問い合わせは、お受けしておりません。
・回答期日のご指定は承っておりません。

●表紙カバーデザイン――アトリエ小びん　佐藤　志帆
本文デザイン――難波　邦夫

2023 年 8 月 1 日　初版第 1 刷発行

15 ステップで学ぶ　Python 入門

●執筆者　大川　晃一・小澤　慎太郎
●発行者　小田　良次
●印刷所　大日本法令印刷株式会社

●発行所　実教出版株式会社
〒102-8377
東京都千代田区五番町 5 番地
電話　［営　　業］(03)3238-7765
　　　［企画開発］(03)3238-7751
　　　［総　　務］(03)3238-7700
https://www.jikkyo.co.jp/

ISBN 978-4-407-36123-0　C3004　　Printed in Japan